山我哲雄
Yamaga Tetsuo

筑摩選書

一神教の起源

旧約聖書の「神」はどこから来たのか

一神教の起源　目次

凡例（聖書等の引用について）

一――聖書の引用に当たっては、原則として日本聖書協会『聖書　新共同訳』に準拠したが、新共同訳がかなり意訳している場合や、新共同訳が筆者の解釈と相違する場合には、私訳も用いた。

二――ヘブライ語原文が神名「ヤハウェ」を用いている場合には、原則として新共同訳のように「主」と読み替えず、「ヤハウェ」のままとした。

三――詩編等の韻文の引用に当たっては、紙幅の節約のため、行をまとめた場合がある。また、引用中の……は中略を表す。

四――聖書の引用や参照箇所指示に当たっては、新共同訳の略号を用いた。略号は別記の通り。

五――章は漢数字、節は算用数字で表す。したがって、「創一二1-3」は「創世記一二章1-3節」を、「王上八60」は「列王記上八章60節」を表す。

六――コーランの引用に当たっては、藤本勝次他訳『コーラン』（中央公論社「世界の名著15」）に従った。また、コーランの章（スーラ）は標題ではなく漢数字で表した。節（アーヤ）は算用数字で表した。したがって、「コーラン二35」は、コーラン「雌牛の章35節」を表す。

七――聖書の人名と地名は原則として新共同訳に従う。また、王等の治世年や出来事の年代は、著者も編集委員として関わった日本オリエント学会編『古代オリエント事典』（岩波書店）に従う。

聖書文書略号

【旧約聖書】

創	創世記	代下	歴代誌下	ダニ	ダニエル書
出	出エジプト記	エズ	エズラ記	ホセ	ホセア書
レビ	レビ記	ネヘ	ネヘミヤ記	ヨエ	ヨエル書
民	民数記	エス	エステル記	アモ	アモス書
申	申命記	ヨブ	ヨブ記	オバ	オバデヤ書

ヨシュ　ヨシュア記
士　士師記
ルツ　ルツ記
サム上　サムエル記上
サム下　サムエル記下
王上　列王記上
王下　列王記下
代上　歴代誌上

詩　詩編
箴　箴言
コヘ　コヘレトの言葉
雅　雅歌
イザ　イザヤ書
エレ　エレミヤ書
哀　哀歌
エゼ　エゼキエル書

ヨナ　ヨナ書
ミカ　ミカ書
ナホ　ナホム書
ハバ　ハバクク書
ゼファ　ゼファニヤ書
ハガ　ハガイ書
ゼカ　ゼカリヤ書
マラ　マラキ書

【新約聖書】

マタ　マタイによる福音書
マコ　マルコによる福音書
ルカ　ルカによる福音書
ヨハ　ヨハネによる福音書
使　使徒言行録
ロマ　ローマの信徒への手紙
一コリ　コリントの信徒への手紙一
二コリ　コリントの信徒への手紙二
ガラ　ガラテヤの信徒への手紙
エフェ　エフェソの信徒への手紙
フィリ　フィリピの信徒への手紙
コロ　コロサイの信徒への手紙
一テサ　テサロニケの信徒への手紙一
二テサ　テサロニケの信徒への手紙二

一テモ　テモテへの手紙一
二テモ　テモテへの手紙二
テト　テトスへの手紙
フィレ　フィレモンへの手紙
ヘブ　ヘブライ人への手紙
ヤコ　ヤコブの手紙
一ペト　ペトロの手紙一
二ペト　ペトロの手紙二
一ヨハ　ヨハネの手紙一
二ヨハ　ヨハネの手紙二
三ヨハ　ヨハネの手紙三
ユダ　ユダの手紙
黙　ヨハネの黙示録

一神教の起源

旧約聖書の「神」はどこから来たのか

はじめに

三つの一神教

　周知のように、ユダヤ教、キリスト教、イスラム教は一神教であり、一般的に「三大一神教」とも総称される。これら三つの一神教は、相互に無関係に存在しているのでも、また、唯一の神だけを信仰するという点でたまたま共通するだけなのでもなく、歴史的・思想的に密接に関連し合っている。イエスはもちろん、ペトロやパウロなどの初期キリスト教の指導者のほとんどはユダヤ人であったし、歴史的に見ればキリスト教は、ユダヤ教の分派（日本のある新約学者の言葉によれば「ユダヤ教イエス派」）として出発したのである。イスラム教は紀元後七世紀にアラビアで起こったが、その創唱者ムハンマドはもともとメッカの商人で、シリア方面との隊商交易に従事していた。その「商売相手」の多くがユダヤ教徒やキリスト教徒であり、彼はそこから多くの宗教的感化を受けたのである。それゆえイスラム教の聖典『コーラン』には、アブラハムもモーセもイエスも、ムハンマドの先駆者である「預言者（ナビー）」として出てくるし、コーランには旧約聖書や新約聖書とそっくりのエピソードが満載されている。イエスが「天の父」（マタ六9）

として説いた「神」はユダヤ教の神と同じ神であるし、イスラム教徒（ムスリム）が「アッラー」（アラビア語で定冠詞のついた「神」の意味）と呼んで崇拝する神も、実はユダヤ教、キリスト教の神と同一の神なのである。（もちろん、その「神」をどう解釈するかについて、三つの宗教に相違も見られることは言うまでもないが）。

しかも、ユダヤ人は自分たちが神によって選ばれたアブラハムの子孫であることを誇りにしていたし（マタ三9）、パウロはキリスト教の信仰がアブラハムの信仰を引き継ぐものであったことを強調した（「だから、信仰によって生きる人々こそ、アブラハムの子であるとわきまえなさい」ガラ三7）。また、コーランによれば、アッラーはムハンマドに、アブラハムこそ最初のムスリム（「（神に）服従する者」の意味）であり、「純正な人アブラハムの宗教に従え。彼はまさに多神教徒ではなかったぞ」（コーラン三95）と命じたという。そこで、これら三つの宗教を一括して「アブラハム的一神教」と呼んだり、ユダヤ人もアラブ人もセム系の言語を話したので、「セム的一神教」と呼ぶことがある。いずれにせよ、これら三つの一神教は、旧約聖書の神観を母胎として生まれた、同じ唯一の神を——別の呼び方で——信仰する姉妹宗教なのである。

地球上の二人に一人以上が一神教徒

国連の二〇一一年版「世界人口白書」によると、同年の一〇月三一日に世界の人口は七〇億人を突破した。また、アメリカの調査機関ピュー・リサーチ・センターが二〇一二年末に発表した世界の宗教別人口調査によれば、キリスト教徒が約二二億人で第一位（総人口の約三一・五パーセント）、イスラム教が約一六億人で第二位（同約二三パーセント）であるという。両者を足せばそれだけで三八億人で、すでに地球上の人口の半分を超える。世界の二人に一人以上が一神教徒ということになる（ちなみに「第三位」は「無宗教」で、約一一億人（同約一六パーセント）、そのうち六割以上が中国人だそうである）。

世界宗教であるキリスト教とイスラム教とは異なりユダヤ教は民族宗教であるので、ユダヤ人以外にはほとんど広がっていないし、「ユダヤ人」すべてが「ユダヤ教徒」とは限らないが（キリスト教徒や無神論者のユダヤ人も結構いる）、アメリカとイスラエルを中心に、ユダヤ人人口は世界で一五〇〇万人程度と考えられている。これに、ヒンドゥー教がイスラム教の影響を受けて一神教化したインドのシク教約二〇〇〇万人と、イスラム教シーア派の分派であるバハイ教（本部はイスラエルのハイファ）約六〇〇万人を加えれば、一神教徒の比率はさらに上がるであろう。日本のものを含め、比較的最近になって成立したいわゆる新宗教や「新新宗教」にも、一神教的性格を示すものが少なくない。

イエスが生きた約二〇〇〇年前には、事情がまったく異なっていた。古代文明の諸宗教のおそらく九九パーセント以上は、数多くの神々を並行的に信仰する多神教であり、紀元前後にユダヤ人を支配していたギリシア系諸国家やローマ帝国もこの点ではまったく例外ではなかった。紀元前後の時期にユダヤ本土（現在のパレスチナ）に住んでいたユダヤ人は約二五〇万人程度、東のパルティアから西のローマ帝国本土にいたる「外地」に離散していたユダヤ人（ディアスポラ・ユダヤ人）は約四〇〇万人程度と推測されている。当時の世界人口は二億人から四億人であったと推計されているが、その二パーセントにも満たない彼らだけが、細々と一神教の信仰を守っていたのである。

世界の宗教史を見渡してみても、キリスト教成立以前に、厳密な意味での一神教（この場合は後に説明する「唯一神教」を指す）を信じていたのは、――本文でも後に紹介する、極めて政治的な背景を持ち、短期間に終わった古代エジプトでの実験的な試み（三七ページ以下参照）を例外とすれば――ユダヤ人とその祖先である古代イスラエル人だけである。ユダヤ教とキリスト教の共通の聖典である旧約聖書は、その古代イスラエル人の信仰の記録なのである。

「常識」を覆す最近の研究動向

なぜ、また、いつ、どのようにして、古代イスラエル（だけ）にそのような一神教が成立したのかという問題を、本書では最近の聖書学や古代イスラエル（宗教）史学の議論を踏まえながら解明しようと試みた。ただし、本文でも繰り返し触れるように、この問題はまだ多くの点が不明のままであり、専門の研究者の間でも見方が異なったり、対立したりすることが少なくない。特に、ここ二〇年ぐらいの間に、聖書学やイスラエル史学における研究動向は大きく様変わりした。簡単に言えば、従来広く学問的なコンセンサスを受けていた考え方が疑問視されたり、それまでの見方とは根本的に異なる仮説が提唱されたりすることが多くなり、いわば定説不在の状況が生まれているのである。ある事柄について常識的に抱かれている一般的イメージと、専門分野の研究者が最先端で議論していることに大きな落差があることはどの学問分野でも珍しくはないが、聖書学やイスラエル史学では特にこのことが顕著と言えるかもしれない。特に、聖書の内容を扱う場合、それが多くの人々の信仰にも直接関わるだけに、よりデリケートな問題がはらまれていることにも留意する必要があろう。本書では、研究者の間で見解が大きく分かれている問題については、できるだけ双方の立場を公平に紹介した上で、筆者の判断や考え方を述べるようにした。いずれにせよ、旧約聖書の内容に精通している読者ほど、本書で報告される最近の研究状況に驚かれるのではないだろうか。

一神教は不寛容で攻撃的か？

典型的な多神教文化を持つわが国では、一神教は自分たちの価値観や考え方と異なるものを排除しようとする点で不寛容で独善的であり、自己の立場を非妥協的に主張する点で攻撃的・暴力的であると否定的に見られることも多い。また、超越的な唯一の神のみを信じ、例えば自然の中に神聖性を認めないので、自然の濫用や環境破壊につながるというような批判も多く見られ、そこから東洋的な多神教やアニミズムの再評価が説かれることも少なくない。たしかに、一般的に見て、指摘されるような傾向が一神教に存在することは必ずしも否定できないし、世界の紛争や戦争にユダヤ教、キリスト教、イスラム教が絡んできたことも少なくない。この点については、それぞれの宗教の信徒の真摯な自覚と反省が必要とされよう。しかし、十字軍やホロコースト、中東戦争やユーゴ紛争を含め、それらの衝突や紛争の多くは、実は宗教戦争ではなく、宗教以外の要因によるものであり、ただ宗教が対立の「旗印」に利用されたとも見られることを忘れてはならない。初期キリスト教は、多神教徒であるローマ人に厳しく迫害されたし、わが国のキリシタンも神仏を奉ずる徳川幕府に弾圧された。二〇世紀における最も長く悲惨な民族紛争の一つは、共に多神教徒であるスリランカの仏教徒（シンハラ人）とヒンドゥー教徒（タミル人）との間のもの（一九八三―二〇〇九年）であった。多神教国であるインドは、カースト制度を持つ点でどの一神教よりも排他的であり、最も強大で過酷な支配を行った世界帝国の多くが、アッシリア、バビロニア、ローマ、モンゴルなど、多神教の国々であったことも忘れてはならない。神道で「八百万《やおよろず》の神」を奉じるわが国も、「大日本帝国」の時代には、アジア諸国に対して天皇崇拝を強要するなど、極めて不寛容な支配を行ったのである。

普遍的な絶対的平和の理念を最も早い時期に打ち出したのが、旧・新約聖書であったという事実も指摘しておきたい。ニューヨークの国連本部前にあるモニュメントには、旧約聖書のイザヤ書の一節が刻まれている。

主は国々の争いを裁き、多くの民を戒められる。

彼らは剣を打ち直して鋤とし、槍を打ち直して鎌とする。
国は国に向かって剣を上げず、もはや戦うことを学ばない。（イザ二4）

次のイエスの言葉は、平和主義のスローガンとしてしばしば引用される。

平和を造り出す人々は、幸いである。
その人たちは神の子と呼ばれる。（マタ五9）
剣を取る者は皆、剣で滅びる。（マタ二六52）

白か黒かの単純化したレッテルを他者に貼り付け、問答無用で諸悪の根源であるかのように断罪する態度こそ、不寛容な独善であると言えるであろう。
いずれにせよ、寛容ということの本質は、自分たちとは違ったもの、異質なものについても適切な理解を目指すということである。本書が、旧約聖書とそこから生まれた一神教的神観をより適切に理解するうえで、「多神教的風土」である日本に生きる読者のお役に立つことを願って止まない。

第一章

一神教とは何か

一神教という概念

本書の「はじめに」では、一神教は古代イスラエルだけに成立したと書いたが、もちろん古代イスラエル人やユダヤ人の間に「一神教」という概念があったわけではない。「一神教」や「多神教」は、近代以降の宗教学における宗教類型論上の概念であり、いわばその術語である。

宗教学とは、キリスト教や仏教などの特定の宗教ではなく、広く宗教現象一般を包括的に研究していこうとする学問であり、一般的には神学や宗教哲学のような規範的学問分野（宗教がいかにあるべきかを究明する学問）とは異なり、現実に存在する宗教を客観的・実証的に研究するものと見なされている。

歴史的に見れば、宗教学はヨーロッパにおける啓蒙主義の所産と見ることができる。近代のヨーロッパ人はほぼ全員が広い意味でのキリスト教徒であり、少なくともキリスト教的文化の中で生まれ育った。彼らが直接体験する「異教」と言えば、もっぱらユダヤ教かイスラム教で、やはり一神教であった。しかし、ヨーロッパ人は、彼らの教養を通じて、古代のギリシアやローマに多神教があったことを知っていたし、自分たちの直接の祖先であるゲルマン民族の、キリスト教以前の多神教的神話にも通じていた。しかも、大航海時代（一五―一七世紀）以降、ヨーロッパ人が非キリスト教文化圏に植民地を建設するようになると、植民地駐在員や特に宣教師などを通じて、アジアやアフリカ、南北アメリカなどからユダヤ・キリスト教とはまったく異なる（多くは多神教的な）宗教についての情報や知見がヨーロッパにもたらされるようになり、キリスト教以外の宗教について研究する関心や機運が高まったのである。

宗教進化論の展開

初期の宗教学では、宗教の起源ということに学問的関心が集中した。産業革命（一八世紀後半）以降のヨーロッパでは科学技術の発展が著しく、まさに「進歩の時代」を迎えていた。哲学ではヘーゲル（一七七〇—一八三一）により弁証法的な発展史観が説かれ、そこからマルクス（一八一八—八三）の唯物史観が展開した。生物学の分野ではダーウィンの『種の起源』（一八五九年）が刊行され、進化論が広まった。

当然ながらヨーロッパ人は、自分たちの信じている一神教的宗教が最も優れた宗教であり、古代や「未開」世界の多神教はそれよりも劣った宗教だという（おそらくは多分に無意識の）前提に立っていたので、宗教についてもある種の宗教進化論が唱えられた。すでに英国の哲学者デビット・ヒューム（『宗教の自然史』一七五七年）やフランスの社会思想家ジャン＝ジャック・ルソー（『エミール』一七六二年）が、偶像崇拝と多神教を人類最初の宗教と見なし、人間の精神の発展とともに一神教が現れたと論じた。また、フランスの哲学者オーギュスト・コントは、当時西アフリカの諸族に観察された「フェティシズム」（事物に潜む不可思議な力への信仰）の観念を応用し、フェティシズム（呪物崇拝）→多神教→一神教という三段階の宗教進化論を提唱した（『実証哲学の講義』一八三〇―四二年)。

近代人類学の創設者とされるE・B・タイラーは、非物体的な霊魂の観念としての「アニミズム」の発見者として名高いが(『原始文化』一八七一年)、彼は匿名的で不特定多数の霊の観念が次第に個性化・人格化して神の観念が生まれ、多神教が成立し、最後に一神教に進んだと見た。タイラーの理論は、R・R・マレット(『宗教の発端』一九〇九年)らにより、アニミズム的な霊の存在の観念に先駆けて、万物が生きているとするパン・バイタリズムや、非人格的な力(マナ)の観念があったはずだとするいわゆる「プレアニミズム」説によって修正されたが、多神教が一神教に先行するという認識は宗教学の初期の代表者たちによって広く共有された。

このような進化論的見方を旧約研究にいち早く導入した人々の一人が、近代の歴史的・批判的聖書学の創設者とされるドイツのユーリウス・ヴェルハウゼンであった(『イスラエル史序説』一八八三年)。彼によれば、モーセ五書などの旧約聖書の歴史書の多くは後代に書かれた伝説的なものであって、ほとんど歴史的信憑性を持たない。そこに取り入れられた古い伝承の中には、アニミズムや多神教、祖先崇拝などの異教的な習慣の痕跡が含まれている。イスラエルの神ヤハウェは、もともとこの民族の民族神にすぎなかった。前八世紀以降の預言者たちが初めて、「倫理的一神教」を打ち立てた。そして真の意味での「唯一神教」が確立するのは、前六世紀のバビロン捕囚の時代になってからであった。

宗教進化論的な見方の問題点は、宗教の発展をあまりにも単線的に単純化しすぎたことと、それをあくまで「進化」という法則的観念でとらえたことにより、それがまるで自動的で必然的な展開であるかのように描いたこと（それでは一神教が古代イスラエルにおいてのみ生まれたという特殊性を説明できない）、そして先にも挙げた、一神教こそ宗教進化の「霊長」であるという主観的で自己優越的な価値観であったと言えよう。

原始一神教理論の登場

以上のような宗教進化論の隆盛に対抗するようにして登場したのが、これとは反対の発想を持つ原始一神教理論である。これは、人類の最初期の宗教にすでに純粋の唯一神の観念を認め、多神教やアニミズムをそのような原初段階からの頽落、退行現象と見なす一種の宗教退化論である。

このような見方の端緒は、人間を理性的存在と見たヴォルテール（一六九四―一七七八）に認められる。啓示を否定し理性で神の存在を認める「理神論」主義者であった彼は、人間はまず唯一の神の観念を持っていたのだが、人間的な弱さから次第にさまざまな神を崇拝するようになったと説いて（『哲学辞典』一七六四）、ヒュームらに反対した。近代になってこのような考え方を宗教研究に導入したのは、タイラーの批判者でもあったスコットランドの民族学者アンドリュー・ラングであった。彼は、オーストラリアの原住民など、ほとんど石器時代と変わらない生活をしていた集団の中に、「最高存在」とも言うべき超越的な人格神の観念があることを指摘し、そのような観念はアニミズムなどからは説明できないとした（『宗教の形成』一八九八年）。ウィーンのカトリック神父でもあった人類学者ヴィルヘルム・シュミットは、全一二巻からなる浩瀚な『神観念の起源』(一九一二－五四年)を著して、アフリカをはじめとする世界中の膨大な民族学的資料を通じてこの理論を裏付けようとした。

しかし、たとえ文化的に未発達な段階にいる人々の間に崇高神の観念が見られたとしても、それを「一神教」と同一視することには方法的に問題がある。また、宗教進化論とは逆に一神教的観念を歴史の最後ではなく最初に置くという違いはあるが、この説にも一神教の方が多神教よりも優れているという暗黙の価値観が含まれていることは明らかであり、ヨーロッパ的観点から「未開」とされた社会に宗教の原初形態を見出そうとする点でも価値中立的でない面がある。

旧約研究では、聖書考古学者としても高名なアメリカのW・F・オールブライトが「モーセ的一神教」を主張し、イスラエルの宗教は最初から一神教的であると説いた（『石器時代からキリスト教まで』一九四〇年）。しかしながら、考古学調査の評価を含めたオールブライトの旧約研究の保守的・護教的性格は、後にアメリカでも厳しく批判されることになるし、モーセをめぐる伝承を史実とする見方は後にますます後退していくことになる。

創唱宗教としての一神教

一神教の成立に関する議論に新局面を開いたのは、イタリアの宗教学者R・ペッタツォーニであった。宗教進化論にせよ宗教退化論（原始一神教理論）にせよ、アニミズムや多神教と一神教の関係を持続性のある漸進的な経過（進化／退化）と考え、そこにある程度の法則性を見出したのに対し、ペッタツォーニはより断絶と飛躍を強調する。すなわち、一神教は宗教の進化（イボリューション）の結果ではなく、宗教的天才による「革命」（リボリューション）によってのみ生じたというのである（『一神教の形成』一九五〇年）。彼によれば、一神教は常に多神教の否定によって成立する。しかしながら、そのような多神教の否定は、漸進的で自然発生的な「進化」によってではなく、宗教創唱者の個人的で天才的な閃き、すなわち価値転換的な「革命」によらねばならない。ペッタツォーニは、モーセ、ゾロアスター、イエス、ムハンマドをそのような天才的創唱者と見なす。モーセを一神教創唱者と見れば、前述のオールブライトの見方がこの考え方に一致すると見ることもできよう。

宗教創唱者をややロマンチックに理想化している傾向は問わないとして、ペッタツォーニの理論が、一神教成立の特異性をうまく説明することは認められてよい。しかし、神観に関して見れば、イエスもムハンマドもそれほど独創的で「革命的」であったとは必ずしも言えない。「はじめに」でも述べたように、イエスはユダヤ教の神観をほぼそのまま受け継いだのであるし、ムハンマドの神観はユダヤ教とキリスト教の神観に強く影響されているからである。そして、そのユダヤ教の「原点」であるはずのモーセについては、次章でより詳しく見るように、彼が「宗教創唱者」であったかどうかも含めて、現在では歴史的に何事かを語ることは極めて難しくなってきているのである。したがって、宗教学の一般的な理論で古代イスラエルにおける一神教の成立について納得のいく説明をすることは困難だと言わざるを得ない。

宗教の類型論

研究史、学説史についてはこのへんで切り上げることにして、次に一神教というものの多様性について触れておきたい。本章の最初で述べたように、「一神教」や「多神教」という概念は、宗教学における宗教類型論上の術語である。宗教の類型論（タイポロジー）とは、文字通り、さまざまな宗教をいくつかの類型（タイプ）に分類することであり、その背景には「分かる」とは「分ける」ことだという発想がある。

学問の祖といわれるアリストテレス以来のことであるが、多くの学問において、複雑で多様な諸現象を理解するためには、対象をいくつかの範疇（カテゴリー）に整理して相互に比較したり、相違を問題にしたりすることが有効である。例えば宗教の場合、信奉者の社会的広がりを顧慮して、部族宗教、民族宗教、世界宗教に分類することもできるし、それが自然発生的であるか特定の創始者を持つかに応じて自然宗教と啓示宗教（もしくは創唱宗教）に分けることもできる。また、宗教的目的を達成する手段として、自力の修行を重視するか、より大きな力による救いへの希求に重きを置くかによって、「悟りの宗教」と「救いの宗教」に区分することもできるし、神との関係を儀礼的にとらえるか、啓示と使命を重視するか、それとも神的なものとの合一を目指すかに応じて、「祭司的宗教」、「預言者的宗教」、「神秘的宗教」に区別することもできる。

「一神教」と「多神教」は崇拝の対象となる神の数に着目して宗教を分類する方法であり、まず、①神をたてない宗教、②ただひとりの神のみを崇拝する「一神教」、③多数の神々を並行的に崇拝する「多神教」の三つに大区分される。この場合の「神をたてない宗教」には、非人格的な力を信仰対象とするマナイズムや、はっきりとした個性的・人格的な「神」の観念を持たないアニミズムから、「法」を信仰の中心とした原始仏教、禅、孔子の説いた「儒家」の思想や老荘思想という意味での「道家」の思想までが含まれる（これに対し、大乗仏教、中国の民衆宗教としての「儒教」や「道教」は、多神教的なものに変容している）。「多神教」においては、「二神教」（例えばゾロアスター教）、や「三神教」（古代エジプトの宗教やヒンドゥー教の一部に傾向として見られる。キリスト教の「三位一体論」もある意味でこれに含まれるか？）を、不特定多数の神々を信仰対象とするものと区別して、下位類型として立ててもよいかもしれない。

一神教の諸相

一神教においては、以下の下位類型が区分されよう。

（1）**拝一神教**（monolatry）　必ずしも他の神々の存在自体は否定せず、むしろその存在を前提にするが、特定の一神だけを排他的な崇拝対象とし、他の神々を崇拝しない宗教のあり方。この傾向は、一部の部族宗教やヒンドゥー教の一部にも見られるが、われわれに最も身近なのは、仏教の浄土教（わが国では浄土宗と浄土真宗）である。仏教を宗教学的に扱う際には、「仏」が「神」

であるかどうかということが常に問題になるが、ここでは、信仰の対象であり、通常の人間を超えた力を持つと信じられ、信者がその力による救いを期待する人格的な存在であるという意味で、広い意味での神的存在と見なしておく。先にも述べたように、大乗仏教は一般的に、大日如来を中心に数々の仏や菩薩を描いた真言宗の曼荼羅《まんだら》に象徴されるように、多神教的性格を持つ。しかし、浄土教では、釈迦如来など他の仏の存在を否定するわけではないが、救いを求めて念仏するのは、あくまで阿弥陀仏に対してだけなのである（「南無阿弥陀仏」）。この意味で、浄土教は「拝一仏教的」だと言える。また、見方によれば、善の神アフラ・マズダーと悪の神アンラ・マンユ（別名アフリマン）の実在を前提にしながらも、アフラ・マズダーのみを信仰し悪を退けるように説くゾロアスター教も、拝一神教の一つと見ることができる。なお、「モノラトリー」という英語の術語は、ギリシア語「一つ」を意味する「モノ」（「モノレール」の「モノ」）と、「礼拝」を意味する「ラトレイア」に由来する。

（2）**単一神教**（henotheism）　内容に即して、単神崇拝とも言う。これは宗教学の創設者の一人であるドイツのマックス・ミュラー（『宗教の起源と発展』一八七八年）が、インドの神々の讃歌『ヴェーダ』における宗教的特色として指摘したもので、複数の神々の存在を前提とするが、歌で讃美される際に、まるでその神が他に代わるもののない唯一の神であるかのように讃えられ、祈られるという現象を言う。もちろん、別の讃歌では、別の神が同じような唯一無二の存在として呼びかけられる。拝一神教が永続的な一神崇拝であるのに対して、単神崇拝は一時的な一神崇拝であり、機会が変われば崇拝の対象となる神も替わるので、「交替神教（kathenotheism）」とも呼ばれる。

これは、一神教というよりもむしろ多神教の一現象形態と見なすべきものである。あまり上品な例ではないが、分かりやすく言えば、ドン・ファンがさまざまな女性を口説くたびに、「僕には君しかいない」と言うようなものである。同様の現象は、メソポタミアやエジプトにも見られる。なお、「ヘノセイスム」という英語の用語は、ギリシア語でやはり「一つ」を意味する「ヘン」と、「神」を意味する「セオス」に由来する。文献によっては、これと「拝一神教」が混同・混用されることも少なくない。

（3）**包括的一神教**（inclusive monotheism）　多神教的伝統の中に時折見られる現象で、祭司や神学者など宗教専門家や知的階層の人物によって表明されることが多い。伝統的なさまざまな神々が、実は唯一なる神の化身、ないし別の姿であるとするもので、特定の一神が他の神格を同化吸収していく現象と見ることもできる。例えば、メソポタミアの宗教は典型的な多神教であったが、ある神々の名の一覧表は、さまざまな分野をつかさどる神々をバビロンの主神マルドゥクの分身のように見なしており、バビロニアにも包括的一神教に向かう方向性があったことを示している。同様の現象はエジプトにも見られた。

ウラシュは植えるマルドゥク、ニヌルタはつるはしのマルドゥク、

ネルガルは戦いのマルドゥク、ザババは戦争のマルドゥク、
エンリルは主権と協議のマルドゥク、ナブーは会計のマルドゥク、
シンは光をともすマルドゥク、シャマシュは正義のマルドゥク、
アダドは雨のマルドゥク、ティシュパクは軍隊のマルドゥク……

ヒンドゥー教のヴィシュヌ派には、ラーマ、クリシュナ、仏陀（!）などの十の神格をヴィシュヌの「アヴァターラ（化身／権化）」とする見方があり、同じような傾向を示すものと見ることができる。もちろん、ヴィシュヌ派はラクシュミーなどヴィシュヌの神妃を併せて崇拝するし、十のアヴァターラ以外のヒンドゥー教の神々の独立した存在を認めるので、本来的な意味での一神教には遠い。しかし、ヒンドゥー教の伝統的な神々を宇宙の根本原理であるブラフマンの異名と解し、カースト制や偶像崇拝を否定したインド近代のブラーフマ・サマージの運動などは、かなり一神教的性格が強い。

（4）**排他的一神教**（exclusive monotheism）　狭義の一神教で、端的に「モノセイスム（monotheism）」（ギリシア語の「モノ（一）」＋「セオス（神）」に由来）と言えば通常はこれを指す。「拝一神教」と区別するために「唯一神教」とも訳す。ある特定の一神を唯一絶対の神と見なし、他の神々の存在そのものを原理的に否定する信仰で、現在のユダヤ教、キリスト教、イスラム教はいずれもこれに属する。その基本的主張は、イスラム教の「信仰告白（シャハーダ）」の最初の文

章、「アッラーの他に神はなし（ラー・イラーハ・イッラッラー）」に典型的な形で示されている。本書で示されるように、古代イスラエルでは遅くともバビロン捕囚期（前六世紀）にはこの考え方が確立していた。

わたしは初めであり、終わりである。
わたしをおいて神はない。（イザ四四6、年代については本書第八章を参照）

本書が明らかにしようとする課題の一つは、それ以前はどうであったのか、このような唯一神の観念が最初に現れたのはいつであるのか、そしてその背景は何であったのかということである。

（5）哲学的唯一神思想（philosophical monotheism）　文字通り哲学者によって説かれるもので、宇宙の原理として唯一の絶対的存在を想定し、しばしばそれに「神」に当たる名を与える。ギリシアのエレア学派（クセノパネス、パルメニデス等）、ヘレニズム時代の新プラトン学派（プロティノス、プロクロス等）、インドのウパニシャッド哲学などがこれに当たる。この「一者」はしばしば唯一の真実在と見なされ、他のものはすべてその可視的なあらわれと見なされるので、しばしば汎神論（pantheism）に接近する。この「一者」は瞑想の対象とはなるが、通常は礼拝行動や祭儀は行われないので、「宗教」のうちに含めて論ずることは適切ではないかもしれない。

念のために付け加えておくが、先に挙げた類型はあくまで便宜的・理念型的なものであり、個々の具体的な宗教現象を扱う場合には、一神教と多神教の峻別が微妙になることも少なくない。一神教と多神教の関係を考える際には、イスラム教信仰を研究対象とする宗教学者である鎌田繁氏（現日本オリエント学会会長）が発した次のような警鐘に耳を傾ける必要性が大である。

一神教の典型とされるキリスト教やイスラームにあっても、前者の三位一体説、後者の神名論（属性論）は神を複数的視角で捉えており、神学的立場を離れれば多神教的な面をもつといえ、また逆に多くの仏、菩薩を数える多神教的ブッダ観をもつ仏教でも、これらを法身仏の多様な顕現であると見る立場からは一神教的な面があるといえる。神の働きを助け、仲介者となる天使などの精神的存在は一神教と多神教の相違を現実的にさらに縮めており、この両概念は理念型としてのみ有意味であるといえよう。（『岩波哲学思想事典』「一神教／多神教」の項より）

俗説その一――一神教は砂漠の産物か？

古代イスラエルの歴史と信仰の具体的検討に入る前に、古代イスラエルにおける一神教の成立の論議に際して――特に専門家以外の人々の間で――しばしば引き合いに出される三つの「俗説」と決別しておく必要がある。それは今でも「愛好者」がはなはだ多いのであるが、古代イスラエルにおける一神教という問題について実態に即して考察を行うためには、きわめて有害だからである。

第一の俗説は、一神教が砂漠とそこに住む遊牧民の文化の産物であるという見解である。この見方は、ヨーロッパにおいては、『イエス伝』（一八六三年）でも有名なフランスの宗教史家エルネスト・ルナンが「砂漠は一神教的である」と喝破したことに始まる（『セム系民族の特質、特にその一神教的傾向について』一八五九年）。特にわが国においては、哲学者でわが国における比較文化論の創始者でもあった和辻哲郎の名著（迷著？）『風土——人間学的考察』（一九三五年）を通じて現在でもかなりの影響力を保っている。この見方を略述すれば、次のようになろう。

モンスーンなどの沃地では、自然が命の源であり、人々はそれに依存して生きる。したがって、沃地の農耕民は自然界のさまざまな諸力を神格化するので、自然崇拝的な多神教が生まれる。ところが、一神教であるユダヤ教、キリスト教、イスラム教は、いずれも乾燥した、砂漠に近い場所で成立した。砂漠は死の世界であり、そこでは人間は自然に依存することができない。むしろ、砂漠の遊牧民は自然に対抗しつつ、部族内の人間的結束によって生き、特に、一人の絶対的権威を持つ族長への服従によってこの結束と生命を維持する。このような思考が神観にも反映し、砂漠では絶対的な権威を持つ人格神的な男性の唯一神の観念が生まれた、というのである。

一見しただけでは、まことに論理的な推理のようにも見える。しかし、歴史的に見れば、そもそも出発点が適切ではない。古代イスラエル人がもともと砂漠の遊牧民であったという発想は、ほぼ確実に間違っている。彼らの祖先たちは、たしかに一部は牧羊を営んでいたが、（創二四章などに反し）まだラクダを所有しておらず、カナン（現在のパレスチナ）の沃地で農耕民と共存していた。そして、次章以下でより詳しく見るように、イスラエルという民族も彼らの一神教も、「乳と蜜の流れる地」（出三8等）と呼ばれるカナンの地自体の中で成立したのである。しかも、この一神教が唯一神教的な形に発展するのは、おそらくは「バビロンの流れのほとり」（詩一三七1等）においてだったのである。

キリスト教が砂漠で生まれたという想定も、まったく間違っている。イエスが活動したのは、パレスチナでも最も自然の豊かな、「空の鳥」が歌い「野の花」が咲き乱れる（マタ六26・28）ガリラヤであった。イスラム教が生まれたアラビアのメッカはなるほど砂漠的風土の中にあるが、メッカ自体はオアシス都市であった。繰り返し見てきたように、一神教としてのイスラム教の成立はむしろユダヤ教やキリスト教の影響によるのである。イスラム教以前のアラビアは、各部族が異なる部族神を奉ずる多神教であり、ムハンマドの時代のカアバ神殿は、それらの部族の神々の偶像で満ちていた。

もし、砂漠が必然的に一神教を生むという「法則性」があるのだとすれば、同様の砂漠的風土からは同様の一神教が生まれるはずである。しかし、タクラマカン砂漠でもゴビ砂漠でも、コロラド砂漠でもサハラ砂漠でも、一神教に類するものは生まれなかった。それらの地の原住民の宗教は、おおむねアニミズム（シャーマニズムを含む）か部族的な多神教であった。

俗説その二――古代イスラエルの一神教はエジプトの宗教改革の影響を受けた?

古代イスラエルにおける一神教の成立をめぐる第二の「有害」な「俗説」は、それがエジプトの影響、具体的には第一八王朝の第一〇代目の王、アクエンアテン（英語風にはイクナートン、在位前一三五一―一三三四年）のアテン一神教改革の影響を受けたものだとする説である。

カイロのエジプト考古学博物館には、このファラオの巨大な彫像が置かれているが、それを見た者は思わずその異様さに息をのむ（図1）。顔は馬のように細長く、頬はこけ、唇は厚ぼったく、顎が突出している。つり上がった目は虚ろで、首は長く、手も足もひょろ長く、腹は異様に膨れ

図1

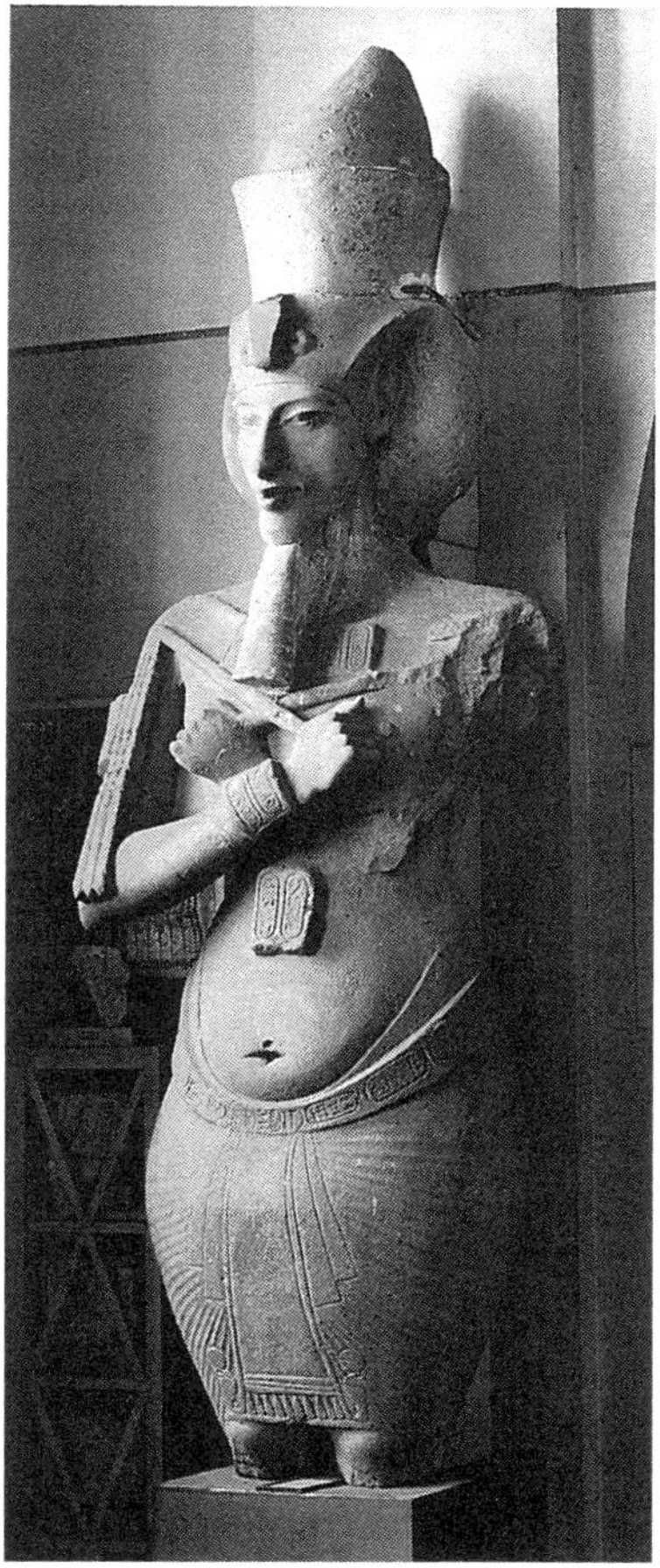

エジプト王アクエンアテン（アメンヘテプ4世）。エジプトで世界最古の一神教的宗教改革を行った。

上がり、腰は女性のようにくびれ、臀部も女性のように丸みを帯びている。そこで、先天性奇形説や両性具有説、遺伝病説（リンカーンやラフマニノフも罹患していたとされるマルファン症候群説が有力）、果ては（もちろんジョークであるが）宇宙人説まで喧伝されている。しかしこの王は、その風貌以上に異様な思考様式の持ち主であった。

彼はもともと、アメンヘテプ（エジプト語で「アメンは満足する」）（四世）として即位した。周知のように、古代エジプトの伝統的宗教は、さまざまな神々を崇める典型的な多神教であった。彼の父アメンヘテプ三世（在位前一三九〇―五二年）の時代には、神々の中でも、首都テーベの都市神アメンが最高神である太陽神ラーと習合し、「アメン・ラー」という形で重要な位置を占めるようになっていた。このことに応じて、テーベではアメンの神官団が著しく発言力を増し、国の政治にも影響力を行使するようになっていた。即位後のアメンヘテプ四世は、治世の最初のうちこそ伝統的なエジプトの神々にも敬意を払っていたようであるが、治世第五年目頃からアメン神の神官団に対抗して、日輪の姿をした神アテンの崇拝を強調するようになった。アテン神自体はそれ以前からもエジプトで知られていた神格であるが（エジプト人は、複数の異なる太陽神が存在することに何の疑問も感じなかった）、アメンヘテプ四世は、エジプトにあって初めて、この神アテンこそ唯一絶対の神であると主張し、この神のみを礼拝した（テーベの神官たちの奉ずるアメン・ラーに対抗して、アテンは創造神でもあるラーと同一視された）。彼は「アメン」の名を含む自分のアメンヘテプという名を棄て、自らアクエンアテン（「アテンにとって有益な者」）に改名し、治世第六年には従来のエジプトのすべての宗教的伝統と決別するためにテーベを放棄して、テーベとメンフィスの中間にある処女地に都を移し、これを「アケト・アテン」(「アテンの地平線」)と名付けた(現在のテル・エル・アマルナ)。

治世の第九年目頃からは、王はより排他的で攻撃的な姿勢を強め、アメン神やその他の神々の神殿を閉鎖したり破壊したりし、碑文からは神々の名を削り取り、他の神々に仕える神官たちを更迭し、自分のみがアテンを理解し、唯一神アテンと国民を媒介する祭司であるとした。

神々を擬人的な姿で描いたり、人間と動物が融合した形で描いた従来のエジプトの伝統に反し、アテンは擬人的な姿を持たず、したがってその神像も造られず、ただ壁画などで、日輪とそこから放射する無数の光線という抽象的な姿で描かれた。エジプトの伝統との断絶は、美術様式にも表れている。この時代には、従来のエジプト絵画の画一的で様式主義的な伝統から離れて、繊細で流麗な自然主義的美術表現様式が現れ、「アマルナ様式」、「アマルナ美術」と呼ばれている。その代表作として、アテンに供物を捧げる王一家の姿が数多く残されている。太陽から発する光線の先端は手の形になっており、その手がファラオ一家に「命(アンク)」の象徴を差し出している。

アクエンアテンの「宗教改革」が、アメン神官たちの政治的な影響力を排除し、権力をファラオ個人に集中させるという、中央集権的な政治的意図を強く含むものであったことは疑いない。ただし、これをもっぱら、政治的目的のために宗教を利用する、冷徹で功利的な「計算」に基づくものであったと見なすのは適切ではなかろう。アクエンアテンによるアテンを讃える長大な讃歌（筑摩世界文學大系1『古代オリエント集』六一二頁以下参照、屋形禎亮訳）が残されているが、そこには、万物の創造者にして世界の支配者、自然界の扶養者であるこの日輪の神に対する狂おしいまでの愛慕の念が情熱的に表明されており、この王が特異な宗教的資質の持ち主であったことが示されている。その「本気度」が半端ではないのである。彼は明らかにある種の「狂信家」であった。

汝、遥けき空をつくれり。
そこに昇りて、汝のつくりしすべてのものを見んがために。
汝、唯一者にして、生けるアテンの姿にて（天に）昇り、
出現し、輝き、退き、ちかづきつつ、
幾百万もの相をただ一人にてつくれり。
都市、町、畑、道、河、
すべての眼はこれらにあまねく汝を見る。
汝、大地の上の日中のアテンなればなり。

アテンはエジプトの神であるのみならず、全世界の神であるとされたが（「シリアとヌビアの

国々、エジプトの地、汝、すべての人をそのあるところにおき、彼らの必需品を与う」)、この神への祭祀を執行することができるのは王自身とその家族だけであった。

汝、わが心にあり。
(されど)汝の子ネフェルケペルラー・ウェンクラー(=アクエンアテン)
のほかに、汝を知れるものなし。
汝、かれにその企て、力を精通させたればなり。

アテンは地上の世界をすべ治めるだけでなく、従来のオシリス神に代わる冥府の支配者ともされたので、王墓も奥の墓室にまで太陽光線が差し込むように、太陽の運行に対して垂直に設けられ、入口から通路が直線をなすように設計された。

ここで問題になるのが、アクエンアテンの唱えた新しいアテン一神教が、先に見た宗教類型論におけるどの一神教の類型に近かったのか、ということである。

アクエンアテンがアテン神に捧げた碑文の多くは、この(エジプトの伝統主義者から見れば)「異端王」の死後、破壊されて再利用されたり、削り取られたりしてしまったため、その正確な「神学」については不明な点が多い。例えば、彼がアテン以外の神々の存在そのものを否定したのかどうかはよく分からない。しかし、神殿や神像の破壊に示されるように、それが極めて排他性の強い、不寛容なものであったことは間違いない。エジプト人にとって、神像は神の現臨する場であり、それを破壊したことはその存在そのものの否定に等しい。またエジプトでは、神々の発明した文字で名を記すことは、永遠の存在を保証することを意味したという。それゆえ神々の名を削り取るということは、その存在そのものの抹消を図ったと解釈できる。

スイスのエジプト宗教学者のE・ホルヌングは、この王の神信仰が「おそらくは「唯一神教（Monotheismus）」の最も厳密な定義に当てはまるもの」であったと評している。また、アクエンアテンについての著書も複数あるカナダのエジプト学者D・B・レッドフォードも、「アクエンアテンは明らかに唯一神教徒（a monotheist）であった。ここにはその周知のすべての構成要素が揃っている。すなわち、教理を伴う啓示、戦闘的な聖像破壊、超自然的なものの複数性の否定、「神々」の破門（アナテマ）、宗教的表現の粛清である」と断言している。それゆえ、このアクエンアテンこそ、世界最初の唯一神教の創唱者であったと見なしてよかろう。彼は、エジプトの宗教に空前絶後の「突破」と「革命」をもたらした、ペッタツォーニが言う意味での宗教的天才だったといえるであろう。

しかし、彼の「天才」はあまりにも異才にすぎ、一般の民衆の理解を絶したものであった。アクエンアテンは彼の新しい宗教に熱中するあまり、外政も内政もほとんど顧みなかったらしい。このため、アジアやヌビアの植民地は反乱や離反を繰り返し、国内の行政や経済も乱れた。王の存命中は、国家の力でアテン信仰が維持されたが、王が没すると、国内ではアメン崇拝を中心とする伝統的な多神教が復活し、より伝統主義的な後のファラオたちにより、「異端者」であったアクエンアテンの姿や名前は壁画や王名表から削り取られることになった。各地のアテン神殿は破壊され、都であったアケト・アテンは廃墟となり砂に埋められた。アメン崇拝の復興を端的に示すのが、アクエンアテンに代わる新しい王（ごく最近、DNA鑑定によりアクエンアテンの息子であることが判明した）がトゥト・アンク・アメン（「アメンの生ける似姿」）と名乗ったことである。これが、あの「黄金のマスク」で有名な少年王、いわゆる「ツタンカーメン」である。

旧約聖書によれば、モーセに率いられたイスラエルの民は、エジプトを脱出してカナンの地に向かった。出エジプト記（出一11）に、第一九王朝の王ラメセス二世（在位前一二七九―一二一三年）が建設したことが分かっている「（ペル・）ラメセス」の町が言及されていること（しかもこの町は、ごく短期間しか存続しなかった）から、出エジプトのもとになった出来事が起きたのは、前一三世紀の中葉であったと一般的には考えられている。もしそうだとすれば、アクエンアテンの時代から一〇〇年ほどしか経っていないことになる。それゆえ、アクエンアテンの一神教的宗教改革の影響がエジプトのどこかに残っていて、それがモーセやイスラエルの民の神観に影響を与えたと考える人々が出てきても不思議ではない。

天才フロイトの珍説

実際にそのように考えた人々のうち、最も著名な人物が、ウィーン出身の精神分析学の創始者で、彼自身ユダヤ人であったジークムント・フロイト（一八五六―一九三九）であった。

エジプト学者でも聖書学者でもなかったフロイトは、その最晩年に『人間モーセと一神教』（一九三九年）を書き、イスラエルにおける一神教の成立について独創的な仮説を提唱した。彼は、「モーセ」という名前がエジプト系の人名であるという、近代エジプト研究が明らかにしたそれ自体としては正しい事実（本書五九ページ参照）から出発し、モーセは（イスラエル人ではなく！）エジプト人であったという前提に立つ。フロイトによれば、エジプト人モーセは「高貴な身分の政府高官」であり、アクエンアテンの「側近」であって（フロイトはモーセを前一三五〇年頃に置く）、このファラオの新しい宗教の「心底からの信奉者」で、「その根本思想を完全に体得していた」。しかし、ファラオが死に、エジプトの伝統的多神教が復活したことに絶望した彼は、エジプトに見切りをつけ、国境地帯にいたセム系の民族（これをフロイトは「ユダヤ人」と呼ぶ）を選び、「エジプトから排除された宗教をその新たな民族に信仰させようとする計画」を実行した。これが、フロイトによる「出エジプト」の真相である。ところが、フロイトによれば、ユダヤ人は出エジプト後、モーセに反抗して彼を殺してしまい（ある種の「親殺し」）、モーセが教えた宗教も捨ててしまって、荒野のカデシュでアテンに代わって、もともとミディアン人の火山の神であったヤハウェを受け入れたのである。その後、ユダヤ人はモーセ殺しの記憶を無意識の中に抑圧し、それが後のユダヤ人の民族的トラウマに繫がったという、フロイト流の精神分析的考察が続くわけであるが、ここから先は本書の目的から逸れるので、省略したい。

フロイトの果敢で天才的な推測にもかかわらず、今日では、アクエンアテンの宗教改革とイスラエルの一神教の直接的関係は、ほとんどのエジプト学者と聖書学者、イスラエル史学者の双方から否定されている。

第一に、次章でより詳しく述べるように、現代の歴史学的研究では、出エジプトそのものの史実性は必ずしも否定されないが、モーセが史実上の人物であることを前提とする考察はあまり行われなくなっている。第二に、アクエンアテンの宗教改革とイスラエルにおける一神教の成立は、時間的にも地理的にもより隔たっていた可能性が高い。第三に、二つの一神教はもともと異なるタイプのものであったらしい。アクエンアテンの一神教が、すでに見たようにかなり排他性の強い唯一神教に近いものであったのに対し、本書第四章以下で行われる考察の結論を先取りして言えば、初期イスラエルの一神教は、他の神々の存在についてはより寛容な、拝一神教タイプのものだったらしいのである。そして、それが唯一神教的性格を強めるのは、アクエンアテンの時代から見れば八〇〇年以上も後のことだったのである。

俗説その三――旧約聖書が語る歴史は史実なのか？

イスラエルにおける一神教をめぐる第三の俗説（そう呼んでよければの話であるが）は、旧約聖書自体がその源泉であるだけに、一般の聖書読者だけでなく、旧約聖書学やイスラエル史学の専門の研究者の発想や思考を無意識に規定していることが少なくない。すなわち、まずイスラエルの歴史の端緒（それが民族の祖先アブラハムであれ、神との契約を結んだモーセであれ）には「純粋な」ヤハウェ一神教があったのだが、イスラエルがカナンの地（現在のパレスチナ）に入った後、先住民の異教的宗教（特にバアル崇拝）の影響を受けて「堕落」し、初めて多神教や偶像崇拝が生じたのだ、という理解の仕方である。

このような、原初には純粋な一神教があり、頽落して多神教的な「宗教混淆（シンクレティズム）」に陥ったという図式が、ヴィルヘルム・シュミットやオールブライトのような宗教研究や聖書研究の専門家の思考をも規定していたことはすでに見た通りである。

このような「頽落史観」のもととなったのは、旧約聖書自身の描き出す歴史像である。例えば前八世紀の預言者ホセアは、神ヤハウェと民イスラエルの関係を義理の親子や羊飼いと羊の比喩で描き、次のように語っている。

まだ幼かったイスラエルをわたしは愛した。
エジプトから彼を呼び出し、わが子とした。
わたしが彼らを呼び出したのに、彼らはわたしから去って行き、
バアルに犠牲をささげ、偶像に香をたいた。
エフライム〔イスラエルの部族の一つ〕の腕を支えて、
歩くことを教えたのは、わたしだ。

しかし、わたしが彼らをいやしたことを、彼らは知らなかった。
わたしは人間の綱、愛のきずなで彼らを導き、
彼らの顎から軛《くびき》を取り去り、身をかがめて食べさせた。
彼らはエジプトに帰ることもできず、
アッシリアが彼らの王となる。
彼らが立ち帰ることを拒んだからだ。
剣は町々で荒れ狂い、たわごとを言う者を断ち、
たくらみのゆえに滅ぼす。
たとえ彼らが天に向かって叫んでも、
助け起こされることは決してない。（ホセ一一1-7）

また、旧約聖書に含まれた歴史書の一つ士師記《ししき》も、モーセの後継者であり、イスラエルをカナンの地に導き入れた指導者であるヨシュアの死後の時代を、イスラエルの民の「堕罪」として次のように描きだす。

ヨシュアの在世中はもとより、ヨシュアの死後も生き永らえて、ヤハウェがイスラエルに行われた大いなる御業をことごとく見た長老たちの存命中、民はヤハウェに仕えた。……そ

の世代が皆絶えて先祖のもとに集められると、その後に、ヤハウェを知らず、ヤハウェがイスラエルに行われた御業も知らない別の世代が興った。イスラエルの人々はヤハウェの目に悪とされることを行い、バアルに仕えるものとなった。彼らは自分たちをエジプトの地から導き出した先祖の神、ヤハウェを捨て、他の神々、周囲の国々の神々に従い、これにひれ伏して、ヤハウェを怒らせた。彼らはヤハウェを捨て、バアルとアシュトレト〔カナンの女神〕に仕えたので、ヤハウェはイスラエルに対して怒りに燃え、彼らを略奪者の手に任せて、略奪されるままにさせ、周りの敵の手に売り渡された。彼らはもはや、敵に立ち向かうことができなかった。（士二7-14。なお、ヨシュ二三6-13、サム上一二6-17、王下7-18等参照）

いずれの場合も、敵の侵略など、イスラエルが直面する歴史的苦難は、彼らが自分たちの神ヤハウェに背き、他の神々を崇拝したことに対するヤハウェの怒りと裁きによるという説明になっている。そして、旧約聖書の他の箇所によれば、このようなヤハウェの怒りと裁きは、モーセを通じてシナイ山で結ばれたヤハウェとの契約（出一九-二四章）に対する違反によるものであった（ホセ八1-3、申三一16-20、ヨシュ二三16等）。

しかしながら、このような歴史像は、過去の理想化を伴う後代の、非常に図式化された神学的歴史観の表現であって、とうてい正確な宗教史的経過を再現したものとは見なし得ない。人間には多かれ少なかれ、過去や原初を理想化して、現在の状態を「堕落」と見ようとする傾向があるようだが、聖書には特にこの傾向が顕著である。そもそも創世記は、最初の男女アダムとエバはもともとは罪もなく楽園エデンに住んでいたが、神の戒めに反する「堕罪」によって追放され、現実世界の過酷な生活を強いられるようになったと描いている(創二－三章)。モーセや出エジプトの時代が理想化して描かれるのも、同じような発想によるものであろう。いずれにせよ、イスラエルにおける一神教の成立について考える場合、旧約聖書が描く神学的歴史像を単純素朴に前提にしないよう、慎重な配慮が必要である。

モーセやシナイ契約の史実性はここでは問わないものの、次章で見るように、現代の旧約聖書学やイスラエル史研究では、イスラエル民族が一団となって外部(それがエジプトであれ、メソポタミアであれ)からカナンの地に移住してきたという伝承の歴史性自体がそもそも疑問視されており、イスラエルという民族は、主としてカナンの地内部での社会変動の結果として生じたという見方が有力になりつつある。しかも、このイスラエルという集団では、当初は「ヤハウェ」という神などまったく知られていなかった可能性が高いのである。

それでは、現代の学問的な旧約聖書学や(イスラエル宗教史学を含む)イスラエル史学では、イスラエルという民族やヤハウェという神への崇拝が生じた経緯について、具体的にはどのように考えられているのであろうか。この問題を、次章以下において見ていくことにしよう。

第二章

「イスラエル」という民

「古代イスラエル人」と「ユダヤ人」

旧約聖書中の多くの文書は歴史書としての形式と性格を持ち、古代イスラエル人とその子孫であるユダヤ人の歴史を物語る。

まず最初に「古代イスラエル人」と「ユダヤ人」の歴史的関係について簡単に説明しておこう。旧約聖書を生み出した古代イスラエル人は、一二の部族からなっていた（出二四4、ヨシュ四1―7）。そのうち最も大きく有力だったのは、ダビデやソロモンなど名君を輩出した南のユダ（正しくは「イェフーダ」）部族で、これが前一〇世紀以降は、ベニヤミン部族の一部とともにユダ王国を構成した。他の部族は北のイスラエル王国を形成したが、前八世紀の終わりにはこれがアッシリア帝国に滅ぼされ、生き残った人々も各地に追いやられて散り散りとなり、民族として解体してしまった（王下一七章）。彼らは、「失われた十部族」と呼ばれる。

残ったユダ王国も前六世紀初頭に（新）バビロニア帝国に滅ぼされ、生き残りの人々の多くはバビロン捕囚に送られたが（王下二五章）、彼らは捕囚の地でも律法を遵守するなどして民族の結束とアイデンティティ（自己同一性）を保ち続けた。ペルシア帝国によるバビロニア滅亡後、彼らは故郷パレスチナに帰り、その後もそこでさまざまな異民族の大国（ペルシア人、ギリシア人、ローマ人）に支配されたが、彼らは律法を厳しく守るなどして民族としてのまとまりを存続させ、異民族と融合することはあまりなかった。ヘレニズム時代（ギリシア系支配者の時代、前四―二世紀）に、彼らは「ユダ（イェフーダ）」の語に基づき、（主として外部から）ギリシア語で「イウダイオイ／ユダイオイ」と呼ばれるようになった。ここから「ユダヤ人」（英語ではJew）という民族名が生じたのである。したがって、単純化して言えば古代イスラエル人の子孫がユダヤ人ということになる（これに対し、現代の「イスラエル人」は概念的に異なる。これは、民族や宗教を問わず、ユダヤ人が一九四八年建国した「イスラエル」国の国籍やパスポートを持つ者のことである）。

旧約聖書が語るイスラエルの歴史

さて、旧約聖書が描く古代イスラエル人の歴史を略述すれば、ほぼ次のようになろう。

イスラエルの祖先はアブラハムであり、彼はカナンの地で放牧する牧羊民であった（創一二章）。彼は神ヤハウェの選びと祝福を受けた人物であった（創一二1-3）が、彼から数えて三代目のヤコブに一二人の息子が生まれ、これが後のイスラエル一二部族の祖先となる（創二九31-三〇24、三五16-26）。ヤコブの時代にカナンの地を厳しい飢饉が襲ったので、ヤコブの一族はエジプトに難民として下る（創四七1-6）。

エジプトで暮らすうちに、イスラエルの民は数を増して大きな民族になるが、エジプトの王により奴隷として酷使されるようになる（出一-二章）。イスラエルの人々が自分たちの神ヤハウェに助けを求めると、ヤハウェはモーセを指導者に指名し（出三-四章）、他方でさまざまな奇跡を引き起こしてエジプトの王を屈服させ、イスラエルの解放を認めさせる（出七-一一章）。モーセはイスラエルを率いてエジプトを脱出し、カナンの地に向かうが、途上のシナイ山でヤハウェと契約を結び、律法を授かる(出一九―二四章)。その後イスラエルはカナンの地への旅を続けるが、途上で民がモーセやヤハウェへの反抗を繰り返したので、ヤハウェはイスラエルに罰として四〇年間の荒野放浪を運命づける(民一三―一四章)。この世代の人々はカナンの地に入らせない、というのである。四〇年後、ヨルダン川の東側に辿り着いたところでモーセは一生を終える(申三四章)。以上が、旧約聖書の最初の五巻をなすいわゆる「モーセ五書」のあらすじである。

物語は続く。モーセの後継者となったヨシュアはイスラエルを率いてヨルダン川を渡り(ヨシュ三―四章)、イスラエルをカナンの地に導き入れる。ヨシュアを指揮官とするイスラエル軍はカナンの地の先住民を次々と撃ち破り、カナンの地を征服する(ヨシュ六―一二章)。そしてヨシュアはくじを用いて、土地を一二部族に分配する(ヨシュ一三―二一章)。

カナンの地に定着してからも、イスラエルは長く王なしで暮らしたが、しばしば先住民族の生き残りや周辺民族から侵略を受けた。この時期にイスラエルの戦いを指揮したのが、「士師」と呼ばれる人々(エフド、デボラ、ギデオン、エフタ、サムソン等)である(士三―一六章)。

困難な戦いを続けるうちに、人々の中から王をたて、そのもとで戦う方が有利だという声が上がり始める(サム上八章)。いよいよ「王国時代」の始まりである。最初の王に選ばれたのはベニヤミン部族出身のサウルであるが(王上九―一一章)、彼は海岸平野を拠点とするペリシテ人との戦いで戦死する(サム上三一章)。第二代の王となったユダ部族出身のダビデは、優れた戦略を用いて先住民や宿敵ペリシテ人を屈服させただけでなく、エドム人、モアブ人、アンモン人、アラム人といったヨルダン東岸にいた諸民族をも征服し属国化し、都エルサレムを中心に強大なイスラエル王国を確立した（サム下五－一〇章）。ダビデの王国は一二のすべての部族を含んでいたとされるので、イスラエル「統一王国」とも呼ばれる。

ダビデを継いだその息子ソロモンのもとで、イスラエルは近隣諸国との交易などを通じて経済的繁栄を享受し（王上九－一〇章）、ソロモンはエルサレムのシオンの丘にヤハウェのための神殿を建設する（王上六－八章）。しかし、ソロモンの死後、部族間の対立が顕在化し、最有力のユダ部族とその他の部族が対立する形で統一王国が分裂する（王上一二章）。王国分裂後のイスラエル王国とユダ王国の歴史については、本章の冒頭で、古代イスラエル人とユダヤ人の関係を論じた際に説明した（五二ページ）ので、繰り返す必要はなかろう。

「ミニマリスト」と「マクシマリスト」の論争

一九八〇年代頃までの旧約学やイスラエル史学では、旧約聖書が語る古代イスラエルの歴史は、多くの伝説的要素や後代の神学的解釈を含みながらも、ほぼ大筋においては実際の歴史の流れを反映しているものと見られることが多かった。古代イスラエル史の通史を叙述する場合でも、もちろん神の介入や奇跡などの超自然的要素は「合理化」したり再解釈したりしながらも、全体として聖書の語る歴史像をパラフレーズするという傾向が顕著であった。筆者自身も二回にわたって、やや異なる形で通史的著作を発表したが（山我哲雄／佐藤研『旧約新約聖書時代史』〔一九九二年〕教文館、山我『聖書時代史　旧約篇』〔二〇〇三年〕岩波現代文庫）、今から振り返ってみれば、率直に言って、やはりそのような傾向を免れていたとは言えないであろう。

ところが、一九九〇年代前後から、ヨーロッパを中心に、旧約聖書は本質的に見て、アケメネス朝ペルシア時代（前五―四世紀）やヘレニズム時代（前三―二世紀）のユダヤ人が自分たちのアイデンティティの確立や維持のために創作した「作り話」にすぎないと論ずる過激な研究者たちが現れてきたのである（代表的な名前を挙げると、フィリップ・R・デーヴィス、N・P・レムチェ、T・L・トンプソンら）。彼らによれば、聖書外史料（碑文など）や考古学的調査結果によって裏付けられない限り、旧約聖書の記述はいっさい信用できない。ダビデやソロモンが実在した歴史的信憑性など「アーサー王のそれと変わらない」のであり、エルサレムは、アッシリアの記録に言及されるようになる前八世紀末頃までは、ユーフラテス河とナイル河の間の全域を支配する（王上五1）大王国の首都などではあり得ず、せいぜい「丘の上の村」以上のものではなかったのである。この過激な研究者たちは、旧約聖書の史料的価値を最小限（ミニマル）しか認めないので、批判する側からは「ミニマリスト」と呼ばれた。これに対し、この陣営から見れば、従来のように旧約聖書を歴史史料として尊重する人々は、「マクシマリスト（最大限主義者）」ないし、聖書の真実性に固執する「原理主義者（ファンダメンタリスト）」に他ならないのである。

当然、このようないわゆる「ミニマリスト」と、聖書の史料的価値を重視する人々（代表格を挙げれば、K・A・キッチン、W・D・ディーヴァー、I・プロヴァン、P・K・マッカーターら）の間には激しい論争が起こり、時には誹謗中傷や感情的な個人攻撃がなされ、あまり学問的とは言い難い状況すら見られた。たしかに懐疑論者たちの主張は極論とも言えるものであり、全面的に支持する声は多くはなかった。しかし、この論争が学界にある程度の反省を促し、学問的に歴史を考える場合、徹底した史料批判を行うことの必要性と重要性が強く意識されるようになった。その結果、旧約聖書のみに語られていて、聖書外史料や考古学的所見による裏付けがない場合、その史実性については以前よりも慎重に語られるようになったのである。

いわゆる「族長時代」

具体的に見てみよう。イスラエルの祖先とされるアブラハム、イサク、ヤコブら「族長」たちは、カナンの地で家畜を放牧する牧羊民として描かれている。実際のところ、後のイスラエル民族の祖先たちの少なくとも一部が、牧羊生活を営んでいたことは文化史的にも確からしい。しかし、彼らはほぼ確実に文字を持っていなかった。したがって、彼ら自身が残した碑文は存在しないし、他人が書いた碑文に彼らが言及されることもない。これは、考えてみれば当然のことである。古代オリエント世界で碑文を残すのは、通常は王や高官たちが自分の偉業を誇るためであり、そこで他人に言及するのも、自分が撃ち破ったり服従させた他の王たちを列挙する場合がほとんどである。牧草地で細々と暮らす羊飼いたちには、誰も関心を払わない。天幕で暮らした彼らは、城壁や神殿など、何の考古学的痕跡も残さない。したがって、創世記に描かれた族長たちの物語については、聖書外史料も考古学的痕跡もないので、歴史性がほとんど認められないということになる。

もちろん、創世記における個々の物語には、古い時代から口伝で伝えられてきたものもあろう。族長物語の中には、後のイスラエルの生活からは説明できない習慣なども描かれており、より古い時代の状況や、実際に起きた出来事の記憶がそこに反映している可能性も排除できない。ただ、それを史実として証明することは不可能なのである。アブラハム、イサク、ヤコブという人物が、それぞれ、後にイスラエル民族を構成することになる有力な部族や集団の祖先として実在していたということさえ、あり得ないことではない。ただし、彼らが実際に祖父―父―子という系図関係にあったということはおそらくはあり得ず、ましてや後代のイスラエル民族すべての祖先が彼らであり、一人の人間から全イスラエルが分かれ出たとする現在の創世記の観念は、歴史学的にも生物学的にも遺伝学的にもナンセンスである。それは、後にも述べるように（本書八二ページ以下）、イスラエル民族の自己同一性（アイデンティティ）を基礎づけ、もしくは補完するために、後から人為的に構成されたフィクションであろう。

いわゆる「出エジプト」

次に出エジプトであるが、後のイスラエル民族の祖先の少なくとも一部が、カナンからエジプトに下ってそこで奴隷生活を体験し、そこから「脱出」してカナンに戻ってきて、イスラエルという民族に加わったということ自体は、歴史的に決してあり得ないことではない。飢饉などの際に、カナン方面から牧羊民の集団がエジプトに避難してくるという事態については、エジプトの文書にいくつも記録がある。アクエンアテンの宗教改革に関連しても触れた（四三ページ参照）が、ラメセス二世の時代に短期間存在したに過ぎない「ラメセス」の町の建設について言及されていること（出一11）などに見られるように、伝えられた出エジプトの物語には、エジプトについてのかなり正確な情報が含まれており、すべてが後代の想像力の産物に過ぎないとする説明は、説得力を欠く。

モーセの名がエジプト系の人名だということは、ヒエログリフが解読された後の近代エジプト学による発見である。モーセ（ヘブライ語では「モシェ」）の名は、古代エジプト語で（父が）子を「もうける」、「生む」という意味の「ムス」ないし「メス」という語に基づいており、この語は「ラメセス（ラー神が生んだ）」、「トトメス（トート神が生んだ）」などのファラオたちの名前にも含まれている。なお、旧約聖書（出二10）ではモーセの名が「引き上げる」（マーシャー）というヘブライ語の動詞から説明されているが、これは明らかに通俗語源解釈、すなわち二次的な語呂合わせに過ぎない（そこではエジプトの王女がヘブライ語を話している！）。古代イスラエルの物語創作者が、自分が作り出した架空の主人公にちゃんとエジプト系の名前を与えておいたというのは、できすぎた話である。したがって、出エジプトの伝承には、前一三世紀中葉にエジプトから脱出してカナンの地に辿り着いた逃亡奴隷たちの集団の記憶が反映している可能性があり、そのリーダーとして「モーセ」という人物が実在した可能性さえ排除できない。しかし、それが具体的にどんな人物であったかについては、何ら語ることはできないのである。

ところで、旧約聖書は、出エジプトをあくまでイスラエル民族全体の体験として描き（民一―二章等参照）、その規模は「壮年男子だけでおよそ六十万人」（出一二37）であったとしている。家族を加えれば、数百万人規模の民族大移動だったということになろう。また、旧約聖書はそれが神ヤハウェの偉大な力を示す奇跡的な救いの業であったことを強調する（出七―一二章、一四―一五章）。

「神の救い」や「奇跡」ということは度外視するとして、出エジプトがイスラエル民族全体の共通体験だったとする旧約聖書の観念も、歴史的事実に立脚するものではあり得ない。後に見るように、ヨシュア記が物語るような、イスラエル民族が外部から一団となってパレスチナに侵入したという事態を示す痕跡は、まったく存在しない。「イスラエル」という民族集団は、パレスチナ自体の中で、起源を異にするさまざまな集団が、何段階かにわたる複雑で漸進的な過程を通じて相互に結合し、民族的自己同一性（アイデンティティ）を獲得することによってはじめて形成された、というのが真相のようなのである。

エジプトの史料を見ても、前一三世紀前後に大量の奴隷の脱出があったり、大規模な民族移動があったという事態を示唆する記録は、少なくとも今のところ何一つ発見されていない。もし何百万人もの人間が同時に移動したとすれば、通過した後に一連の破壊の跡や大規模集団の宿営の跡、大量の土器の散乱など、考古学的な痕跡も残るだろう。そのようなものもまったく発見されていない。したがって、歴史的に考え得るのは、出エジプト伝承のもとになった出来事が、実は文書記録にも残らず、考古学的痕跡も残らないような小規模な出来事であった、ということである。ただし、それがどの程度の規模（何十人規模？ 何百人規模？ 何千人規模？）であったのか、彼らがどんなコースでエジプトからカナンに向かったのかについては、今ではまったく分からなくなっている。後のイスラエルは、出エジプトを自分たちの民族全体に関わるヤハウェの偉大な救いの業と信じたが、それは大エジプトにとっては、国家の記録に残す値打ちもない、奴隷の一部の逃亡（出一四5参照）といった些細な事件に過ぎなかったのであろう。それを、後のイスラエル民族は、自分たちの民族全体の共通体験として再解釈した。そしてそれを、自分たちの神ヤハウェの卓越した救いの力を示す象徴的な出来事として語り伝えていったのである。

分かりやすいように、近現代の例を挙げよう。アメリカ人は一一月の第四木曜日に「感謝祭（サンクスギビングデー）」を国民の祝日として祝い、なぜか七面鳥を食べる。これはイギリスで国教会に迫害されたピューリタンの会衆派の一部（ピルグリム・ファーザーズ）が、自分たちの宗教的理想を実現するために本国を「脱出」し、一六二〇年にメイフラワー号でアメリカに渡り、厳しい冬を乗り越えて得た収穫を神に感謝したことに由来し、いわばピューリタン国家としてのアメリカの創建神話的な意味を持っている。実際にメイフラワー号でアメリカに渡ったのはわずか一〇二人のイギリス人であり、例えば後に奴隷としてアメリカに連れてこられたアフリカ系アメリカ人や、一九世紀になってからアメリカに渡ったアイルランド系、イタリア系、ドイツ系、アジア系の移民は彼らとは遺伝的に何の関係もない。しかし、アメリカ人はそんなことは百も承知で、それでもそれを自分たちの象徴的な起源と見なし、国民的団結を確認する行事として毎年それを祝っているわけである。

古代イスラエル人や後のユダヤ人も、毎年「過越祭《すぎこし》（ペサハ）」を祝って、出エジプトを記念した（出一二章）。ただし、現代のアメリカ人とは違い、彼らはそれを文字通り、自分たちの直接的な祖先たちの体験と信じたのである。

「イスラエル」に関する最古の聖書外史料

それでは、パレスチナにおいて「イスラエル」と呼ばれる集団の存在を裏付ける最古の聖書外史料は何であろうか。現在までで知られている限り、「イスラエル」について最も早く言及している碑文は、テーベ（カルナク）の神殿で発見されたエジプト第一九王朝第四代のファラオ、メルエンプタハ（在位一二一三―一二〇三年）が前一二〇七年頃に行ったパレスチナ遠征についての戦勝記念石碑であり、その碑文では、このファラオがこの遠征で打ち破ったり征服したとされる国や民族として、「タハヌ」、「ハッティ」、「カナン」、「アシュケロン」、「ゲゼル」、「イェノアム」などと並んで「イスラエル」の名が挙がっている。それゆえこの石碑は、一般的に「イスラエル石碑」と呼ばれている(図2参照)。「イスラエル」という読みにほぼ問題はない(「ミニマリスト」の中にはこれを疑う者もあるが)。しかも、興味深いのは、エジプトのヒエログリフには、記された固有名詞が何であるかを示す、発音しない「決定詞」という記号がつくのであるが、他の固有名詞の場合には、それらが「国」(おそらくは都市国家)であることを示す山型の決定詞が付けられているのに対し、イスラエルの場合だけは男女の人間の姿の決定詞が付けられていることである。これは、そこで言われる「イスラエル」が、(まだ)固定した領土や支配機構を持つ国家ではなく、人間たちのゆるやかな集団(おそらくは部族連合)であったことを示唆している。

ここから推し量れるのは、前一三世紀の終わり頃、パレスチナのどこかに、「イスラエル」と

図2

エジプトのメルエンプタハ王の遠征記念石碑(前1207頃)。「イスラエル」に言及する最古の聖書外史料。カイロ、エジプト考古学博物館蔵

呼ばれる集団が存在ないし形成されつつあり、まだそれは本格的な国家の体制になっておらず、民族ないし部族連合的な集団であって、しかもそれを撃破したことがエジプトのファラオの名誉になるほどの重要性を持っていた、ということである。

この碑文に出てくるメルエンプタハはラメセス二世の次のファラオであり、出エジプトのもとになった出来事に推測される年代（四三ページ）を考えると、前一二〇七年頃という年代は意味深長である。残念ながら、ここでいう「イスラエル」が、エジプトから脱出してカナンの地に辿り着いた集団をすでに含んでいたのか、いなかったのかについては何ら断定できない。

メルエンプタハの「イスラエル石碑」は、イスラエルに言及する突出して早い聖書外史料であり、これに続くのは、いずれも前九世紀中葉のものと考えられる、モアブ王メシャの石碑（モアブ石碑）と、アッシリアの王シャルマナサル三世の石碑の一つで、三五〇年ほども後になる。

ヨルダンのディボン遺跡で一八六八年に発見されたモアブ王メシャの碑文では、モアブ王のメシャ自身が、「イスラエルの王オムリ」と彼の「息子（たち？）」が一定期間モアブを支配したこと、メシャがイスラエルに対して反乱を起こしてモアブの独立を回復させ、領土を奪い返したことが記されており、列王記下三章に記された出来事の史実性が裏付けられている。ちなみにメシャ石碑は、イスラエルの神「ヤハウェ」にはっきりと言及する最初の聖書外史料でもある。

シャルマナサル三世（在位前八五八—八二四年）の碑文は、前八五三年にこのアッシリア王がシリア方面に遠征した際に、オロンテス河畔にあるカルカルでシリア・パレスチナの国々の反アッシリア連合軍がアッシリア軍と衝突した次第を描いている。そこでは、この同盟軍の主力として、「ダマスコのハダドエゼル」、「ハマトのイルフレニ」と並んで「イスラエルの王アハブ」に言及しており、特にアハブは、同盟軍で最大規模の「二千台の戦車」を率いていたとされる。このカルカルの戦いについては、旧約聖書にはまったく言及がないが、ヤハウェに背教した王として旧約聖書で悪名の高いイスラエル王アハブ（王上一六29‐33）が、前九世紀中葉にはシリア・パレスチナ地方で最も有力な王たちの一人であったということを裏付けている。シャルマナサル三世は碑文でこの反対派を蹴散らしたかのように豪語しているが、同盟軍はアッシリアのシリア・パレスチナ方面への進出を一定期間妨げることに成功したらしい。

以上のように、聖書外史料という点から見れば、「イスラエル石碑」（前一三世紀末）と前九世紀中葉の「メシャ石碑」、「シャルマナサル石碑」の間の時期は、イスラエルの「暗黒時代」ということになる。

ダビデの「発見」

それでは、ダビデとソロモンの統一王国はどうなるのであろうか。「ミニマリスト」たちはまさにその史実性を疑おうとしたのである。ところが、「ミニマリスト」対「マクシマリスト」の論争のまさに真っ最中であった一九九三年から九四年にかけて、イスラエル北部のテル・ダン遺跡（王上一二29などに出てくる「ダン」。一四六ページの地図を参照）の発掘で、アラム語で書かれた石碑の一部が三つに割れた状態で発見された。壁や石畳を造るのに再利用されていたのである。そこでは、アラム人の王と考えられる人物が、自分が「イスラエルの王××ラムとダビデの家の王××ヤフ」を殺したと豪語していた（図3参照）。肝心の名前の部分が破損していてよく読めないが、「ダビデの家」は、ダビデの死後もダビデ王朝が支配した、ユダ王国のことと考えられる。旧約聖書の歴史記述によれば、北のイスラエル王国の「ラム」で終わる名前の王と、南のユダ王国で「ヤフ」で終わる名前の王が同時期にいた例は、前九世紀中葉のイスラエルの王ヨラムとユダの王アハズヤ（正しくは「アハズヤフ」）の場合しかない。しかも、この二人の王は、対アラム戦争で同盟関係にあり、アラム人との戦争状態の中で、ほぼ同時に殺されている（王下九21－27）。したがって、この碑文の著者ないし建立者は、この時期にヨラム、アハズヤと戦っていたとされるダマスコ（現在のシリアの首都ダマスカス）のアラム人国家の王ハザエル（王下八28－29）であったと推測された。「ミニマリスト」の側からは、碑文を別の形で読む（例えば「ダビデ」ではなく「ドード」と読む）反論や、贋作説まで出されたが、ほぼ二〇年にわたる多くの研究者（その中にはわが国の若手聖書考古学者、長谷川修一氏も含まれる）による綿密な調査検討の結果、この歴史的説明がほぼ広く受け入れられるようになったと言えるであろう。この碑文は、まさに列王記の記述を裏付けるものだったのである。

ただし、新たな問題も生じた。列王記下九章の記述によれば、ヨラムとアハズヤを直接殺害したのは、アラム人の王ハザエルではなく、ヨラム王の家臣で、主君に対してクーデターを起こしたイスラエルの将軍イエフであったことになっているからである。テル・ダン碑文と列王記の記述の食い違いを調停する説明は、主として三つある。

一つは碑文中の「殺した」という語を、アラムの王の誇張か、「打ち破った」という意味に解するものである。事実、列王記によれば、ヨラムはハザエルとの戦いで負傷し、アハズヤはその見舞いに行ったところで、イエフのクーデターが起きたことになっている（王下八28‐29、九14‐27）。第二は、実際には列王記が伝える通りイエフがヨラムとアハズヤを殺害したのであるが、

図3

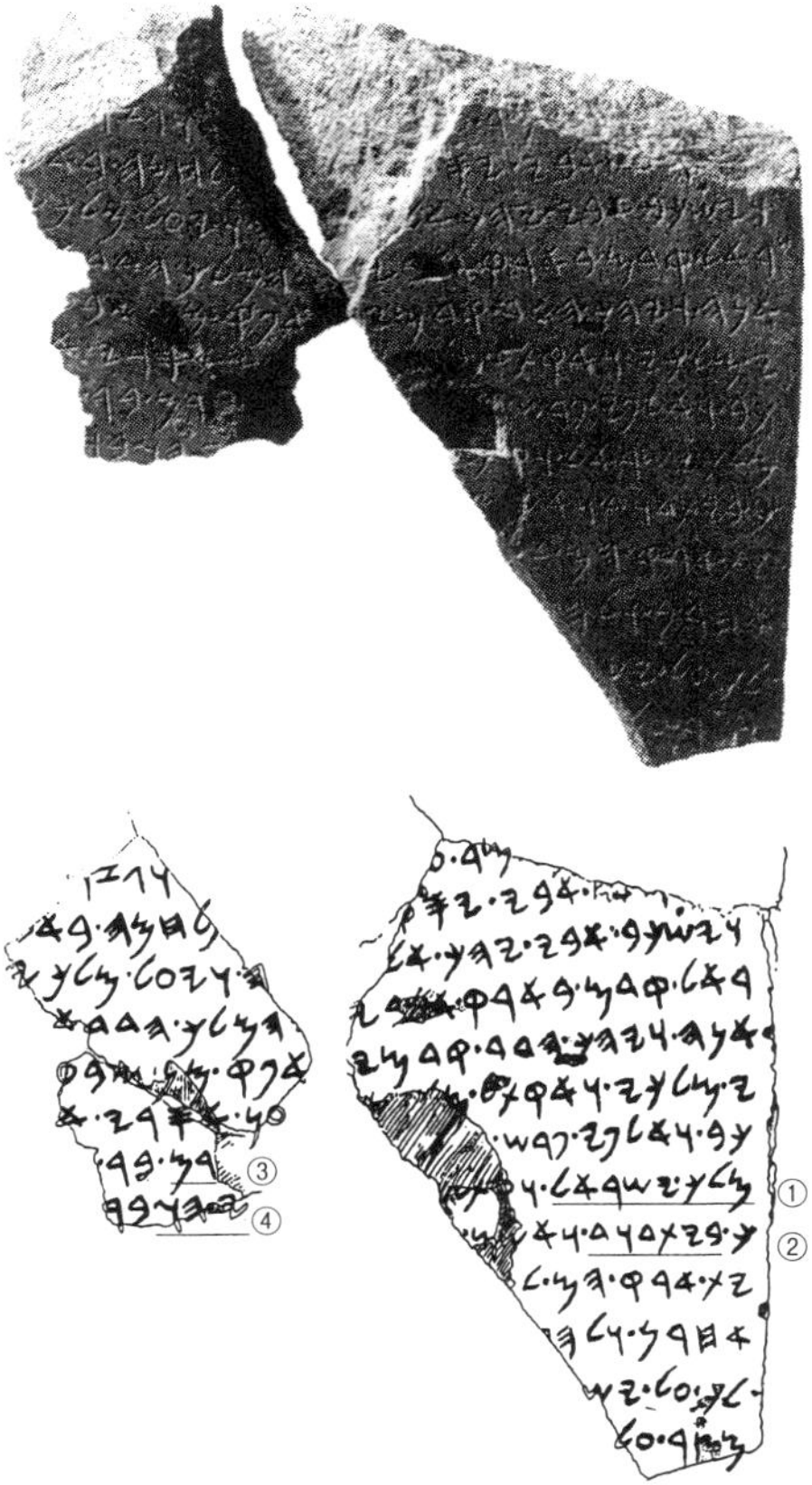

ダン石碑。1993―94年にイスラエル北部のテル・ダンで発見されたアラム語の碑文の断片。①の部分に「イスラエルの王」、②の部分に「ダビデの家」の文字。③にrm、④にyhwの名前の一部が見られる（出典：山我「古代イスラエル史研究の最近の争点から」日本聖書学研究所『聖書学論集36』2004年）

敵対関係にあったアラムの王がその手柄を「横取り」した、という可能性である。ここからは、実はイエフのクーデターの黒幕がハザエルであり、「手先」であったイエフの行為を自分の行動として語っているという、さらなる仮説へ発展する。王が碑文で自分が（神殿などを）「建てた」、（敵を）「打ち破った」と一人称で語る場合でも、実際には建築家が建てたり、家臣が戦争で敵を撃破した場合が多い。第三の可能性は、実際にはテル・ダン碑文にある通り、ヨラムとアハズヤはアラム王との戦いで戦死したのであり、その混乱に乗じてイエフがクーデターを起こし、先王朝の生き残りを絶滅させて（王下一〇1−17）王位を簒奪した、という説明である。歴史的には、第三の説明が最もありそうなものであろう。

それにしても重要なのは、碑文で南のユダ王国が「ダビデの家」と呼ばれていることである（王上一二16をも参照）。もちろん、これはダビデ自身に直接的に言及したものではない。しかし、この碑文は、間接的にではあるが、少なくとも「ダビデ」という名の人物が、ユダ王国の王朝創始者として歴史的に実在したことを強く示唆するものである。もちろん、原理的には、それがこの王朝の伝説的祖先の名に過ぎない、という可能性も排除できない。たとえ天皇家が神武天皇の子孫を称したとしても、それによって神武天皇の歴史的実在が証明できるわけではないのと同じである。さらに、例えばサムエル記が描くように、ダビデの王国が全一二部族（すなわち後の北王国の部分）をも含む、「統一王国」であったかどうかは今もって分からないのである。

たとえダビデが実在したとしても、ダビデがすべての周辺諸民族を支配し、シリア・パレスチナ全土を包括するような一大王国を建設した（サム下八1−14等）という観念は、明らかに相当の誇張を含む、後世の理想化されたイメージであろう。現在、多くの研究者は、ダビデの歴史的実在を想定する場合にも、地理的事情などから見て、エルサレムとその周辺の限られた土地を領土とする小王国の王ないし豪族の長にすぎなかったと見ている。

では、ソロモンはどうであろうか。今までのところ、ソロモンに言及する聖書外史料は一つも発見されていない。ソロモンは建築活動に熱心であったとされる（王上九15−19）。以前はハツォル、メギド、ゲゼルなどで発掘されている、内側に六つの小部屋ないし特徴的な窪みを持つ、ほぼ同一の規格と構造を持つ大規模な城門がソロモン時代（前一〇世紀）のものとされ、中央集権的な国家による組織的・計画的な建築活動の所産であると見なされた。しかし、ここ二〇年ぐらいのうちに、それらをもっと後の時代（前九−八世紀）に位置付ける低年代説（ただし、考古学の専門家の間でも賛否両論の対決が激しい）が唱えられ、議論が流動化しつつある。

ソロモンがエルサレム神殿を建設したというのは史実であろうか。エルサレム神殿は二度（前五八六年に新バビロニアにより、また後七〇年にはローマ帝国により）、徹底的に破壊されている。その後、後七世紀にはイスラム教徒のアラブ人がやって来て、その跡地を埋め立てた。現在では金色に輝く「岩のドーム」とアル・アクサ・モスクが建つ、メッカとメディナに次ぐイスラム教の第三の聖地「ハラム・アッシャリフ」になっている。イスラム教徒は絶対にこの聖域の発掘調査を認めないので、考古学的に確かめたくとも確かめようがないのである。

考古学的に見たイスラエルの成立

次に、その考古学から見て、カナンの地におけるイスラエル民族の成立について、どのようなことが言えるのであろうか。

すでに見たように、旧約聖書のヨシュア記は、ヨシュアの指揮のもとでイスラエルが一挙にカナンの地を征服したように描く。かつてはそのようなイメージを歴史にも適用して、イスラエルが軍事力によってカナンを征服したと考え、考古学調査によってそれを裏付けようとした研究者たちもいた（いわゆる軍事征服説で、その典型が第一章でも紹介したオールブライト）。しかし、考古学的な都市破壊の跡は、必ずしも旧約聖書の物語と調和しない。例えば、イスラエル人がラッパを吹きながら七度周囲を回ったことでひとりでに崩壊したとされる有名なエリコの城壁（ヨシュア六章）は、実はイスラエル人が出現する前一三世紀末よりも一〇〇〇年以上も前の前二三〇〇年頃に破壊されていたのであり、イスラエル人が目にしたのはその廃墟だけだったはずである。

たとえ前一三世紀頃に町が破壊されていたにしても（例えばハツォル）、それをイスラエル人が破壊したとは限らない。破壊者は署名を残さないからである。すぐ後で見るように、この時代にパレスチナはある種の混乱状態に陥っており、カナンの地の都市国家同士が激しく争い合っていたし、「海の民」に属するペリシテ人の侵入もあった。したがって、この時期の破壊がイスラエル人によらない可能性も十分ある。いずれにせよ、現在では、ヨシュア記は王国時代末期から捕囚時代にかけて成立した「申命記史書」（本書二九二ページ以下参照）に属し、その記述は著しく理想化・単純化・神学化されていて、ほとんど歴史的信憑性はないと考えられている。

別の研究者は、ヨシュア記よりも創世記の族長物語のイメージを尊重し、（原）イスラエル人によるカナンの地の土地取得は、牧羊民が荒野と沃地の間で家畜の移牧を繰り返すうち、比較的平和に定着するようになる漸進的な過程であると考えた（いわゆる平和的浸透説、A・アルト、M・ノートら）。しかし、先に見たように（五七－八ページ参照）、牧羊民は物質的痕跡をほとんど残さないので、この説は考古学的には証明も反証もできない。二〇世紀の後半には、社会学に関心を持つアメリカの研究者たちの一部（G・E・メンデンホール、N・K・ゴットワルドら）が、このように――軍事的にであれ平和的にであれ――イスラエル人が外部からカナンの地にやって来たとする発想を転換して、実は、階級社会であるカナン都市国家の支配者たちの抑圧と搾取に苦しむ下層農民が反乱を起こし、都市から「脱却」して山岳地帯に「引き上げ」てイスラエルを形成したという、まさに「革命的」な説（いわゆる農民反乱説、社会革命説）を唱えたことがあったが、この説も考古学的裏付けを欠き、しかもこの説がイデオロギー的性格を強く持っていたこともあって、このままの形では広く受け入れられることはなかった。

中東戦争が終わった一九六〇年代後半から、イスラエルの考古学者らにより、それまであまり調査の行われていなかった、パレスチナを南北に走る中央山岳地帯（ユダ山地、サマリア山地、ガリラヤ山地）で、新しい方法による考古学調査が行われるようになった。考古学というと、ある地点をひたすら掘るということがイメージされようが、この新しい方法は、ほとんど掘ることはせず、広い範囲で土地の表層調査を行い、住民の居住パターンの変化を分析する、というものである。イスラエルが出現する以前には、カナンの地は統一されておらず、多くの都市国家が分立していたが、そのほとんどは北西や海岸沿いの平野部に集中しており、（シケムやエルサレム、ヘブロンのような例外はあったが）問題の中央山岳地帯にはあまり居住地がなかった。

ところが調査の結果、イスラエルが出現する前後の前一二〇〇年頃、中央山岳地帯に同時多発的に数多くの新しい居住地が出現したことが判明した（図4）。これは考古学的・文化史的には、後期青銅器時代から初期鉄器時代への移行期に当たる。この時期以前には、中央山岳地帯には三〇足らずの居住地しかなかったのだが、前一二〇〇年前後には突然それが二五〇以上に増え、居住面積では約四七ヘクタールから約二二〇ヘクタールへとほぼ五倍に拡大している。人口は前一〇世紀までの約一五〇年間で約一万二〇〇〇人から約四万二〇〇〇人に増えたと推測される。

居住地の多くは見晴らしのよい丘の上か山の尾根に位置し、一つひとつの居住地は比較的小規模で、広さは〇・五ヘクタールからせいぜい一ヘクタール、居住地ごとに二〇軒から五〇軒ほどの、中庭のある石造りで質素な家屋群があり、人口は一つの居住地につき五〇人からせいぜい数百人であったと推定される。住民は羊や山羊を飼育する一方、テラス（段々畑）を造って農耕も営んだ。家屋の周りには、穀物を収納するサイロや、漆喰で防水した貯水槽が造られた。家屋はいずれもほぼ同じ大きさ、造りで、権力や統治機構の存在を想定させる大きな公共建築物、宮殿、神殿などは皆無であり、かなり平等主義的な性格の社会で、防御のための城壁もほとんどなく、各共同体はほぼ自給自足であったらしい。

住民がどんな人々だったかは、碑文がほとんどないのでよく分からないが、これらの地域は後のイスラエル人の居住地と重なり、その間に大きな文化的断絶もないので、これが後のイスラエル人の祖先を含むものであったということは十分考えられる。イスラエル人が当初はもっぱら山

図4

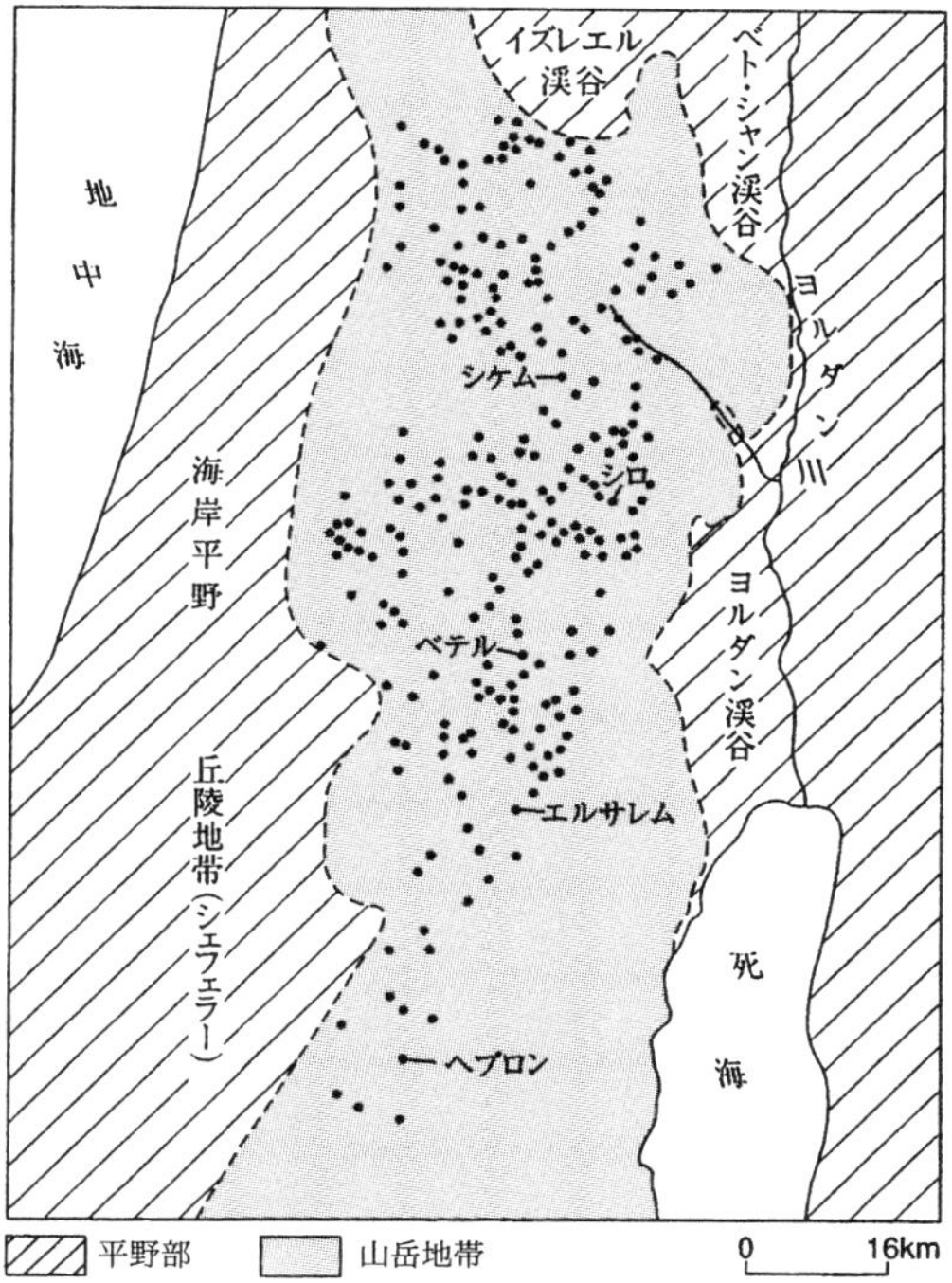

前1200年頃、パレスチナの中央山岳地帯に同時多発的に出現した新居住地群（出典：山我「古代イスラエル史研究の最近の争点から」日本聖書学研究所『聖書学論集36』2004年）

地に住んだとすれば、「ユダは山地を獲得した。だが、平野の住民は鉄の戦車を持っていたので、これを追い出すことはできなかった」（士一19）という、短期間での全面的な征服を描くヨシュア記とは異なる旧約聖書の証言とも符合する。

もちろん、これらの共同体の住民がそっくりそのまま後のイスラエル人になったという単純な話ではない。ただし、これらの居住地の住民の一部から、後に「イスラエル人」と自覚する人々が出てくるということはほぼ間違いがない。この意味で、これらの居住地の住民たちは、「原（プロト）イスラエル人」とも呼ばれる。

前一二世紀前後のパレスチナ

原イスラエル人、すなわち、前一二〇〇年前後にパレスチナの中央山岳地帯に突如出現した人々について考えるためには、この時代前後のパレスチナ情勢を考えておく必要がある。すでに見たように、イスラエル以前のカナンの地は政治的に統一されておらず、多くのカナン人の都市国家が覇を競い合っていた。しかし、それらの都市国家のほとんどは、前一五世紀から前一四世紀にかけて、エジプトの宗主権下に置かれていた。第一八王朝のトトメス三世（在位前一四七九－二五年）、アメンヘテプ二世（前一四二八－一三九七年）といった有力なファラオたちがシリア・パレスチナ遠征を繰り返し、カナンの地をエジプトの事実上の植民地としていたからである。例のアクエンアテンの父であったアメンヘテプ三世はシリア・パレスチナ遠征を行わなかったので、この時期からカナンの地に対するエジプトの統制が緩んだ。その結果、カナン都市国家同士の対立や紛争が激化した。しかも、この時期のカナンの地には「ハビル」と呼ばれる正体不明の武装集団が各地で跋扈して、カナンの地の政治的・社会的秩序を脅かしていた。「ハビル」の語は音韻学的に「ヘブライ」（ヘブライ語で「イブリー」）という語に近いので、この集団を「ヘブライ人」とも呼ばれたイスラエル人の祖先と歴史的に関連付けようとする研究者も少なくない。

エジプトで発見されたアッカド語の「アマルナ文書」によれば、カナン都市国家の王たちは、混乱の収拾や内戦での生き残りのためにエジプト王に介入と援軍の派遣を求めたが、アメンヘテプ三世は動かず、ましてやその息子のアメンヘテプ四世＝アクエンアテンは前述の宗教改革に没頭していたので、アテン神の祝福を送るだけで、何らの策も講じなかった。

第一八王朝が混乱のうちに幕を閉じた後、セティ一世（在位前一二九〇－七九年）、ラメセス二世ら、第一九王朝初期のファラオたちはカナンの地へのエジプトの影響力を一時的に復活させ、ラメセスは前一二七四年、シリアのカデシュの戦いでヒッタイト帝国のムワタリ王と決戦を行い、有名な和平条約を結んだ。しかし、その後継者メルエンプタハが、前述の「イスラエル石碑」に刻まれていた遠征を行った後、エジプトのカナンへの影響力は再び急速に後退した。このような政治的・社会的混乱の中で、前一五－一四世紀にはエジプトの安定した支配のもとで活況を呈していたカナン地方の平野部の都市国家の多くは、前一三－一二世紀には破壊されたり放棄されたりし、文化的・経済的に大幅に衰退した。

これに追い打ちをかけたのが、ほぼ同じ時期における「海の民」の侵入である。前一二世紀の小アジアやシリア・パレスチナの沿岸地方は、「海の民」と呼ばれる起源も正体も不明な大集団の民族移動に巻き込まれ、大混乱に陥った。おそらくはギリシア本土やエーゲ海方面からの移動であり、民族的には古いギリシア人をも一部に含む混成集団であったと思われる。この移動のあおりを受け、かつては小アジアで栄え、一時はエジプトとも覇を競ったヒッタイト帝国が前一一九〇年頃に滅亡し、海洋貿易で繁栄していたウガリトなどのフェニキア人都市も破壊された。「海の民」は最終的にはエジプト侵入を目指したが、第二〇王朝のラメセス三世（在位前一一八三-五二年頃）が国家総動員体制で奮戦し、海戦と陸戦で彼らを打ち破ってこれを阻止したので、行き場を失った「海の民」の多くは、シリア・パレスチナ地方の各地に定着した。彼らのうち、パレスチナの海岸平野南部に定着したのが、旧約聖書にも出てくる「ペリシテ人」である。彼らはガザ、アシュケロン、エクロン、アシュドド、ガトなど、多くはそれまでカナン人のものであった都市国家を征服して、それらを拠点にパレスチナ支配を図った。前述のように、この時代のカナン都市の破壊の跡の多くは、ペリシテ人の手によるものと考えられる。サムソンの物語（士一四-一六章）や、ダビデとゴリアトの一騎打ちの場面（サム上一七章）にも見られるように、ペリシテ人はイスラエル人の宿敵となる。なお、「パレスチナ」という地名はこのペリシテ人に由来するが、彼らが血統的・人種的に、多くはアラブ系のイスラム教徒である現在の「パレスチナ人」と何の関係もないことは言うまでもない。

原イスラエル人はどこから来たのか?

それでは、前一二〇〇年前後にパレスチナの中央山岳地帯に突然、同時多発的に出現した多くの居住地の住民たち、すなわち、前に述べた意味での「原イスラエル人」は、いったいどこからやって来たのであろうか。前述のように、ペリシテ人の場合を除き、この時期の前後に大規模な外部からの集団的流入が起こったり、住民層が入れ替わったような痕跡はほとんどない。

創世記は、イスラエルの祖先アブラハムの故郷は「カルデアのウル」であったとする(創一一28-31、一五7)。ウルはメソポタミア最南部にあった世界最古の都市国家の一つで、前三〇〇〇年紀前半にはシュメール文化の中心地として栄えたが、イスラエルの祖先がそこからやって来たということは、歴史的にはまずあり得ないことである。イスラエルの祖先が南メソポタミアからやって来たのであれば、彼らはシュメール語や少なくとも南東セム語を話したはずであるが、後のイスラエル人は北西セム語を話し、言語的・文化的にはカナン人やフェニキア人に近い。

そもそも「カルデア」とは、前六世紀にユダ王国の生き残りの人々をバビロン捕囚にした新バビロニアの別名であり(王下二五1-7等)、「カルデア人」について歴史的に最初に言及があるのは、前九世紀のアッシリア人の文書においてである。したがって、遅くとも前二〇〇〇年紀の半ばには存在していたはずのアブラハムが、「カルデアのウル」からやって来たはずはないのである。創世記で「カルデアのウル」について語る箇所は、前記の二箇所のみで、いずれもさまざまな理由から、創世記の中でもかなり遅い時期（バビロン捕囚以降）に書かれたものと考えられる。アブラハムが「カルデアのウル」を脱出するというイメージは、バビロン捕囚にある人々が、自分たちの帰郷の念を民族の祖先の姿に重ねたものであろう。

創世記によれば、アブラハムはウルから直接カナンの地にやって来たわけではなく、ユーフラテス川上流地方の北西メソポタミアにあるハランという町に長期間滞在し、そこからカナン地方に向かっている（創一一31－一二7）。後にイサクもヤコブも、「同族」から妻を迎えるため、この地方出身の女性を娶《めと》っている（創二四章、二八1－5）。ヤコブの義父に当たるラバンはアラム人であり（創三一20－25）、申命記のある箇所では、イスラエル人の祖先（文脈上はたぶんヤコブ）が端的に「アラム人」と呼ばれている（申二六5。本書八八ページ参照）。このようなアラム人との親族意識は、イスラエルとアラムが不倶戴天の敵対関係にあった、例えば前述のハザエル、ヨラム、アハズヤの時代（前九世紀半ば）のイスラエルからはおよそ説明できないものである。アラム人であれば、地理的にも文化的にも近いし、少なくとも後のイスラエル人の一部に、アラム人と密接な関係を持つ人々がいた可能性は排除できない。しかし、前一二〇〇年頃のパレスチナの中央山岳地帯にいた人々を直接アラム人と結び付けることはできない。知られている限り、そこに見られる文化（土器や家屋の形式）はアラム人のそれとはほとんど共通性がないからである。

前項で概観したような、前一二〇〇年前後のパレスチナの情勢を背景にして見た場合、最初に考えられるのは、破壊されたり混乱状態に陥った平野部の都市国家の住民（特に農民）が、それまでの居住地を捨て、まだあまり人が住んでおらず、危険も少なかった山地に移動して、各地に新しい共同体を作った、という可能性である。これは、いわばメンデンホールやゴットワルドの「社会革命説」（七一ページ）からその中核的要素である「革命」を取り除いたものであり、アメリカの考古学者W・G・ディーヴァーなどが主張している。

山上の居住地群の土器や住居の形は、もちろん平地の都市国家のものとはかなり異なっている。当然ながら、山上の居住地のものの方が全体としてずっと単純素朴であり、洗練度が低い。しかし、両者の間には類似性や連続性を推測させるものもあり、山上での窮乏した生活に合わせて特化したものとしても説明できる。少なくとも、そこの住民たちは、移住後直ちに農業用テラス（段々畑）を設営し、穀物をサイロで保存するような農耕についての知識と技術を持つ人々であった。ただし、この仮説にも弱点がある。この考え方は、平野にいたカナン人自身の一部が後のイスラエル人になった、ということを前提とする。ここからは、創世記などに見られる、自分たちはもともとカナンの地の住民ではないという意識と、自分たちの祖先が移動を繰り返す牧羊民であったというイメージ（創一二1–9、四七1–6等）がうまく説明できないのである。

もう一つの仮説はこの点をうまく説明する。この見方も、この時期における都市国家の没落と関連するが、これはその時期まで定着していなかった牧羊民が次第に定住と農耕を開始したと見るもので、みずから「イスラエル」という名前を持つテルアビブ大学の考古学者フィンケルシュタインなどが主張している説である。

パレスチナでは季節によって降雨量が変化し、これに伴って牧草地も変わるので、牧羊民は家畜とともに移動を繰り返す（これを「移牧」という）。しかし、その範囲はかならずしも大きくはなく、ほぼパレスチナの内部に限られる。前述のように、彼らの時代にはラクダはまだ家畜化しておらず、彼らはベドウィンのような意味での砂漠の「遊牧民」ではなかった。彼ら牧羊民はカナンの地で、定着した都市住民や農耕民と共存していたのである。その意味で、彼らもまた広い意味での「カナン人」であった。牧羊民といえども、栄養上、穀物や野菜を必要とする。彼らは通常は、家畜の皮や肉、乳製品などの畜産品と交換する形で都市住民や農耕民からそれらを得ていたが、都市国家の没落とその経済力の衰退により、この経済システムがうまく働かなくなった可能性がある。そのような場合、牧羊民は自らの手で農耕を行わなければならなくなるし、絶えずそのような危険性にさらされていたパレスチナの牧羊民は、農耕についてのその程度のノウハウを持っていたはずである。フィンケルシュタインによれば、山地の居住地の急増は、このような経過の所産だ、というのである。この考え方は、従来の「平和的浸透説」（七一ページ）に近いが、それを外部からの移動とは考えず、カナンの地内部の社会変動の結果と見る点で「農民引き上げ説」と共通する。ただ、この仮説にも、当時の牧羊民の人口（統計的にそれほど多数であったとは思われない）や、山地への人口の急増を牧羊民の定着ということだけで説明しきれるかどうか、などの問題が含まれている。

かつての平地の住民の山地への移動という事態と、牧羊民の漸進的定着という事態は、必ずしも一方が成り立てば他方が成り立たないような関係にはない。パレスチナ全体を襲った政治的・社会的・経済的混乱と危機的状況の中で、都市を離脱してきた農民たちと、もともと彼らと共存関係にあった牧羊民が山地で遭遇し、合流したということも十分可能だからである。その後、エジプトからの逃亡奴隷の集団や、アラム人と関係のある人々がそこに加わった可能性がある。「イスラエル人」は、起源を異にする多種多様な集団が融合し合う「るつぼ」のような状況から生まれてきたのではないだろうか。

何が「イスラエル」を統合させたのか?

しかし、前一二〇〇年頃の中央山岳地帯の散在した居住地から、遅くとも「ダビデ」の時代と考えられる前一〇世紀初頭ぐらいまでの間に、強い民族的統一意識、共属意識を持った「イスラエル」という民族が成立していく過程については、文字史料が皆無であることから、ほとんど分かっていないというのが実情である。まことに隔靴搔痒という他はない。すでに見たように、山上の居住地群は少なくとも初期の段階では基本的に自給自足であり、何らかの統治機構やより大きな統一性の存在を推測させる公共建築物は皆無であった。それが次第に人口と領域が拡大するのに応じて相互の関わりを強めて部族連合のようなものとなり、自覚的なアイデンティティを獲得して民族となり、やがては統合の度合いを強めて(王制)国家となったという過程が一般的には推測されよう。しかも、旧約聖書の伝承に残された結果から見ると、その経過を担った人々はまさに天才的であったと言わねばならない。ここからはまったくの推測であるが、イスラエル民族の統合を作り出した主たる要素として、ほぼ次の四つを挙げることができよう。

（1）共通の祖先の系図　もし、イスラエルがもともと異なる起源を持つさまざまな集団の結合から生まれたのだとすれば、それらの人々の間には当初は直接的な血縁関係はなかったはずである。しかしながら、同一地域や特定の集団の中で通婚が繰り返されていけば、さまざまな血の繋がりが生じ、それは時とともにますます濃くなったにちがいない。しかも、わが国のことわざでも「血は水よりも濃い」と言うように、どこの社会においても「血の絆」は強く、固い。前述したように、初期の（原）イスラエルはまだ無文字社会であった。そのような社会では、数世代以前の血族関係については不明か曖昧なことが多かったと考えられる。伝承の担い手たちは言わばそれを逆手にとって、自分たちの間の血縁意識や民族的一体感を始源にまで遡らせた。すなわち、彼らは、自分たちはすべて共通の祖先の子孫であり、同じ根と幹から出た枝なのだと考え、あるいは少なくともそのように語り、それを基礎づけるための系図を人工的に造り出したのである。これは強烈な民族的自己同一性（アイデンティティ）の意識を生み出したにちがいない。

（原）イスラエルが一二の部族からなる部族連合ないし民族を形成しつつある段階で、民族共通の直接の祖先とされたのはまず、ヤコブであろう。前述のように、創世記では、一二の部族がそれぞれヤコブの一二人の息子の子孫とされており、また「イスラエル」はもともとヤコブの異名

図5　イスラエル12部族

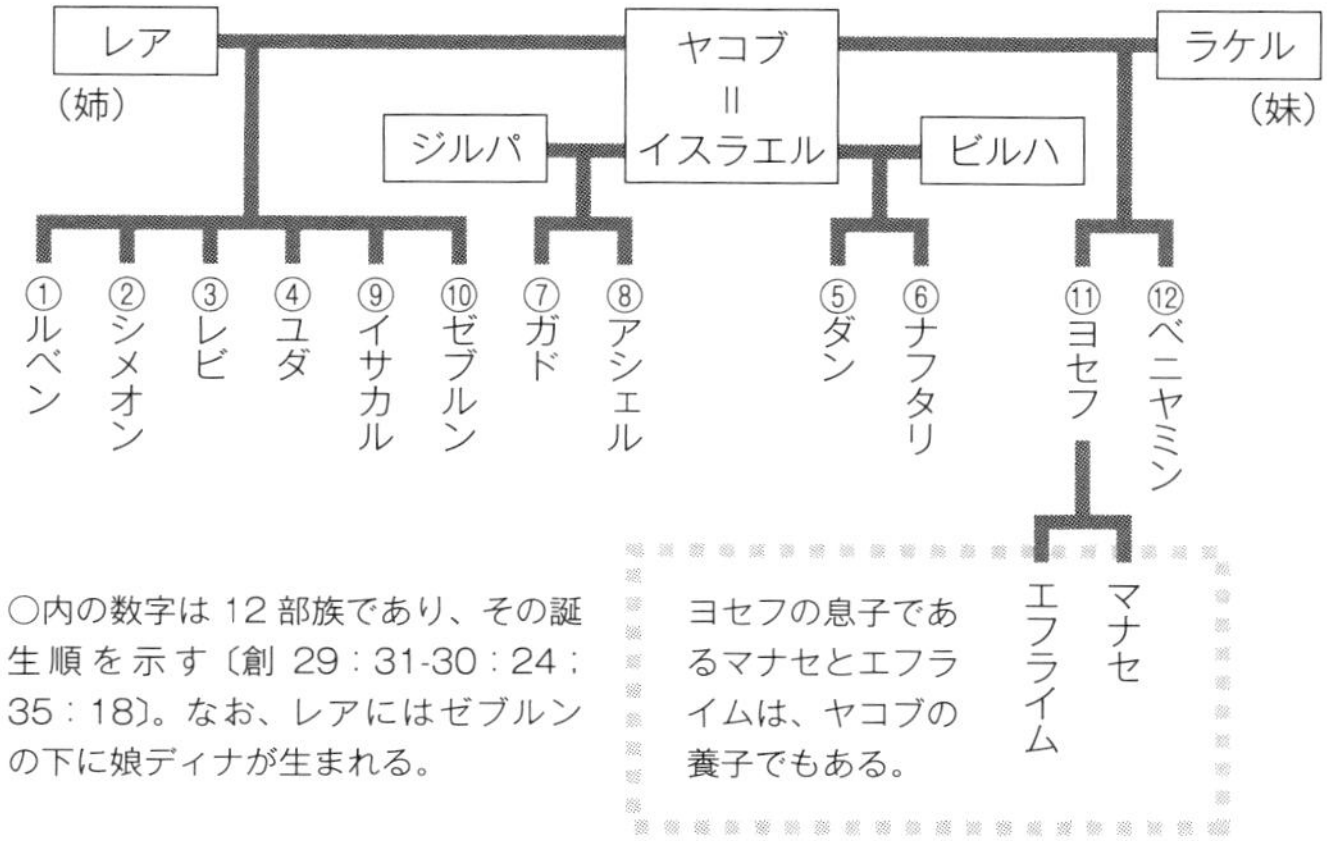

○内の数字は12部族であり、その誕生順を示す〔創29：31-30：24；35：18〕。なお、レアにはゼブルンの下に娘ディナが生まれる。

（出典：山我『聖書　雑学3分間ビジュアル図解シリーズ』2005年）

とされている（創三一29、三五10）からである。

　ここで興味深いのは、ヤコブの一二人の息子たちが、ヤコブの四人の妻たちの息子とされていることである（創二九30―三〇24、三五16―18）。すなわち、図5にも示したように、正妻であるレアとラケルは姉妹であり、姉のレアはルベン、シメオン、レビ、ユダ、イサカル、ゼブルンの六部族の祖先を産み、妹のラケルはヨセフとベニヤミンを産んだとされる。同じ夫を持つ姉妹は、いわば「第一夫人」の地位をかけて子産み合戦に没頭するあまり、それぞれ自分たちの侍女まで巻き込んだとされるが、姉レアの侍女ジルパがヤコブの側女《そばめ》となって産んだのがガドとアシェルであり、妹ラケルの侍女のビルハが産んだのがダンとナフタリだとされている。

　このような一二部族の祖先たちと異なる母への系図的結び付けは、何の意味もないアトランダムなものにすぎないのであろうか。まず目につくのは、年長であるレアの息子が四人続けて最初に生まれたとされるのに対し、年下のラケルが産んだ二人の息子は最後の一一番目と一二番目ということである。ここからひとまず推測できるのは、各部族が姉の系統に属するのか、妹の系統に属するのかは、その部族の歴史的な古さと新しさに関わるらしいということである。その際に興味深いのは、長男と次男であるルベンとシメオンの場合である。古代イスラエルでは、長男には特権的な地位が認められていた（創二七1-4、申二一15-17等）。ところが歴史的に見ると、ルベン部族もシメオン部族もはなはだ影が薄く、歴史時代には部族としてはほとんど解体してしまっていて（創四九3-7、申三三6）、名目的な存在にすぎなかったらしいのである。それが長男と次男という名誉ある地位を占めているということは、この二つの部族が、（原）イスラエルの初期段階では有力で重要な役割を担っていたのだが、やがてその影響力を弱め、その指導的地位を他の新来の部族に取って代わられてしまった、という事情を示唆する。

　姉の系統か妹の系統かということが、歴史的前後関係を表現するとすれば、（姉にせよ妹にせよ）正妻の息子か、側女の息子かというカテゴリーは、その部族が（古さや新しさにかかわらず）イスラエルの中で有力で主導的な役割を果たしたか、逆に従属的で他の部族に依存しているような存在であったのかという、集団全体の中での「格」の上下、地位の優劣を表現していた可能性がある。かつての日本でもそうであったが、イスラエルでも「妾の子」は正妻の子よりも軽んじられたのである（創二一10、士一一2等）。実際のところ、正妻であるレアの息子たちのうち、ルベンとシメオンについては前述のようにイスラエルの歴史の初期段階で有力だったと仮定できるほか、レビ（独占的な祭司部族）、ユダ（ダビデを出す）など、影響力のある部族であったと考えられるものが多い。また同じ正妻であるラケルの息子とされるヨセフ（実質的にはエフライムとマナセの二部族からなる。北王国の最初の王ヤロブアムを出す）とベニヤミン（最初の王サウルを出す）も政治的・歴史的に重要な役割を果たした部族である。もし、この見方が多少なりとも当たっているとすれば、父（ヤコブ）の同一性に民族の統合性・自己同一性の意識が表現され、他方で母の違いによって集団内部での差異性の意識（「あいつら」と自分たちは違うのだ、という意識）が表現されていたことになる。

イスラエルの直接の共通の祖先の地位をヤコブがすでに占めていたので、系図にイサクやアブラハムが追加された際には、その前に遡る形になった。物語の舞台で見ると、ヤコブの人物像はベテル（創二八19）やシケム（創三四章）のようなパレスチナ中部の町や、ペヌエル（創三二31）やマハナイム（創三二2-3）のようなヨルダン川東岸の土地と結び付いている。これに対し、アブラハムはヘブロン（創一三18、一八章、二三章）やベエル・シェバ（創二一31-32、二二19）などとの結び付きが強く、イサクもベエル・シェバ（創二六23・33）やベエル・ラハイ・ロイ（創二四62、二五11）と結び付いている。いずれも南部のユダ部族の土地である（次ページ図6を参照）。「イスラエル」の中心がパレスチナ中心部からユダに移った時代（ダビデ時代？）に、ユダ部族の祖先として有力な人物像であったアブラハムとイサクが追加されたのかもしれない。

図６　族長物語の舞台

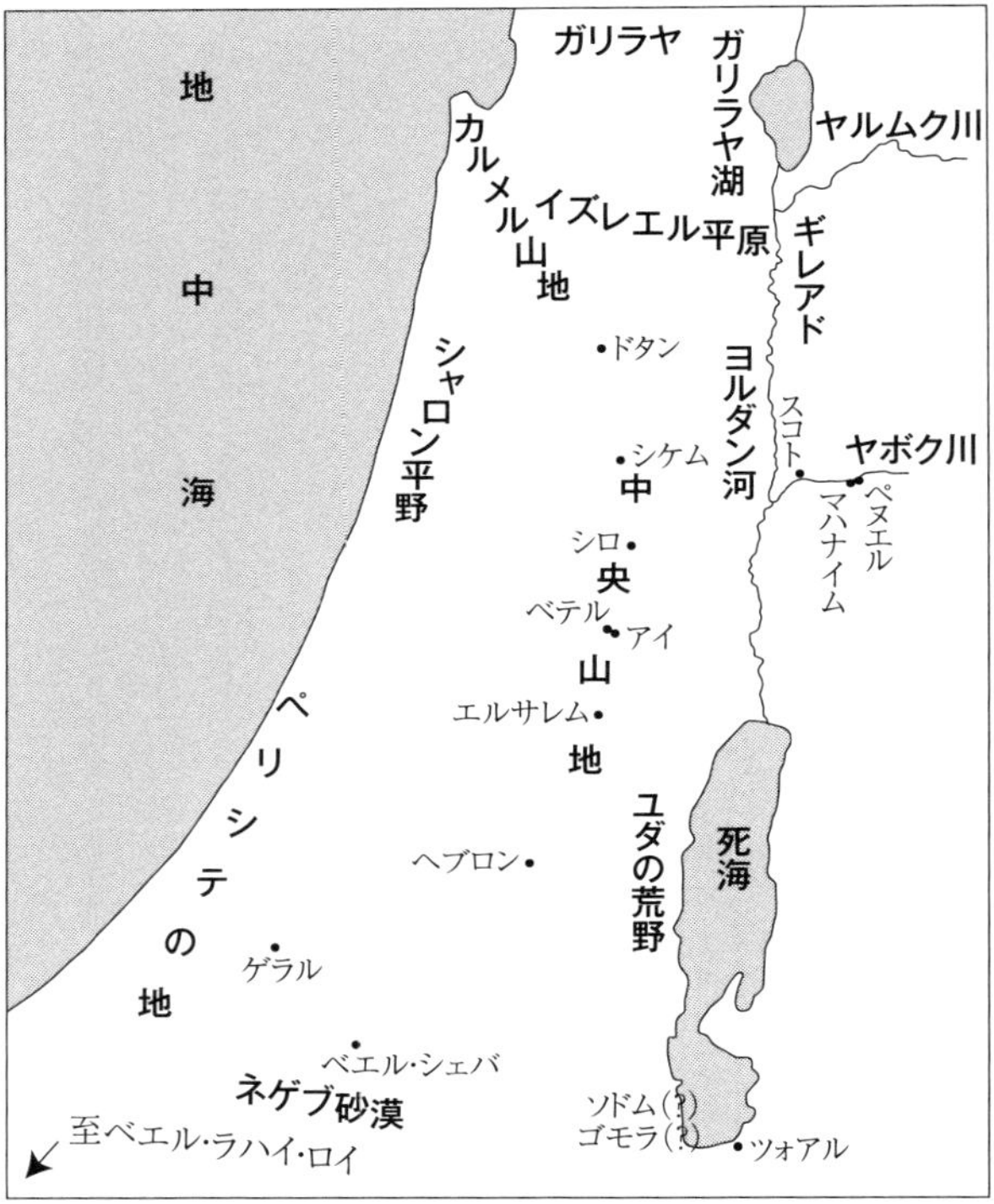

（２）歴史の共有　これは、すでに述べた第一の点と重なる。すなわち、共通の祖先の系図は、祖先たちの物語を自分たちの民族の歴史として理解させるからである。もちろんそれは族長たちの物語についても言えるのだが、やはり最も大きな意味を持ったのは、出エジプトの伝承が民族全体の歴史として共有されたことであろう。出エジプトについての節（五八ページ以下）でも述べたように、たとえ出エジプト伝承がまったくの後代の想像力の産物ではなく、何らかの核となる歴史上の出来事の記憶がそこに潜んでいたとしても、それはイスラエル民族全体に関わるものではあり得ず、いわば「イ

スラエル以前」の一集団が体験した、文書記録にも残らず、考古学的痕跡も残さないような小規模な事態だったと考えられる。しかし、直接それを体験した世代が死に絶えてしまえば、やがてそれは後の世代の間で、「われわれの祖先の体験」として民族全体で共有され得たのであろう。特に、無文字社会ではそのようなことが容易に起こり得たと考えられる。そして実際にイスラエル人は、それを自分たちの民族が一丸となって体験した、神ヤハウェの偉大な救いの業として、すなわちイスラエルの「救済史」として語り伝えたのである。

いや、語り伝えただけではない。前述のように、出エジプトは毎年春に行われる過越祭（ペサハ）の中で、繰り返し象徴的に「追体験」された。その原始的な形式（出一二21−23）から見て、過越祭はもともとはヤハウェ信仰以前の悪霊的存在に対する魔除けの儀礼であったと考えられる。しかし、それはやがて、出エジプトというヤハウェの救いの業を記念するものとして再解釈された（出一二24−27）。イスラエルの人々はどの世代も、この祭りの儀式で出エジプトの際に「祖先たち」が食べた酵母抜きのパン（マッツァー）を食べ、犠牲としてほふった羊の血を戸口に塗り付け、その肉を食べ、奴隷の苦しみを思い起こさせる苦菜を口にするたびに、奴隷生活からの解放の喜びを身をもって再体験したのである（出一二3−11）。

過越祭だけではない。申命記に保存された、収穫をヤハウェに感謝する祭りで唱えられた祈禱文では、出エジプトが「わたしの先祖」の体験から、巧みに「わたしたち」自身の体験に移行している。

わたしの先祖は、滅びゆく一アラム人であり、わずかな人を伴ってエジプトに下り、そこに寄留しました。しかしそこで、強くて数の多い、大いなる国民になりました。エジプト人はこのわたしたちを虐げ、苦しめ、重労働を課しました。わたしたちが先祖の神、ヤハウェに助けを求めると、ヤハウェはわたしたちの声を聞き、わたしたちの受けた苦しみと労苦と虐げをご覧になり、力ある御手と御腕を伸ばし、大いなる恐るべきこととしるしと奇跡をもってわたしたちをエジプトから引き出し、このところに導き入れて乳と蜜の流れるこの土地を与えられました。わたしは、ヤハウェが与えられた地の実りの初物を、今、ここに持って参りました。（申二六5－10）

日本人は、「わたしたち」は原爆の犠牲となった世界で唯一の国民だ、ということをしばしば強調する。直接被害に遭ったのは、広島で二〇万人ほど、長崎で一四万人ほどとも言われる人々であり、筆者を含めて戦後生まれの日本人は、誰も直接被害を受けたわけではない（先祖が被曝され、後遺症などに苦しまれている方々は除く）。しかし、われわれはこれを国民全体の悲劇的体験として共有していくことができるし、また、それを自分たち自身に関わる問題として積極的に共有していくべきなのである。東日本大震災の体験についても同様なのは言うまでもない。

（3）特異な習慣を通じた外部との差異化　内に向かっての結束、凝集と自己同一性の認識の裏面は、当然ながら、外部や他者に対しての分離、差異性、「不同一性」の自覚ということである。人は「われわれ」を強く意識すればするほど、「われわれ」に属さない「彼ら」、「あいつら」との違いを強く意識するものである。そのような意識は、最も基本的な習慣や日常生活、身体性にも影響を与えることがある。

「最も基本的な習慣や日常生活」に属するものの一つが、食べ物である。前一二〇〇年頃同時多発的に出現した中央山岳地帯の居住地群を調査して判明した特徴の一つが、豚の骨がほとんど見当たらないということであった。

同じ時代の平野部の遺跡からは、多くの豚の骨が発見されている。海岸平野南部に住んだペリシテ人は、特に豚好きだったようである。ヨルダン渓谷を挟んで東側に住んだアンモン人やモアブ人の地域からも、豚の骨が多く発見されている。ところが中央山地だけは、豚が食べられたり飼育されたという痕跡がないのである。山地は豚の飼育に適さないという見方もあるが、山地でもイスラエル時代（前一二〇〇―六〇〇年頃）以前の居住層や、それ以後の居住層からは豚の骨が発見されているという。何らかの理由で中部山地の人々は、豚を穢《けが》れた動物と見て禁忌（タブー）としたのである。その理由ははっきりしていない。豚の飼育には多量の水を必要とするとか、豚肉は傷みやすいとか、寄生虫が多いとか、牛や羊が草食性であるのに対し豚は雑食性だからだといった仮説はあるが、この禁忌が環境や衛生や経済性だけで説明できるかどうかは疑問である。

おそらく山地の住民たちは、豚を食べるかどうかということに、平野部の住民たちとの違いを意識し、そこに自らのアイデンティティの支えの一つを見出していったのであろう。後のユダヤ人の豚肉禁止（レビ一一7、申一四8〔なお、新共同訳は「いのしし」と訳すが、要するにイノシシを家畜化したものが豚である〕）は有名であるが、この習慣はかなり古い時代にまで遡るらしい。この豚肉禁止の習慣は、ユダヤ教を介して後のイスラム教にも受け継がれた。

豚肉の禁忌とともに「原イスラエル人」のアイデンティティの形成と補強に寄与した可能性のある習慣が、割礼（ムーラー）である。これは男子の性器の包皮の儀礼的切除であるが、なぜそのようなことが行われるようになったのかについても、よく分かってはいない。入浴の習慣のない牧羊民の衛生上の知恵だとか、豊穣多産のための呪術的なまじないだとか、象徴的な死と再生を表現するものだとか色々の説明があり、果てはある精神分析学者が、息子に無意識のうちに去勢コンプレックスを与えて父親への服従心を植え付ける工夫だと説いたりしているが、本当の理由と意味は不明というのが正直なところであろう。この習慣も、その形式や原始的な性格から、かなり古い時代に由来するものと考えられる。

出エジプト記四章24－26節では、それが古くは悪霊的存在に対する防御呪術的な意味を持っていたことが示唆されている（ただし、現在の文脈では、後の「一神教的」見地から伝承に手が加えられ、ヤハウェ自身がよく分からない理由でモーセを襲ったことになっている）。後のイスラエル人は、自分たちと「無割礼」の異民族、特にペリシテ人との違いを強く意識した（士一四3、一五18、サム上一四6、一七26・36、三一4)。そして遥か後のバビロン捕囚時代には、バビロニアに割礼の習慣がなかったために、割礼をまさに自分たちの体に刻みつけられた、神との「契約のしるし」と見た(創一七10-14)。割礼の習慣も、ユダヤ教からイスラム教に受け継がれた。ちなみに割礼の習慣は、ユダヤ教とキリスト教が分離するうえで重要な役割をも演じた(使一五章、ガラ二章)。

豚肉の禁止に代表される食物規定(カシュルート)と割礼は、後に王国滅亡とバビロン捕囚(前六世紀)で国と土地を失い、さらにはローマ帝国によって聖地から追放され(後一-二世紀)、世界中に離散し放浪しながら、二〇〇〇年以上にもわたって民族としての解体・消滅を免れ、民族としてのアイデンティティを維持し得たという、世界史上類例のない「奇跡」の秘訣にもなる。

(4)**共通の神の崇拝**　イスラエル民族の統合と自己同一性(アイデンティティ)を生み出し、もしくはそれを補強した第四の要素は、他ならぬヤハウェという共通の神の崇拝であったと考えられる。血統についてもそうであったが、もしイスラエルという共同体が、起源も前史も異なる多様な集団の結合によって生まれたのであれば、宗教と神崇拝についても元来は多様性があったはずである。集団ごとにそれぞれ異なる神が崇拝されていたといってもよい。そこには先祖代々受け継がれてきた氏族神や部族の守護神のようなものもあったであろうし、特定の土地に結び付いた神格や、カナンの地で崇拝されてきた伝統的な神々もあったであろう。また、過越祭や割礼に関連して言及したような、原始的な悪霊的存在についての信仰もあったであろう。そのような

「神々のラッシュアワー」という状態では、統合や結束よりも分裂や対立、少なくとも分散に向かう傾向が強いことは明らかである。

第一章で見たように、今では多神教から一神教への発展を法則的で単線的な「進化」として説明することはもはや不可能である。ただし、「進化」というものをある種の飛躍、突破、不連続的な劇的変化を含むものとして見た場合、一神教ないし唯一神信仰の出現をある種の進化の帰結と見ることも不可能ではないであろう。

生物学的な進化論は、周知のように突然変異と適者生存の考え方からなる。この突然変異には積極的なものと消極的なものがある。それが環境に適合性を持ち、個体と種の保存に有利に働く積極的な変異の場合には「進化」が生ずる。しかし、それが生存に不利に働く場合には、その変異は淘汰、すなわち自然選択の対象となる。そのような消極的な変異の生じた個体やその子孫は、やがて「退化」していって消滅する。

すでに第一章で取り上げたが、ペッタツォーニが考えたように、宗教的な天才的人物によるある種の思考革命によって一神教が生まれたということは十分可能である。そのような思考革命が、いわば突然変異に当たる。エジプトにおけるそのような宗教的天才がアクエンアテンであった。それは、エジプトにおける王権と中央集権的体制の動揺という危機的状況に対応しようとするものであった。しかし、アクエンアテンの思考革命は、必ずしも環境に対して適合性を持たなかった。それゆえそれは「淘汰」されてしまったのである。

前にも述べたように、アクエンアテンの一神教がイスラエルに対し、直接的な影響を及ぼしたとは思われない。しかし、本章で見たような前一二〇〇年前後のパレスチナにおける政治的・社会的・経済的（そしておそらくは宗教的）混乱という危機的な状況の中で、アクエンアテンの場合とよく似た発想から、ただひとりの神だけを崇拝するのがよいと直感的に考えた「宗教的天才」がいたという可能性を考えてみよう。そして、その革新的な信念は、困難な状況下で「イスラエル」という共同体を統一し、その結束とアイデンティティを創出・維持・増強するうえで「適合的」に働いたのではないだろうか。旧約聖書の中で比較的古いものとされる「契約の書」（一六五–一六ページ参照）の中で、ヤハウェ以外の神々の崇拝がはっきりと禁止されている。

ヤハウェひとりのほか、神々に犠牲をささげる者は断ち滅ぼされる（出二二19）
他の神々の名を唱えてはならない。それを口にしてはならない（出二三13）

もちろん、現在の研究では、イスラエルで文字が使われるようになるのは早くとも王国成立後の前九世紀頃と考えられているので、「契約の書」自体が王国成立以前にまで遡るということはあり得ない。しかし、後に見るように、「契約の書」には王国時代やヤハウェ信仰が進展した段階では考えられない伝承も含まれており、この法文集に取り入れられた個々の法伝承が王国時代以前や、少なくとも国家形成時期にまで遡るということは十分可能である。

イスラエルにおける一神崇拝の導入について考える際に、非常に興味深いテキストの一つが、ヨシュア記二四章のシケムにおける「神選び」のエピソードである。ヨシュアは言うまでもなくモーセの後継者であり、カナン征服の指揮官である。同二四章はヨシュア記でも最後の章で、カナン征服と土地の分配がすべて完了した後、ヨシュアはパレスチナ中部（八六ページの地図を参照）にあるシケムという町にイスラエルの代表を集めたとされる。そこでヨシュアは、出エジプトというヤハウェの救いを回顧したうえで、今後どの神に仕えるかを選ぶようイスラエルの人々に促し、次のように決断を迫る。

> あなたたちはだから、ヤハウェを畏れ、真心を込め真実をもって彼に仕え、あなたたちの先祖が川の向こう側やエジプトで仕えていた神々を除き去って、ヤハウェに仕えなさい。もしヤハウェに仕えたくないというなら、河の向こう側にいたあなたたちの先祖が仕えていた神々でも、あるいはあなたたちが住んでいる土地のアモリ人の神々でも、仕えたいものを、今日、自分で選びなさい。ただし、わたしとわたしの家はヤハウェに仕えます。（ヨシュ二四14－15）

これに対して人々はヤハウェを選び、この神に仕えることを誓ったので、ヨシュアは彼らに「あなたたちのもとにある外国の神々を取り除き、イスラエルの神、ヤハウェに仕えなさい」（同

23節）と命じ、シケムで民と「契約」を結び、「掟と法」を定め、それらの言葉を「神の教えの書」に記し、記念として「大きな石」を取り、「ヤハウェの聖所にあるテレビンの木のもと」に立てたとされている（同23‐26節）。

あらかじめ明記しておくが、ヨシュア記二四章は極めて特異なテキストであり、その年代についても、一部に古い伝承を含むものとする見方と、（捕囚後の）極めて遅い時代の成立とする見解（および、その中間に位置する他のさまざまな見解）が対立し、研究者の間でも解釈がひどく分かれている。少なくとも、この章の現にある形態は、用語的にも観念的にも、王国時代末期から捕囚時代（前七‐六世紀）に発展した申命記主義、特に「申命記史書」（本書二九二ページ以下参照）の強い刻印を受けている。しかし、そこには、より古い、特異な伝承が取り入れられているふしがある。

第一に、ここではイスラエルの祖先たちが「川の向こう側」で「他の神々」に仕えていたことが強調されるが、これはアブラハム以来、イスラエルの祖先たちがヤハウェに仕えてきたとする創世記以来の伝承（創一二1‐8等参照）と真っ向から衝突する。しかも、ヨシュア記二四章では、シケムに集まった「イスラエル」が現に「他の神々」を持っていることが繰り返し前提にされており（14節、15節、23節）、これはすでにモーセの時代に十戒や「契約の書」で他の神々の崇拝が禁じられたとする「モーセ五書」全体の観念と合わない。

第二に、ここではヤハウェか他の神々かをイスラエルが自由に選ぶことができるかのように語られている（特に15節）が、こんな考えが記されているのは、旧約聖書全体でもここだけなのである。そもそも申命記やその影響を受けた文書では、ヤハウェがイスラエルを選ぶのであって（申七6‐8、王上三8等）、イスラエルがヤハウェを選ぶのではない。「契約の書」でも見たように、旧約聖書の他の箇所では、ヤハウェのみの崇拝は絶対的な至上命令であり、他の神々の崇拝は厳禁されているのである。従うべき神を選べという点で多少近いのは、カルメル山におけるエリヤの要求（王上一八21）であろうが、ニュアンスはまったく異なっている（二〇九ページ参照）。

第三に、ここではヨシュアがシケムで契約を結び、「掟と法」を定めたとされている（25節）が、このような観念は、モーセがシナイ（ないしホレブ）山でヤハウェと契約を結び、律法を授かったとする「モーセ五書」の根本概念（出二四3‐8、申五1‐3）と矛盾してしまう。

第四に、ここではシケムの「テレビンの木」のところに「ヤハウェの聖所」があったとされるが、申命記や申命記史書によれば、ヤハウェの唯一の正統的聖所はエルサレム神殿のみであり、他のすべての聖所は否定され破壊されるべきものなのである（本書二五三ページ以下参照）。

こうして見ると、現在の形では申命記主義的・申命記史家的表現で書かれているが、このエピソード全体を申命記主義的な著者がゼロから創作したとは考え難いのである。おそらくそこには、シケムと関連する特殊伝承が取り入れられている可能性があるように思われる。

ヨシュア記二四章の場面と酷似した場面が、創世記のヤコブ物語に残されている。それは、ヤコブについての別の伝承と組み合わされる形で断片的に残されているにすぎないが、その部分だけを抜き出せば、次のようなものである。

ヤコブは、家族の者や一緒にいるすべての人々に言った。「お前たちが身に着けている外国の神々を取り去り、身を清めて衣服を着替えなさい」。……人々は、持っていた外国のすべての神々と、着けていた耳飾りをヤコブに渡したので、ヤコブはそれをシケムの樫の木の下に埋めた。(創三五2・4)。

ここではイスラエル一二部族の祖先であるヤコブが、一族の者に「外国の神々」(おそらくはその像)を放棄するよう求めている。突然言及される「耳飾り」も、異教の習俗に関連したものであろう。しかも、場所はヨシュア記二四章と同じシケムであり、木の種類は違うが(ヨシュ二四26では「テレビンの木」)、やはり同地にある特別な木にも言及されている。

ヤコブは言うまでもなく出エジプト以前の人間であり、ヤコブとヨシュアの間には少なくとも五〇〇年近い開きがあったはずである(創一五13、出一二40等)。五〇〇年あまりの歳月を隔てて、たまたま同じ場所で、他の神々の放棄というよく似た行為が行われたということはおよそありそうにない。むしろ、これら二つの記事は、シケムという場所で行われた同一の出来事についての古い漠然とした記憶に基づくのであり、伝承が発展する中で、別々の人々により、一方では民族の祖先ヤコブに結び付けられ、他方ではカナン征服の英雄ヨシュアに結び付けられたのではなかろうか。もしそうであるとすれば、王国成立以前の段階で、おそらくはシケムという場所で、「原イスラエル」の人々が、従来持っていた父祖伝来の神々を放棄して、ただひとりの神を崇拝することを決断するという事態が生じた可能性がある。ただ、われわれには、そのような「決断」がなされる上で重要な役割を果たしたのが、「ヤコブ」という名前の人物なのか、「モーセ」という名前の人物なのか、あるいは「ヨシュア」という名前の人物なのか、もはや知ることができないのである。

ただし、「イスラエル」と名のる人々が崇拝した神が、最初からヤハウェという名の神であったとは限らない。実はイスラエルでは当初は、「ヤハウェ」という神は知られていなかった可能性が高いのである。それでは、ヤハウェという神は、いつ、どこからやって来たのであろうか。この問題に入るとやや長くなる可能性があるので、これについては章を改めて論じることにしよう。

第三章

ヤハウェという神

ヤハウェという神名

アラビア語などの他のセム系言語でもそうであるが、ヘブライ語では元来は子音字しか書かなかった。なぜそれで読んだり理解したりするのに問題が生じないかというと、日本語の漢字の多い文章も振り仮名なしで読めるのと同様に、読み慣れさえすればさして支障は生じないのである。ただし、固有名詞の場合には、漢字文でもしばしばそうはいかない（「吉川」は「よしかわ」なのか「きっかわ」なのか）。ヘブライ語の場合も同様である。イスラエルの神の名前（固有名詞）は、YHWHに当たるヘブライ文字四字で表された（一〇三ページの表の④）。この神名は、古い時代には、祭儀などの際に高らかに唱えられたらしい（出三15、三四5-7等）のだが、十戒（本書二七八-九ページ参照）の第三戒（出二〇7）に神の名を「みだりに」唱えてはならないとされていることなどから、時代が進むとユダヤ人の間で次第に神の名の発音が敬遠されるようになり、聖書の朗読などに際してはこの「神聖四字」を「わが主」を意味する「アドナイ」の語や「御名（シェム）」の語で読み替えるようになった。そのような習慣が二〇〇〇年以上も続いたため、この神名の元来の発音がユダヤ人自身にも分からなくなってしまったのである。現代の研究では、母音字を伴うギリシア語文書などの表記により、元来の発音がほぼ「**Yahweh**」、カタカナで書けば「ヤハウェ」ないし「ヤーウェ」であったと復元されている。

なお、文語訳などで用いられた「エホバ」の語は、元来の発音が不明であったころ、YHWH

の子音字にその読み替えである「アドナイ」の母音（a, o, a）を無理やり当てはめた「イェホヴァ」に由来し（ヘブライ語の音韻規則上、最初の母音「ア」は「Y」音の後ろでは短い「ェ」に変わる）、現在では一般的には用いられていない（キリスト教の一派にはこの表記に固執するところもあるが）。

神の固有名詞を発音しないこのユダヤ教の伝統は、後にキリスト教にも取り入れられ、聖書を翻訳する際にも、神聖四字は「主」に当たる語（ギリシア語では「キュリオス」、ラテン語では「ドミヌス」、英語では「ロード（Lord）」）で訳されるようになった。日本で現在、よく用いられている「新共同訳」でも、神聖四字が地名の一部をなしている一箇所（創二二14の「ヤーウェ・イルエ」）を例外として、神聖四字は「主」の語で訳してある。

名前には通常、何らかの意味がある。例えば「アマテラス」という神名は、「天を照らす」という、この女神の太陽神としての特性を表している。ところが、「ヤハウェ」という神名の意味や語源については数多くの仮説があるが、定説はないというのが最も適切であろう。そもそも「ヤハウェ」という語はヘブライ語からはうまく説明できず、おそらくはヘブライ語起源ではない。一部の研究者はそれを古いアラビア語の「吹く」という動詞と関連させ、この神がもともと嵐の神であったことの名残であると論じ、別の学者はそれを古代シリア語の「落とす」という動詞と結び付け、この神はもともと「雷神」であったと主張するが、学識ある思いつき以上のものとはいえない。

ただし、旧約聖書にはただ一箇所、この「ヤハウェ」という神名をヘブライ語から説明しているように読める箇所がある。それは、モーセが初めてヤハウェに出会い、イスラエルをエジプトから救い出すように命じられる、いわゆる「モーセの召命」の場面（出三章）に含まれる。突然、神に大きな使命を委ねられたモーセは動転し、自分に語りかけてきた神にその名を質《ただ》す。これに対する神の答えは、新共同訳では次のようになっている。

神はモーセに、「わたしはある。わたしはあるという者だ」と言われ、また、「イスラエルの人々にこう言うがよい。『わたしはある』という方がわたしをあなたたちに遣わされたのだと。」神は、更に続けてモーセに命じられた。

「イスラエルの人々にこう言うがよい。あなたたちの先祖の神、アブラハムの神、イサクの神、ヤコブの神である主（原文では「ヤハウェ」）がわたしをあなたたちのもとに遣わされた。

これこそ、とこしえにわたしの名

これこそ、世々にわたしの呼び名。」（出三14－15）

ここでは、まるで「ヤハウェ」という名が「わたしはある」という語で説明されているように見える。これに基づいて、学問的な研究者の中には、ヤハウェの名をヘブライ語の「ある」という動詞（ハーヤー）に結び付けたり、さらにはそれを使役形で「あらしめる」と解して、ヤハウェの創造神としての性格を表すと主張する者もいる。また、中世のトマス＝アクィナスのような神学者は、この箇所に基づき、神こそ唯一の真実在であるとする、深遠な哲学的存在論を展開した。しかし、旧約学の立場から見れば、この箇所は「ヤハウェ」の名の正確な説明というよりも、もともとイスラエル人にとってすら意味の分からなかった「ヤハウェ」という神の名を、それとよく似たヘブライ語と結び付けて説明する通俗語源解釈である可能性が高い。エジプト語に由来する「モーセ」の名をヘブライ語の「引き上げる（マーシャー）」から説明した箇所（本書五九ページ参照）があるが、それと同じような場合なのである。ただし、この箇所の場合は、音の類似性に基づく語呂合わせというより、文字の形の類似性による連想に基づいている。

ヘブライ語で「ある」を表す動詞は、原形が「ハーヤー」であり、英語のbe動詞と同様、存在規定（「～がある／いる」）と本質規定（「～である」）の双方を表し得る。この動詞は、未完了形単数形では一人称で「エヒイェ（אהיה）」（「わたしはある」）、二人称で「ティヒイェ（תהיה）」（「あなたはある」）、三人称「イヒイェ（יהיה）」（「彼はある」）と活用する（上の表の③②①）。この三人称の形「יהיה」が、一文字を除いて神の名「יהוה」と一致し、語として見た場合酷似している（なお厳密に言えば、現在用いられてい

יהיה ①
→「彼はある」（イヒイェ）

תהיה ②
→「あなたはある」（ティヒイェ）

אהיה ③
→「わたしはある」（エヒイェ）

יהוה ④
→神名「ヤハウェ」

יהושוע ⑤
→「イェホシュア」（ヨシュア）

ישעיהו ⑥
→「イェシャヤフ」（イザヤ）

（右から左に読む。⑤⑥は枠内にヤハウェ名の最初の三文字が含まれている）

るヘブライ文字は捕囚時代以降にアラム語から借用されたアラム文字であり、それ以前にはフェニキア文字に近い文字が用いられたのだが、その場合でも事態は基本的には変わらない)。おそらくこの箇所の著者は、両者の類似性に神学的意味を見出し、ただし神の発言なので、それを「エヒイェ(אהיה)」という一人称の形で用いたのであろう。もちろんそこには、ヤハウェという神が困難な使命に臨むモーセと「共にあり」、イスラエルと「共にあって」(出三12、四12・15)加護してくれる、という信念が表現されていると考えられる。

新共同訳が「わたしはある。わたしはあるという者だ」と訳した原文は「エヒイェ・アシェル・エヒイェ(אהיה אשר אהיה)」で、「ある」の一人称の形「エヒイェ」が二つ、関係代名詞「アシェル」で結ばれている。英語に訳せば、そのまま「**I am who I am.**」となる。未完了という動詞の形は一般に、過去の一回的な行為や出来事ではなく、現在起こりつつある出来事や未来の行為を表すので、「**I will be who I will be.**」と訳す場合もある。最初の動詞を本質規定、二番目の動詞を存在規定と解して直訳すれば、「わたしは、「わたしは存在する」という者である」ないし「わたしは、「わたしは存在するだろう」ところの者であるだろう」となろう。いずれにせよ、謎めいていて神秘的な表現であることは確かである。

ヤハウェはいつ頃からイスラエルで崇拝されるようになったのか

それでは、この「ヤハウェ」という神は、いつ頃からイスラエルで崇拝されるようになったのであろうか。この問題を考える際の一つの手がかりとなるのが、人名である。古代のセム系の人々は、子供に名づけをする際に自分の崇拝する神の名を織り込むことが多かった。例えば、ユダヤ人をバビロンに捕囚した新バビロニア帝国の王ネブカドネツァル（正しくは「ナブー・クドゥリ・ウツル」）の名は「ナブー（バビロニアの神）よ、私の子供を守りたまえ」を意味し、アルプス越えをしてローマ人を苦しめたフェニキア系カルタゴ人の将軍ハンニバル（正しくは「ハンニ・バアル」）の名は、「バアル（フェニキアの神）は恵み深い」である。現代でも、現ヨルダン国王をはじめイスラム教徒の男子の名に多い「アブドッラー」は、「アッラーの僕《しもべ》」の意味である。

イスラエル人やユダヤ人の名前には、「ヤ」や「ヨ」で始まったり、「ヤ」で終わるものが多いが、そのほとんどは「ヤハウェ」の名の要素を含んだものなのである。カナン征服の指揮官ヨシュア（正しくは「イェホシュア」）の名は冒頭にヤハウェの名前のうち三文字を含み、「ヤハウェは救い」を意味する。前八世紀の大預言者イザヤ（正しくは「イシャヤフ」）の名は、最後の部分にヤハウェの名前のうち三文字を含み、「ヤハウェは救い給う」を意味する（本書一〇三ページの表の⑥参照）。すなわちこの二つの人名は、「ヤハウェ」を表す神名要素と「救い（イェシャア）」という同じ二語を組み合わせてできているのである。最初の王サウルの息子でダビデの親友であったヨナタン（正しくは「イェホナタン」）（サム上一九―二〇章）の名は「ヤハウェが与えてくださった」を意味し、そのダビデの息子で、弟のソロモンと王位継承を争ったアドニヤ（正しくは「アドニヤフ」）（王上一章）の名は「わが主はヤハウェ」を意味する。

ところで、興味深い現象がある。実は、創世記でイスラエルの祖先とされるアブラハム、イサク、ヤコブはもちろんのこと、イスラエル一二部族の祖先とされるヤコブの息子たちの中にも、ヤハウェの名の要素を含んだ人名（以下では「ヤハウェ系人名」とする）を持った者は一人もいないのである。それどころか、そもそも創世記にはヤハウェ系人名は一つも出てこない。モーセも、その兄とされるアロン（出四14－17・27－31）も、ヤハウェ系人名ではない。この事実は、創世記や出エジプト記に出てくる人たちの場合、少なくともその人名については、必ずしもすべてが後代の勝手な創作ではないこと、何よりもまず、イスラエルの前史の早い段階では、ヤハウェという神がまだ知られていなかったということを示唆する。

創世記や出エジプト記を含む「モーセ五書」は、モーセであろうとなかろうと全体が一人の著者の作品ではなく、さまざまな人々が伝えたり書いたりしたもの（通常は「資料」と呼ばれる）を後から編集者が組み合わせて出来上がったものと考えられているので、そこに矛盾や不整合が見られることは日常茶飯事である。ヤハウェの名についても、創世記ではアダムとエバの子供であるセトの世代において、その名で呼ばれるようになったとされており（創四26）、アブラハムについても、「ヤハウェの御名を呼んだ」（創一二8）と明記されている。ところが先ほど見たモーセの召命の場面（出三章）では、モーセが神の名を尋ねており（出三13）、よりによってモーセが最初はヤハウェという神を知らなかったことになっている。

古い時代に「ヤハウェ」という名の神が知られていなかったことは、出エジプト記の別の箇所にも示唆されている。出エジプト記六章2－3節には、次のように書かれている。「神はモーセに仰せになった。「わたしはヤハウェである。わたしはアブラハム、イサク、ヤコブにエル・シャッダイ（新共同訳では「全能の神」）として現れたが、ヤハウェというわたしの名を知らせなかった」」。しかも、この箇所は文体や周囲の文脈から、かなり遅い時代（おそらくはバビロン捕囚時代）の資料（研究者の間では「祭司文書」と呼ばれる）に含まれると考えられている。そして、実際に同じ祭司文書は、創世記の文脈でも、族長たちに現れた神を「エル・シャッダイ」と呼んでいるのである（創一七1、三五11等）。なお、「シャッダイ」という神格については、聖書外史料にも言及例がある。「エル・シャッダイ」という表現の意味は明確ではないが、「山の神」とする説が有力である。「全能の神」という訳語は、前三世紀以降のギリシア語訳（いわゆる「七十人訳」）の推読によったものである。

もちろん、ここではアブラハムらの神とモーセの神は同一の神であり、ただ名前が異なるにすぎないということが前提にされている。後の一神教的観念から、アブラハムらの神とモーセの神が同一視されているわけである。しかしこの箇所は、イスラエルで古い時代にはヤハウェの名が知られていなかったという記憶が、かなり後の時代にも保たれていたということを示唆すると評価してよかろう。

それでは、旧約聖書に登場する人物で、はっきりしたヤハウェ系の人名を持つ最初の人物は誰であろうか。実はそれが、モーセの後継者でありカナン征服の指揮官でもあったヨシュアなのである（名前の意味は前述のように、「ヤハウェは救い」）。この「符合」は、極めて意味深長である。なにしろ、シケムの集会でイスラエルの他の集団にヤハウェという神の崇拝を「布教伝道」しているかのように見えたあのヨシュア（九四ページ以下を参照）が、旧約聖書における最初のヤハウェ系人名の持ち主なのであるから。ただし、ある伝承によれば、彼のもとの名前はヨシュアではなく、ホシェアであった（民一三16）。ことによるとヨシュアは、ヤハウェ崇拝への最初の「改宗者」の一人であったのだろうか。

なお、一部の研究者は、モーセの母とされるヨケベド（出六20）が最初のヤハウェ系人名であると見るが、筆者はこの見方にくみしない。しかも、出エジプト記六章14－25節の系図は時代の遅い祭司文書に属し、しかもその文脈のなかでも確実に二次的な部分である。

人名に表れた神の崇拝

ユダヤ系アメリカ人のティゲイという研究者が、旧約聖書の各書に出てくる神名要素を含む人名を組織的に調査した。もちろん、聖書の登場人物の中には、ダビデやソロモンのように、神名要素を含まない名前を持つ者も少なくない。ティゲイは、族長時代から王国時代末までを扱う旧約文書に出てくる、神名要素を含む人名すべてを抽出し、それをヤハウェ系人名と異教の神の要素を含むと思われるものに分け、その分布を調べた。その結果が表1である。

ただし、この調査には、「エル」という神名要素を含む人名は含まれていない。後に見るよう

表 1　旧約聖書に出てくる神名要素を含む人名

時　代	神名要素を含む人名数	ヤハウェ系人名	他の神名を含む人名
族長時代	3	0（0%）	3（100%）
出エジプト—征服	6	3（50%）	3（50%）
士師—統一王国時代	163	140（86%）	23（14%）
分裂王国時代	127	123（97%）	4（3%）
ユダ王国単立時代	97	92（95%）	5（5%）
不確かだが捕囚後ではない	70	55（79%）	15（21%）

に、「エル」はカナンの多神教で神々の父とされる最高神の名前であるが、同時に北西セム語では広く「神」を表す普通名詞として用いられ（アラビア語の「アッラー」も同根）、旧約聖書ではしばしばヤハウェ自身が「エル」と呼ばれるし、先に見た「エル・シャッダイ」の場合のように、エルがヤハウェと同一視されることも多い。それゆえ、「エル」を含む人名の場合、そこでヤハウェが意味されているのか、ヤハウェとは別の神格が意識されているのかがはっきりしないのである。

他方でティゲイの調査には、「バアル」という神名要素を含む人名は含まれている。「バアル」の語はもともと「主君」、「主人」を意味する普通名詞であり、シリアの嵐の神ハダドの称号であったらしいが、カナン・フェニキアや旧約聖書ではほとんど固有名詞化して用いられた。ただし、この語が「主君」の意味でヤハウェ自身の称号として用いられた可能性もある（ホセ二18参照）。「ヤハウェは主君」を意味する「バアルヤ」という人名さえ存在する（代上一二6、新共同訳では「ベアルヤ」）。長男に「ヨナタン」というヤハウェ系の名前を与えたイスラエル最初の王位サウルの別の息子は「エシュバアル」という名を持っていたし、ヨナタン自身の息子の一人は「メリバアル」という名前であった（代上八33―34、九39―40）。おそらくこの場合にも、バアルはヤハウェの称号として用いられている。ただし、現在の形のサムエル記では、後に「バアル」の語を発音することさえ憚られたためであろう（ホセ二19）、この二人の名前は意図的に崩され、「恥」をあらわす「ボシェト」の語に置き換えられて、それぞれ「イシュ・ボシェト」（サム下二8―10）、「メフィボシェト」（サム下九6―13）と書き換えられている。ティゲイの統計では、このようにバアルの語がヤハウェの称号として用いられている可能性がある場合でも、バアル系人名は敢えて異教の神の要素を含む人名に分類されているのである。

ティゲイの調査（表1参照）によれば、族長時代からユダ王国の滅亡（前五八六年）までの歴史に関わる旧約聖書のテキスト中には、全部で四六六の神名要素を含む人名が出てくる。

そのうち、族長時代（すなわち創世記）については神名要素を含む人名は三つだけであり、ヤハウェ系人名は一つもなく、すべて異教の神の名の要素を含む。ところが出エジプト時代からカナン征服時代になると、神名要素を含む人名は六つであり、そのうち半分の三つが（ヨシュアを含む）ヤハウェ系人名である。それが士師時代から統一王国時代になると急速に増加して総数一六三となり、そのうち実に一四〇（約八六パーセント）がヤハウェ系人名である。分裂王国時代ではさらに率が上がり、総数一二七のうち一二三（約九七パーセント）がヤハウェ系人名で、異教の神に由来すると思われる人名は四つ（約三パーセント）に過ぎない。北のイスラエル王国が滅びた後のユダ王国単立時代では、九七中の九二（約九五パーセント）がヤハウェ系人名であった。正確にどの時代かは分からないが捕囚時代以後のものではないことがはっきりしている人名を加えると、総数四六六のうち約八九パーセントに当たる四一三がヤハウェ系人名であり、異教の神の名を含むと見られるものは五三に過ぎなかった。これらのことから見ると、非常に古い時代にはヤハウェという神は知られていなかったが、（出エジプトに関わる出来事か）カナン定着前後の時期にヤハウェという神への信仰がイスラエルに導入され、王国成立時代前後から急速にそれが普及し、王国確立期以降は圧倒的な勢いになったことが示唆される。

表２　聖書外史料における神名を含む人名

ヤハウェ系人名	エル系人名	他の神名を含む人名
557（83％）	77（11％）	35（５％）

（J. H. Tigay, You shall have no other Gods: Israelite Religion in the Light of Hebrew Inscriptions, 1986, 7, 12. による）

聖書外史料におけるヤハウェ系人名

ティゲイはまた、聖書外史料、すなわち碑文史料に見られるヘブライ語の人名についても調査した（表２）。その多くは、ある財物の所有者や文書の送り手を示す印章や、そのような印章を押した印影、封泥、供物や物品の納め手の名簿などに書かれたものである。年代は、判定の難しいものも少なくないが、ほぼ前八世紀から前六世紀のもので、イスラエルで文字が普及し始めてから二〇〇年ほどということになる。その出どころは九〇パーセントがユダで、北イスラエルは一〇パーセントにすぎないが、これはユダの方が国家として存続した期間がずっと長いので、当然ともいえる。また、文字を使ったり、財産管理のための印章を所有したのは社会の上層階級にほぼ限られると考えられることにも留意する必要があろう。

調査の時点（一九八六年頃）で、碑文史料からは、イスラエル人のものと思われる一二〇〇ほどの名前（同名異人を含む）が知られていた。そのうち、神名要素を含むものが六六九あった。ティゲイによれば、そのうちヤハウェ系人名は五五七で、これは実に約八三パーセントに当たる。これに加えてエル系人名が七七（約一一パーセント）あった。前述のように、これがヤハウェ自身のことなのか、他の神が意図されているのかは曖昧である。異教の神の名の要素を含むと思われる人名はわずか三五（約五パーセント）で、その内訳はホルス（エジプトの神）が七例、バアル（カナン・フェニキアの神）が六例、シャリム（カナン・エルサレムの神？）が四例、カウス（エドムの神）が三例、マウェト（カナンの死の神？）が三例、マン／ミン（エジプトの神）が三例、ガド（カナンの幸福の神）が二例、アシェル（カナンの神？）が二例、「アドト」（「女主君」を意味する女神の称号？）が一例、イシス（エジプトの女神）が一例、ベス（エジプトの神）が一例、ヤム（カナンの海の神）が一例、シャマシュ（カナンの太陽の神）が一例。ここでも、ヤハウェ系の人名が圧倒的である。このことからティゲイは、王国時代におけるイスラエル・ユダの信仰では、事実上、ヤハウェが飛びぬけて中心的な位置を占めていたと推測している。

もちろん、人名が宗教生活の実情を正確に反映しているとは限らないし、特に、ヤハウェ系人名を持った人々が、ヤハウェを崇拝しながらも、同時に他の神々を礼拝することがあったという可能性も除外できない。しかし、人名の検討から推測できるのは、少なくとも王国時代において、イスラエルでもユダでも、ヤハウェという神が圧倒的な人気を集め、人々が子供の命名をする際に、もっぱらこの神の栄光をたたえたり、この神に感謝したり、その助けを願ったりしたということである。古代オリエントの多神教の場合、人名におけるひとりの神へのこれほど圧倒的な集中は類例がない。人名から見る限り、ヤハウェがほぼ独占的に「主神的」な地位を占めていたことに間違いはない。かつてのヴェルハウゼンや、一神教の成立を比較的遅い時点に置こうとする現代の研究者たち（M・ヴァイペルト、B・ラング、マーク・S・スミスら）は、原初のイスラエルの宗教は多神教だったのであり、周囲の民族の宗教とほとんど異なるものではなかったと想定するが、ティゲイの人名研究は、そのような極論に対する一定程度の反証になろう。

イスラエルの元来の神は「エル」

もし、一方では王国時代のヤハウェ崇拝が圧倒的に優勢で、他方でそれ以前の最初期のイスラエルでヤハウェという神が知られていなかったとすれば、ヤハウェ信仰以前にこのイスラエルはどんな神を崇拝していたのであろうか。それを考える際のヒントも、「イスラエル」という名自体にある。

旧約聖書によれば、「イスラエル」はもともとヤコブの別名であり、それゆえその子孫であるイスラエル人が、「イスラエルの子ら（ブネー・イスラエル）」と呼ばれるようになったのである。イスラエルという名の起源を語る奇妙な物語が、創世記三二章23-31節に残されている。それによれば、旅をしていたヤコブはヤボク川の渡し（浅瀬で川を渡れるところ）で何者かに襲われ、朝まで格闘した。朝が近づいて相手がその場を離れようとすると、ヤコブは相手を摑まえたまま「祝福をしてくださるまでは離しません」と言った。そこで相手は「お前は神と人と闘って勝ったからだ」と言って、ヤコブに「イスラエル」と改名するよう指示し、ヤコブを祝福したというのである。

実に摩訶不思議な物語であるが、ここでヤコブが朝まで「格闘」し、「勝った」とされる「神（エロヒーム）」がヤハウェ自身であるとは到底思われないし、またテキストにそのように明記されてもいない。後に見るように、ヤハウェは海を真っ二つに割り、エジプトの戦車軍団をあっという間に全滅させるような神なのである。ヤコブの格闘相手の「神」は、朝が来そうになると逃れようとする。どうも夜の闇の中でしか活動できないらしい。おそらくここには、割礼に関連して紹介したモーセが突然襲撃される場面（出四24-26、九〇ページ参照）と同様、ヤハウェ信仰導入以前の古い伝承が取り入れられており、悪霊的存在による襲撃を主人公が撃退する次第が描かれていたのであろう。例えば、危険な川の渡しに潜んでいた地方的な霊格がそこを渡ろうとしたヤコブを襲ったのだが、ヤコブはその霊と朝まで格闘して、逆にその相手から祝福をもぎ取ってしまった、という話だったと思われる。ちなみにホセア書一二章5節にはこのエピソードの異伝と思われるものがあり、そこではヤコブが「〔神の〕使いと争って勝ち、泣いて恵みを乞うた」ことになっている。

そのような古い物語が、ここでは「イスラエル」という名前を説明するために転用されているのであるが、これもまた言語的に正確な説明ではありえず、通俗語源解釈としての性格が強い。ここでは「イスラエル」の名が「神」と「闘う」（動詞「サーラー」）ということで説明されているわけであるが、旧約聖書で人名が神名要素と動詞（の三人称形）で組み合わされている場合、神名はほぼ例外なく動詞の主語である（例えば「イシュマエル」＝「神（エル）は聞き給う」、創一六11）ので、この語は本来は「神（エル）は戦い給う」を意味したと考えられる。ただし、「サーラー」の語を「支配する」という意味に解する見方もあり、その場合には「神（エル）は支配し給う」を意味したことになる。なお、ヤコブのイスラエルへの改名については、より後代の祭司文書に属する並行伝承（同じような内容の別伝承）があり、そこではこの箇所のような「神話的」なエピソードは描かれず、ただ「エル・シャッダイ」（本書一〇七ページ参照）が一方的に「イスラエル」への改名を命じるだけで、「イスラエル」という名前の意味も説明されない（創三五9―10）。

前にも述べたように、「エル」はヘブライ語も属する北西セム語で「神」を意味する普通名詞としても用いられるが、シリアのウガリトから発見されたフェニキアの神話によれば、「エル」は神々の父で世界の創造神でもある最高神の固有名詞でもあった。もし、「イスラエル」という

表３　ダビデ時代までの神名要素を含む人名

	エル系人名	ヤハウェ系人名	他の神名を含む人名
歴代誌を含む	188（47%）	163（41%）	47（12%）
歴代誌を除く	93（58%）	34（21%）	34（21%）

（J. C. de Moor, The Rise of Yahwism: The Root of Israelite Monotheism, 1990, 31-32. による）

名前が本来「エルは戦い給う」を意味したとすれば、イスラエルは、エルを戦いの神として崇拝する集団だったと推測できる。

ヤハウェ信仰以前にイスラエルでエルという神が崇拝されていたことは、ここでもまた人名研究によって裏付けられる。すでに見たように、旧約聖書の歴史書を見ると、王国時代以前にはヤハウェ系の人名が少なく、王国時代になるとヤハウェの名が圧倒的に多くなる。ただしティゲイは、「エル」系の人名は両義的なのでカウントしなかった。しかし、エル系の人名は、イシュマエル、レウエル、エリエゼル、エルカナ、サムエル、エリアブなど、王国成立以前の人名に目立つ。ティゲイとは別に、オランダのデ・モールという旧約学者が、族長時代からダビデ時代までの歴史書（成立が非常に遅く、多くの人為的な系図を含む歴代誌を除く）の登場人物の人名を、エル系を含めてカウントしたところ、エル系が九三、ヤハウェ系が三四、他の神の名を含むと思われるものが三四であり、王国成立時代まで見てみると、ヤハウェ系よりもエル系の方が三倍近くも多いことが分かった（表3）。少なくともイスラエルの初期の時代には、エルの崇拝が優勢であった。しかも、創世記にヤハウェ系の人名が一つも出てこないことは、前述した通りである。

人名だけでなく、王国時代以前を扱う旧約文書には、神自身についても「エル」に関連する呼称がよく見られる。祭司文書がヤハウェの以前の名を「エル・シャッダイ」とすることについては前述したが、創世記には、他にもエルと関わる神観念が散見される。アブラハムの息子イシュマエルの母であるハガルは、荒野で自分に語りかけた神の名を「エル・ロイ」（わたしを顧みられるエル）と呼んだし（創一六13）、アブラハムはベエル・シェバで「エル・オーラム」（永遠の神）の名を呼んだという（創二一33）。ヤコブは、あるとき「わたしはエル・ベテル（ベテルの神）である」と名乗る神に語りかけられる（創三一13）。もちろん現在では、それらの名で呼ばれる神はヤハウェと同一視されており、エル系の神名はヤハウェの別名ないし称号となっている。しかし、これらの箇所には、ヤハウェ以前の神信仰の名残が留められているのではないかと考えられる。

とりわけ興味深いのは、ヨシュアやヤコブに関連して見たように、「外国の神」が放棄されたとされる場所シケム（本書九四-七ページ参照）に、ヤコブが「エル・エロヘ・イスラエル」と呼ばれる祭壇を建てたとされることである（創三三20）。これは「イスラエルの神であるエル」を意味し、それが祭壇の名などではなく、そこで崇拝される神自身の名であったことは疑いない。しかも、ここで「エル」が普通名詞としてではなく、固有名詞として用いられていることは明白である。「イスラエルの神である神」では意味をなさないからである。士師記九章46節によれば、そのシケムには、「エル・ベリート」（契約のエル）と呼ばれる神の神殿があった。それゆえ、これらの箇所からもまた、かつてシケムが「イスラエル」と名乗る集団の中心地であり、同時にエル崇拝の中心地でもあったことが裏付けられる。なお、士師記九章4節ではおそらく同じシケムの神殿が「バアル・ベリートの神殿」と呼ばれているが、この場合の「バアル・ベリート」はおそらく「契約の主人」の意味で、「エル・ベリート」と同じ神の神殿が考えられているのであろう。また、この神が「契約（ベリート）」と関係することは、シケムで他の神々を放棄させる際にヨシュアが民と「契約（ベリート）」を結んだとされていること（ヨシュ二四25）と考え合わせると、はなはだ意味深長に思える（九五ページ参照）。

エルとヤハウェの習合

いずれにせよ、このシケムの「エル・エロヘ・イスラエル」が、やがてヤハウェと同一視されて「ヤハウェ・エロヘ・イスラエル」（イスラエルの神、ヤハウェ）となったのである（出三二27、士五3・5等参照）。二つ以上の神格が同一視されて、その属性が融合し合うことを宗教学では「習合（シンクレティズム）」という。このような過程は、傾向としては第一章で紹介した包括的一神教（本書三一ページ参照）に近いものと見ることができる。異なる神々の神格融合ないし習合の例は、アクエンアテンとの関連で見た、古代エジプトで太陽神ラーとテーベの神アメンが習合してアメン・ラーとなったように、多神教世界でもよく見られる。

前述したように、もしイスラエルという集団が、起源を異にする多様な集団の結合によって成立したとすれば、当初は崇拝する神についても多様性が支配的であり、統一性がなかった可能性が高い。だからこそ、神の一元化が強く求められたのであり、現実に何者（たち）かによって、他の神々の放棄と一人の神への信仰の集中という思考革命と、ある種の「突破」が実現したのであろう（本書九二-三、九八ページ参照）。ただし、その際にはこのプロセスが単純に一回的に進行したのではなく、より複雑で段階的・漸進的に進んでいったと考えられるふしがある。遅くとも前一二〇〇年頃までには、イスラエルという集団の統合と、その名に示されるようなエルを主神とする信仰のある程度の統一性が原形的に出来上がっていたと考えられる（メルエンプタハの「イスラエル」！）。その少し後になって、いずれかの集団により、ヤハウェという神の崇拝がイスラエルにもたらされ、宗教がより排他的性格を強めたのであろう。ヤハウェはエルと同一視され、別の言い方をすればその属性を吸収して「イスラエルの神」になったが、他方で、シケムでの神々の放棄の伝承に反映しているように（九四-八ページ参照）、他の神々の自覚的な放棄もなされたと考えられる。

このヤハウェとエルの同一視ないし習合に関連して、とりわけ興味深い場面が創世記一四章に見られる。創世記では一般的に、アブラハムは非力で平和的な牧羊者として描かれているのだが、この章だけは別で、アブラハムは果敢で強力な戦士として登場する。東方の五人の王たちの連合軍が、アブラハムが寄留していたカナン地方に遠征し、略奪の限りを尽くして、財産と（アブラハムの甥ロトを含む）捕虜を奪い去った。ところがアブラハムは、一族郎党三一八人を連れてこれを追跡し、撃破して財産と捕虜を奪い返す。凱旋してきたアブラハムをカナンの王たちが出迎えるが、その中の一人、サレムの王で「エル・エルヨーン（新共同訳では「いと高き神」、以下でも同様）の祭司」であったメルキゼデクは、アブラハムを祝福して、次のように言ったという。

　天地の造り主、エル・エルヨーンに、アブラハムは祝福されますように。
　敵をあなたの手に渡された、エル・エルヨーンがたたえられますように。（創一四19―20）

これを受けてアブラハムは、謝礼として財産の提供を申し出た別の王に、誇り高く次のように言う。

　わたしは、ヤハウェ、（すなわち）天地の造り主、エル・エルヨーンに手を上げて誓います。あなたの物はたとえ糸一筋、靴ひも一本でも、決していただきません。「アブラハムを裕福にしたのはこのわたしだ」と、あなたに言われたくありません。（創一四22―23）

「サレム」とは明らかにエルサレムの別名である（詩七六3）。したがって、メルキゼデクは、ダビデが征服して自分の王国の都とする（サム下五6―10）以前のこの都市国家の先住民の祭司王であり（詩一一〇4参照）、「エル・エルヨーン」はイスラエル以前のエルサレムで祀られていた神であったと推測できる。その際に、エルとエルヨーンがもともと別の神格であった可能性もある（イザ一四14等参照）。その場合には、「エル・エルヨーン」はすでに「エル」と「エルヨーン」が習合したものだったということになろう（民二四16、詩五七3、七三11、一〇七11等参照）。「エルヨーン」という神名は、その神の崇高性を表す「高い」という語に由来し、イスラエルやその周辺地域の碑文史料にも単独の神格としての言及例がいくつもあり、もともとはこれが独立した神格であったことは確かである。「エル・エルヨーンの祭司」であったメルキゼデクは、明らかに自分自身の神によってアブラハムを祝福したのであるが、文脈上アブラハムは、その神を自分の神ヤハウェと同一視したことになる。ここには、おそらくダビデ時代以降、ヤハウェとエル・エルヨーンが同一視されていった経過が反映されている。エル同様、こうして「エルヨーン（いと高き者）」もまたヤハウェの別名ないし称号となるのである（詩七18、九3、一八14）。

後に見るように、ヤハウェはもともとパレスチナ南方の嵐の神であり、特定の集団に結び付いてこれを守り導く神であったが、それがやがてイスラエルの民族神、国家神となったと考えられる。これに対し、創世記一四章では「エル・エルヨーン」が「天地の造り主」と呼ばれている。前に述べたように、ウガリトの神話でもエルは世界の創造神であった。「エル（・エルヨーン）」と習合し、同一視されることによって、ヤハウェはやがて創造神としての属性を身に付け、より普遍的な意味と性格を持った神として観念されていくことになったのであろう。

エルヨーンとヤハウェの関係――より古い段階での観念の名残?

実は、エルヨーンとヤハウェの同一視が単純で一回的なプロセスではなく、より複雑な過程を経たものであることを示唆する痕跡がある。その一つが、申命記に取り入れられてはいるが、明らかにそれよりも古くから伝えられた詩的伝承、申命記三二章7–9節である。これをまず、神名は原語に戻し、新共同訳の意訳を多少修正しながら引用してみよう。

遠い昔の日々を思い出し、代々の年を顧みよ。
あなたの父に問えば、告げてくれるだろう。
長老に尋ねれば、話してくれるだろう。
エルヨーンが国々に嗣業の地を分け、人の子ら(=人類)を割り振られたとき、
神の子らの数に従い、国々の境を設けられた。
ヤハウェに割り当てられたのはその民、
ヤコブが定められた彼の嗣業。(申三二7–9)

実は、この本文には問題がある。標準とされるヘブライ語テキスト(マソラ本文)では、「神の子らの数に従い」の部分が「イスラエルの子らの数に従い」になっているのである。日本語訳で

も、一九五五年の「口語訳」はこの読みに従っていた。これに対し、前三世紀以降のギリシア語訳である七十人訳では、該当部分が「神の使い（アンゲローン・セウー）の数に従って」になっている。ところが一九四七年以降、死海のほとりの洞穴で壺入りの状態で発見された一連の「死海文書」（クムラン文書）の中には、この部分のヘブライ語の写本の断片が含まれており、そこでは「神の子らの数に従って」となっていた。それが元来の読みであると判断されたため、新共同訳ではこの死海写本の読みが採られているのである。

「ヤコブ」はイスラエルの隠喩であり、「神の子ら（ブネー・エル／エロヒーム）」は通常は、天上で神を囲んでいる天使的・半神的存在を表す（ヨブ一6、二1、三八7、詩二九1、八九7。おそらくは創六1-4でも同様）。したがって、ここではもともとは「エルヨーン」と「ヤハウェ」が区別され、原初の時に最高神であるエルヨーンが「神の子ら」（すなわち神々）にそれぞれ担当する国民を割り振り、ヤハウェには「ヤコブ」、すなわちイスラエルが「嗣業」として「割り当てられた」ということが語られていたように思われる。すなわち、ヤハウェはここでは最高神エルヨーンに従属する「神の子ら」の一人であって、それぞれ担当する国をエルヨーンが彼らに割り当てたとき、ヤハウェに指定されたのがイスラエルであり、こうしてヤハウェがイスラエルの「民族神」となったというわけである。この詩的伝承を伝えた後のイスラエル人やユダヤ人の伝承者は、もちろん「エルヨーン」とヤハウェが同一の神であると解釈したうえでそうしたのであろう。マソラ本文の「イスラエルの子らの数に従い」という文章は、おそらくこのあまりにも異様で

「多神教的」なイメージを「訂正」するために写本作者が書き換えたものであり、「神の使いの数に従って」という七十人訳の表現も、原文の趣旨を生かしながらより婉曲に意訳したものであろう。書記や翻訳者もいろいろ気を遣うのである。いずれにせよ、ここに展開されたイメージは、旧約聖書で一般的な「一神教的」な観念とはほど遠いものである。

これとよく似た観念を表しているのが、詩編八二編である。これは、百五〇ある旧約聖書の詩編の中でも最も風変わりで異様なもので、それだけに研究者の間でも解釈が大きく分かれている。年代についても、それを古い多神教的イメージの尾骶骨的痕跡と見る立場から、極めて遅い時代のものとする見方まで、実にさまざまである。詩編の注解者として有名なドイツの旧約学者、ハンス・ヨアヒム・クラウスは、「詩編八二は詩編全体の中でもあまりにも例外的な性格のものなので、あらゆる点で納得のゆく説明を提供することは不可能であろう」と記している。

ここでもまた、神名は原文に戻して、新共同訳を多少修正しながらまず引用してみよう。

神（エロヒーム）はエルの会議の中に立ち、
神々（エロヒーム）の間で裁きを行われる。
「いつまであなたたちは不正に裁き、邪悪な者たちの味方をするのか。
弱者や孤児のために裁きを行い、苦しむ人、乏しい人の正しさを認めよ。

弱い者、貧しい者を救い、邪悪な者の手から救い出せ。」
しかし、彼らは知ろうとせず、理解せず、闇の中を行き来する。
地の基はことごとく揺らぐ。
わたしは言った。「あなたたちは神々（エロヒーム）だ。皆、エルヨーンの子らだ。
しかし、あなたたちは人間のように死ぬ。君候の一人のように没落する。」

神（エロヒーム）よ、立ち上がり、地を裁いてください。
あなたはすべての民を嗣業とされるでしょう。（詩八二1-8）

内容から見れば、最初の七節（1-7節）は詩編作者が見た一種の天上界の幻（王上二二19-23、ヨブ一-二章参照）であり、最後の節（8節）はその幻に基づき、幻の中で語られたこと（神による全地の裁き）が実現するように、という詩編作者の祈りと嘆願である。幻の内容は、一人の権威のある語り手が、正しく職務を果たさない裁判官たちの不正と怠慢ぶりを叱責告発し、それに対する制裁を宣告しているような場面であるが、異様なのは、叱責している側も「神」（「エロヒーム」、動詞は単数）で、叱責を受けている側も「神々」（「エロヒーム」、「～の間で」、「あなたたち」から複数形と解される）だということである。すなわち、それは「エルの会議」（新共同訳がなぜ「神聖な会議」と訳したのかは不明である）での出来事なのである。

この詩編はいわゆる「エロヒーム歌集」（詩四二―八三編）に属し、「ヤハウェ」の語を避けており、単複同形の「エロヒーム」の語が異なる意味に用いられているので、分かりにくい面があるが、最初に単数形の動詞で「立ち」、「裁きを行う」と言われている「神（エロヒーム）」がヤハウェであろう。彼が、その他の「神々（エロヒーム）」を裁いているわけである（1節）。「神々」には、裁判官的な職務が委ねられているらしい。しかし彼らの「裁き」方は「不正」で「邪悪な者」に有利なものであった（2節）。「弱者」や「孤児」など、「苦しむ人」や「貧しい者」に配慮することは（3―4節）、イスラエルにおける法の基本的精神（出二二21、二三6、申一〇18、二四17、二七19）であるだけでなく、王（詩七二1―4・12―14）や指導的な立場にある人々（イザ一16―17、三13―15）に求められた徳目でもあった。

注目に値するのは、6節で「神々」が「エルヨーンの息子たち」とされていることである。なお、新共同訳は、おそらくは護教的な配慮から、6節の二つの文を「あなたたちは神々なのか／皆、いと高き方の子らなのか」と疑問文で訳しているが、何の根拠もない（できるだけ多くの日本語訳聖書と対比してほしい）。新共同訳は、全体として見ればすぐれた訳であるが、ときどきこのような神学的「過剰解釈」があって、油断がならない。

もし申命記三二章7―9節（改訂テキスト）におけると同様、ここでも「エルヨーンの子ら」ということでイスラエルの神以外の諸国の神々ということが考えられているのであるならば、イスラエル人である詩編作者から見て、諸国民の間には、あるべき社会的秩序や正義が欠如しており、それはそれらの諸国の「神々」の不正の結果だ、ということなのであろう。ただし、申命記三二章7―9節（改訂テキスト）と大きく違うのは、ここでは「神々」が「エルヨーンの子ら」であったとしても、彼らが不正の故に「あなたたちは人間のように死ぬ。君侯の一人のように没落する」とされていることである。すなわち「神々」からは、不死性という神としての本質が剝奪される。彼らは、裁判官としての職務から罷免されるだけでなく、「神」としての地位そのものも剝奪されるのである。ここには、他の国々の「神々」が「神」の名に値するものではなく、8節の祈りにも表現されているように、ヤハウェ（のみ）が全世界の裁き手であるという、かなり進んだ神観が前提とされている。したがってこの詩編は、時代的にはそれほど古いものではないと考えられる。それにもかかわらず、この詩編には、「エルヨーン」とヤハウェと「神々」の関係についての古い観念の痕跡が残されているように思われるのである。

ヤハウェはどこから来たのか――出エジプトの神？

もし、これまで述べてきたように、イスラエルの本来の神がエルであり、歴史上の一時点でヤハウェという神が伝えられ、エルと習合ないし同一視されたのであるとすれば、ヤハウェはどこから、どのような人々によってイスラエルに伝えられたのであろうか。この問いに対する最もありそうな答えは、ヤハウェがもともと出エジプトの神であり、出エジプト集団によってイスラエルにもたらされた、というものである。前章（五八―六一ページ）で述べたように、筆者は、現在聖書に書かれている物語とは規模も性格も異なるものであったにせよ、後のイスラエルの祖先の少なくとも一部が、エジプトで奴隷生活を体験し、そこから「脱出」してきて、形成されつつあるイスラエルに加わったということは、歴史的に十分あり得るし、彼らの記憶が出エジプト伝承の核になっている可能性が高いと考えている。旧約聖書のさまざまなテキストが、ジャンルを超えて、ヤハウェという神とイスラエルの関係の端緒を出エジプトに求めている。

わたしはヤハウェ、あなたをエジプトの国、奴隷の家から導き出した、あなたの神である。
（出二〇2）

わたしはヤハウェ、エジプトの地以来のあなたの神。（ホセ一三4）

わたしが、あなたの神、ヤハウェ。あなたをエジプトから導き上った神。（詩八一11）

また、出エジプトの救いがかつてヤハウェ以外の神に帰されていたという痕跡もほとんどない（ごく少数の研究者は、民数記二三章22節、二四章8節などに基づき、もともとはエルが出エジプトの神であったと推測するが、これはおよそありそうにないことである）。ヤハウェという神と出エジプトの伝承の間には、まさに切っても切れない関係があると言える。

もちろん、現在の聖書の出エジプト物語は、長い時間をかけて発展したもので、極めて多くの伝説的・奇跡物語的潤色が加えられている。文字に書かれたのは早い部分でも前九世紀以降であろう。そこでは、ヤハウェという神の圧倒的な力が強調される。

ヤハウェは苦役に呻くイスラエル人の声を聞き、イスラエルをエジプトから導き出すようモーセに使命を課し、奇跡を行う力を与える（出三―四章）。モーセ（とその助手である兄アロン）はエジプト王の前に出てイスラエルの奴隷生活からの解放を要求するが、ファラオはこれに取り合わない（出五章）。そこでモーセ（とアロン）はナイル川の水を血に変える、蛙や害虫を大発生させてエジプト人の生活を混乱させる、疫病や皮膚病を蔓延させる、雹《ひょう》を降らせ、いなごを大発生させて穀物を全滅させる、昼でも太陽を昇らせないなどの一連の奇跡でエジプト人を悩ませる（出七―一〇章）。それでもファラオが奴隷たちを解放しないので、ヤハウェは第一〇の決定的な災いを下す。すなわち、エジプトのすべての家で一晩のうちに長子が死んでしまうのである。イスラエル人だけは、「過越（ペサハ）」の儀式を行ってこの災いを「過ぎ越した」ので、やがてこの祭りが出エジプトの記念となった。自分の子供さえ失ったファラオは、ついにモーセの要求に屈服し、イスラエル人の解放に同意する（出一一―一二章）。

しかし、危機と「奇跡」は続く。イスラエル人がエジプトを出た後、ファラオは「考えを変えて」戦車軍団を出動させ、イスラエル人を皆殺しにさせようとするのである。折しもイスラエルの人々は「海」（位置は不明）のほとりに宿営しており、図らずも「背水の陣」となってしまう。万事休すと思われたとき、奇跡物語には事欠かない旧約聖書でも最大級の奇跡が起きる。何と、ヤハウェが海の水を二つに分けて道を拓き、イスラエル人を横断させ、他方でエジプトの戦車軍団は水に呑まれて海の藻屑と消えるのである。セシル・B・デミル監督の映画『十戒』（一九五六年）やドリームワークスのアニメ映画『プリンス・オブ・エジプト』（一九九九年）でも有名な、いわゆる「海の奇跡」である。

出エジプト物語のまさにクライマックスをなす出エジプト記一四―一五章には、この出来事に関わるさまざまな伝承が編集者の手によって集められている。そのうち最も古く、おそらくは口で伝えられていたと思われるのが、一五章の最後にあるわずか三行の詩であり、これはモーセの姉ミリアムが歌ったとされるので、「ミリアムの歌」と呼ばれている。

ヤハウェに向かって歌え。
ヤハウェは大いなる威光を現し
馬と戦車の乗り手を海に投げ込まれた。（出一五21）

同一四章の散文の物語では、伝承がはるかに大規模に発展しているが、そこには文体や前提とされる時間の経過、水の動きの違いから、まったく異なる二つの「海の奇跡」の物語が組み合わされていると考えられている。そのうち、より古いと考えられているヴァージョンによれば、海は夜から朝にかけて、かなり長い時間をかけて強風に押し戻される形で一時後退し、また元の場所に戻ってくる。

ヤハウェは夜もすがら激しい東風をもって海を押し返されたので、海は乾いた地に変わった。……夜が明ける前に海は元の場所へ流れ帰った。エジプト軍は水の流れに逆らって逃げたが、ヤハウェは彼らを海の中に投げ込まれた。（出一四21・27）

より後代の祭司文書のものと考えられるヴァージョンによれば、奇跡的要素が極限までエスカレートされている。海はモーセの「ハンドパワー」により、瞬時に左右に分かれる。

モーセが手を海に向かって差し伸べると、…水は分かれた。イスラエルの人々は海の中の乾いた所を進んで行き、水は彼らの右と左に壁のようになった。エジプト軍は彼らを追い、ファラオの馬、戦車、騎兵がことごとく彼らに従って海に入って来た。……モーセが手を海に向かって差し伸べると、……水は元に戻り、戦車と騎兵、彼らの後を追って海に入ったファラオの全軍を覆い、一人も残らなかった。（出一四21-23・27-28）

こうして見ると、出エジプトと海の奇跡についての物語が、人々の想像力に担われて絶えず発展を続けたことが分かる。

エジプトといえば、古代オリエント世界における最大の大国であり、その戦車軍団はその最強無敵の軍事組織であった。それを手玉に取ってしまう強大な力を持つ神ヤハウェのイメージは、それまでパレスチナに知られていなかった強烈な神観であったのではなかろうか。

戦いの神ヤハウェ

後のイスラエルから見れば、出エジプト集団がそのごく一部に過ぎなかったとすると、なぜその神ヤハウェと出エジプトの伝承が他のグループにも受け入れられ、後に民族共通の歴史として共有されていくということが起こったのであろうか。やはり、この神と出エジプトの伝承が、当時のイスラエルが置かれていた状況に適合し、イスラエルが存続するうえで有利に働くものだったからであろう。

前章でも述べたように、最初期の「原イスラエル人」らが住んだ中央山地の居住地群は、いずれも自給自足的で孤立しており、城壁もなく比較的平穏に暮らすことができたようである（七二ページ以下参照）。しかし、諸集団の結合により民族の形ができ始め、人口が増え、居住領域が拡大すると、より良好な条件にある平野部に進出することが不可避となる。平野部にはカナンの都市国家が多く残っており、そこで武力衝突ということも起こり得たであろう。もちろん、イスラエルがヨシュアの指揮のもと、電光石火の勢いでカナン全土を征服したとするヨシュア記の記述は、王国時代末期から捕囚時代にかけての申命記史家による極度に理想化・単純化・神学化されたイメージに過ぎない（本書二九二ページ以下参照）。しかし、それに続く士師記には、平野部に進出し始めたイスラエルの境遇について、よりリアルで信憑性が感じられる物語群が含まれている。王国時代以前のイスラエルには職業軍人も常備軍も明らかに存在せず、軍事技術の点ではカナン都市国家の方がはるかに進んでいたので、イスラエル人はしばしば苦境に立たされたらしい。例えば、パレスチナ北部にあるハツォルの王ヤビンは、「鉄の戦車九百両を有し、二十年にわたってイスラエルの人々を、力ずくで押さえつけた」(士四3)とされている。イスラエルは、カナンの戦車軍団にその存在を脅かされていたのである。

また、「乳と蜜の流れる地」と呼ばれる比較的肥沃なパレスチナには、アンモン人、モアブ人、ミディアン人、ペリシテ人など周辺民族による侵略がしばしば起こった。旧約聖書によれば、このような状況の中で人々を鼓舞し、戦力を束ねて戦いを指揮したのが「士師(ショーフェート)」と呼ばれる人々で、士師記はまさに主として彼らの武勲を綴った文書なのである。

前述のハツォルの王ヤビンとその戦車軍団の司令官シセラに抗して立ち上がったのが、女士師デボラで、彼女は「女預言者」とも呼ばれているので、ある種のシャーマンのような存在であったらしい。イスラエル版「卑弥呼」と言ってもよかろう。彼女は実戦の司令官にバラクを任命し、ナフタリ部族とゼブルン部族を中心とした部隊をタボル山に集結させた(士四4-10)。山を本拠としたのは、戦車戦術は平地でしか使えないからであろう。山を下ったバラク軍は、奇跡的にシセラ軍を撃ち破った。おそらくは雨季の初めで、雨季にしか水の流れないキション川の鉄砲水を対戦車軍団戦に利用したのであろう(士五21)。

戦いの物語に続く士師記五章には、この戦いについての「デボラの歌」と呼ばれる戦勝歌が引用されているが、この歌は言語的に非常に古風であり、かなり古いものと考えられ、実際の戦闘の直後に作られたものとさえ考える研究者もいる（旧約学の場合には常にそうなのであるが、それと正反対の見方ももちろんある）。ここで注目に値するのは、この歌ではヤハウェが二度にわたって「イスラエルの神（エロへ・イスラエル）」（士五3・5）と呼ばれ、逆にイスラエルが「ヤハウェの民（アム・ヤハウェ）」（士五11・13）と呼ばれていることである。

海の奇跡を歌った「海の歌」の中で、「ヤハウェはいくさびと」（出一五3）と褒め讃えられていた。モーセもまた、海の奇跡に際して、「ヤハウェがあなたたちのために戦われる」と語ったという（出一四14）。先住民や周辺民族との苦しい戦いを強いられるイスラエルの中で、ヤハウェは、当時の最大の軍事勢力エジプトの最強の戦車軍団をさえ易々と打ち負かす「戦いの神」として積極的に受け入れられていったのではないだろうか。

「デボラの歌」でもう一つ注目すべきは、戦いに参加した部族への賞賛と、派兵しなかった部族や町への叱責や呪詛が語られていることである。前述のように、デボラの戦いは主としてハツォルに近いナフタリ部族とゼブルン部族を中心とするものであったが、他の部族にもいわば「義勇軍」の派兵が要請されたらしい。参戦して勇敢に戦った部族として、エフライム、ベニヤミン、マキル（マナセ）、ゼブルン、イサカル、ナフタリの六部族が賞賛され、ルベン、ギレアド（ガド）、ダン、アシェルの四部族は、自分たちの土地に「とどまった」ことが非難されている（士五14－

18）。南部のユダとシメオンの名が欠けているが、南部の部族にとって、北部で戦われたこの戦いに参戦することは現実的でなかったからであろう。ここには、この時点で、全体に対する義務を伴う共属意識と民族的連帯感がかなりの程度に堅固なものとなっていたことが示唆されている。

南方の嵐の神？

もう一つ興味深いのは、「デボラの歌」によれば、パレスチナは必ずしもヤハウェが常時現臨する土地ではなく、ヤハウェはイスラエルを救うために、南方の荒野地帯から地震や嵐で自然を震撼させながら「やって来る」、とされていることである。

ヤハウェよ、あなたがセイルを出で立ち、エドムの野を進み行かれるとき、
地は震え、天もまた滴らせた。雲が水を滴らせた。
山々は、シナイにいます神、ヤハウェの御前に
イスラエルの神、ヤハウェの御前に溶け去った。（士五4−5）

セイルとは、死海南方とアカバ湾の間にある荒野に面した山岳地帯のことであり、そこにはエドム人が住んでいた。ここでは並行法的表現（ほぼ同じ内容を別の語を用いて二度ずつ語っていく詩的修辞法）の中で、「エドム」の語も地名として用いられている。創世記によれば、イスラエ

ルの祖先ヤコブの兄エサウがエドム人の祖先で（創二五30）、両民族は言わば親族関係にある（申二2-8、二三8-9）。創世記二五章25節や同二七章11節では、エサウの毛深いこと（セアル／サイル）が、後のエドム人の居住地セイルと語呂合わせになっている。より興味深いのは、ここでヤハウェが「シナイにいます神」（ゼ・シナイ、直訳すれば「シナイのそれ」）とされていることである（詩六八8-9）。言うまでもなくシナイは、かつてモーセがヤハウェと契約を結んだとされる聖なる山である。どうしてもシナイ山というとシナイ半島にあるという先入観を抱きがちで、一般的には映画『十戒』のロケ地にもなったシナイ半島南部のジェベル・ムーサ（アラビア語で「モーセの山」、標高二二四四メートル）がシナイ山と見なされているが、いかにも「神の山」にふさわしい超自然的な姿のこの山が「シナイ山」と見なされるようになったのは、キリスト教時代になってからの、紀元後四世紀以降に過ぎない。旧約聖書でどの山がシナイ山として念頭に置かれているかは、実は不明なのである。ここではシナイがエドムやセイルと並行関係に置かれており、パレスチナから見て南方に位置付けられている。

神の出現や接近が自然界を震撼させ変容させる様の描写を「神顕現（セオファニー）」と言う。ここではヤハウェの強大さと巨怪さが、地震、嵐（「水を滴らせた」）、山崩れといったイメージで表現されているわけである。ここからは、ヤハウェがもともとパレスチナから見て南方の土地に関連していた嵐の神であった可能性が推測できる。

これと共通性ないし類似性を持ったイメージに次のものがある。

ヤハウェはシナイより来たり、
セイルから人々の上に輝き昇り、パランの山から顕現される。
ヤハウェは千よろずの聖なる者を従えて来られる。
その右の手には燃える炎がある。(申三三2)

神(エロアハ)はテマンから
聖なる方はパランから来られる。
その威厳は天を覆い、威光は地に満ちる。(ハバ三3)

前者でもシナイとセイルが並行関係に置かれ、そこにさらにパランが加わっている。パランはイスラエルの民がシナイ山を出発した後にさまよった荒野であり(民一〇12)、イシュマエル人(すなわちアラビア人)の活動領域(創二一21)で、やはりシナイ半島東部からパレスチナ南部を指し示している。後者ではテマンがパランと並行関係に置かれているが、テマンもエドムと関連のある地名(創三六10-11、アモ一12、エゼ二五13)である。なお、後述するように、「テマンのヤハウェ」に言及した聖書外史料もある(一八六ページ参照)。

これらの詩文は、ヤハウェという神の「故郷」が南方ないし南西の荒野にあるということを漠然とであるが推測させるのである。

ミディアン人の神？　カイン人の神？

パレスチナ南部の死海の南端からエドム人の住んだセイル山地をさらに南下すると、アラビア半島北西部に入る。アカバ湾の東側の地域には、ミディアン人が住んでいたので、特にこの地は「ミディアンの地」とも呼ばれる。ミディアン人はラクダを飼育する遊牧民で、平和的な隊商交易にも携わったが（創三七28）、しばしば大挙してイスラエルの地に押し寄せ、略奪を行いもした（士六2－5）。それゆえミディアン人に対するイスラエル人の態度には両義的なものがある。

興味深いのは、この集団のヤハウェ信仰との関連である。現在ある出エジプト記によれば、モーセは若いころエジプトで殺人事件に巻き込まれ、エジプトを「脱出」してミディアン人の地に逃れた。そこで彼はミディアン人の祭司の一家と知り合い、娘たちの一人ツィポラを妻に娶った（出二11－22）。ミディアン人の祭司エトロの娘婿となったモーセは、義父の羊を放牧しているうちに「神の山ホレブ」にやってきて、ヤハウェからの啓示と召命を受けたのである（出三1－10）。したがって、その「神の山」は、少なくともミディアン人の活動範囲の中にあったことになる（この神の山ホレブは、しばしば契約の山シナイと同一視される。申五2等）。

それだけではない。モーセの義父エトロは「ミディアン人の祭司」であったというが、どんな神に仕える祭司だったのであろうか。モーセが出エジプトに成功したことを聞いて、エトロは、モーセたちが滞在していた「神の山」に訪ねてくる。そこで犠牲をささげて祝宴が行われるが、その際に祭儀を司るのはモーセでもなく、イスラエルの祭司の祖先とされるその兄アロンでもなく、「ミディアン人の祭司」であるエトロなのである（出一八1-12）。この箇所では「神（エロヒーム）」の語が用いられているが（同12節）、犠牲がヤハウェに捧げられたことは文脈上明白である。それゆえ、エトロはもともとヤハウェに仕える祭司だったのであり、ミディアン人の崇拝していた神ヤハウェが（モーセを介してかどうかは別として）イスラエルに伝えられた、という可能性を考えることができる。これは、ヤハウェのミディアン人起源説ないし単純化して「ミディアン人仮説」と呼ばれる。

　モーセの義父については、異伝も存在する。別の箇所では、この義父はミディアン人ではあるが、「レウエル」という名前になっている（出二18、民一〇29）。ただし、士師記一章16節、四章11節によれば、モーセの義父はケニ人ないしカイン人で、「ホバブ」という名であった。ケニ人ないしカイン人も、パレスチナから見て南方を活動地とする遊牧的な集団で、後のイスラエルとの関係は友好的な場合（サム上一五6）と敵対的な場合（民二四21-22）があり、複雑であった。前述の「デボラの戦い」でイスラエルに敗北したハツォルの将軍シセラは、カイン人ヘベルの妻ヤエルの天幕に逃げ込んで、彼女に殺された（士四17-22）。彼女の英雄的な行為は、「デボラの歌」の中で最大級に絶賛されている（士五24―27）。

　アダムとエバの息子の一人として有名なカインは、おそらくこのカイン人の名祖（一族の名のもととなった祖先）である。周知のように、現在ある物語では、カインは弟アベルを殺した人類史上最初の殺人者として極めて否定的な人物として描かれているが（創四1―16）、他方で彼はヤハウェの加護を受け、そのために特別な「しるし」を与えられていたともされる（同15節）。そこで、一部の研究者は、カインないしカイン人こそ最初のヤハウェ崇拝者だったのであり、後にそのヤハウェ信仰のお株をイスラエル人に奪われたのではないか、と推測する。これが「カイン人仮説」ないし「ケニ人仮説」と呼ばれるものである。

ミディアン人もカイン人も、パレスチナ南部から北西アラビアまでを活動領域とする未定着の遊牧民ないし牧畜民であり、似たような生活環境にあった。ことによると、彼らの間に何らかの直接的な関係（一方が他方の一氏族であったというような）があったのかもしれない。ヤハウェはもともと、この地方のさまざまな遊牧集団が共通して崇める神だった可能性もあり、その中の一部が後に北上して「イスラエル」に加わり、ヤハウェという神の崇拝を伝えたということも考えられる。

ヤハウェが出エジプトの神であったということと、ヤハウェがパレスチナから見て南方の遊牧民、牧畜民に崇められていた地方的な神であったということは、相互に他を排除する仮定ではない。ここで考えておくべきは、実際にエジプトから脱出した集団は、おそらくは特定の閉鎖的な民族集団ではなく、エジプトで同じように奴隷的な生活を強いられていた、混成的な集団であったろうということである（出一二38）。多くは外国出身で、エジプト人としての正式の身分を持たず、建築活動などに従事していた下層階級の人々は、エジプトで「アピル」と呼ばれた。この語は音声学的には、青銅器時代の末期のカナンで不穏な動きをしていた「ハビル」(七五ページ)にほぼ対応し、「ヘブライ」という概念とも関連すると見られている。いずれにせよそれは、特定の民族集団に属さず、社会の下層にあって、通常の社会秩序の外で活動を行う——あるいはそのような活動を強いられる——人々を指す社会的な概念であった。出エジプト集団のうちに、もともとパレスチナ南部の牧畜民出身でエジプトに下り、そこで「アピル」になった人たちがおり、それが「出エジプト」に加わってエジプトを脱出した後、それを自分たちの伝来の神ヤハウェの救いの業と信じたという可能性が考えられてよい。たとえそうでなかったにせよ、出エジプト集団がエジプト脱出後、放浪を続けるうちにパレスチナ南部の荒野にいたヤハウェ崇拝者の牧羊民の集団と出会い、何らかの形でそれと合流し、統合したということがあったのかもしれない(民一〇29-32)。さまざまな可能性が考えられるが、それらを実証的に検証することはできない。前章の最初に記したように、牧羊民や遊牧民は碑文も考古学的痕跡も残さないからである。

いずれにせよ、「イスラエル」では当初、ヤハウェという神が知られていなかったことは確かである。それが王国成立時代の前後に知られるようになると、それまでの「イスラエル」の中心的な神格であったエルと習合し、ヤハウェ系の人名の圧倒的な増加にも示されているように、この神の崇拝がイスラエルの中ですさまじい勢いで広がっていったのであろう。

第四章

初期イスラエルにおける一神教

王国の成立とイスラエル、ユダ両王国

これまで見てきたように、前一二〇〇年前後にはパレスチナの中央山岳地帯を中心に、さまざまな要素の結合からなる「イスラエル」と呼ばれる集団が成立していた（メルエンプタハ碑文）。この集団は、ある種の部族連合のようなものであり、堅固な政治組織は持っておらず、もっぱら共通の祖先の系図、伝説的な歴史の共有、共通の神の崇拝に基づく共属意識によって統合し、結束を保っていた。ただし、この集団の当初の主神はエルであった。この段階で、このエル崇拝がどの程度排他的な性格を持っていたのか、すなわち「一神教的」であったのかはよく分からない。その後、歴史上の一時点で、ヤハウェという神の信仰が伝えられ、ヤハウェはエルと同一視されて「イスラエルの神」となった。少なくとも人名などの検討から、このヤハウェ崇拝はかなり早い段階から排他的な性格、すなわち一神教的な傾向を持っていたと推察される。

その後、イスラエルという共同体は前一〇〇〇年前後に、部族連合から王制国家に移行したと思われる。その経緯については、旧約聖書のサムエル記に詳しく述べられているが、第一章で見たように、その叙述内容については現在学界でその歴史的信憑性が論争されており、確かなことは言えない状況にある。また、サムエル記や列王記が描くような、イスラエルの一二部族すべてを包摂する統一王国がかつて存在していたのかどうかについても確言できない。そのような巨大な国家が実在したことを示す聖書外史料も考古学的証拠も、今のところ乏しいからである。少な

くとも、エルサレムを中心とするユダ王国は、ダビデという人物によって創始され、その子孫が王位を継ぐ「ダビデ王朝」を形成した可能性が高い（テル・ダン碑文における「ダビデの家」）。

聖書外史料によって王国の存在が最初に確認できるのは、前九世紀前半のイスラエル王国（北王国）のオムリとアハブの王朝で、すでにそれはヨルダン東岸のモアブを支配し（メシャ碑文）、前八五三年のアッシリアの進出に対抗するシリア・パレスチナの反アッシリア的軍事同盟でも中心的な役割を担う強国であった（シャルマナサル三世の碑文）。また、その首都サマリアの考古学的調査からは、二重の防壁によって守られた巨大な囲い地（八九×一七八メートル）の中に大規模な王宮の跡が確認された。宝物庫らしい建物からは、フェニキアに由来すると思われる多くの象牙細工の宝飾品（アモ三15等）が発見され、宮廷での豪華な生活ぶりが偲ばれる。このような大国が、ある日突然、無から出現するはずはなく、おそらくその歴史は少なくとも一〇〇年程度（すなわち前一〇世紀半ば頃まで）は遡るであろう。

南王国ユダに関して、今のところ、はっきりと歴史的実在が確認できる最も古い例は、テル・ダン碑文の「ダビデ」を度外視すれば、同じ碑文でイスラエルの王ヨラムと共に「ダビデの家の王」として言及されているアハズヤで、やはり前九世紀半ばの王である。それに次ぐのが、前八世紀末の王ヒゼキヤ（在位前七二八―六九七年）で、当時ユダはアッシリアの支配下にあったが、ヒゼキヤが反乱を起こしたので、時のアッシリア王センナケリブ（在位七〇四―六八一年）はユダに鎮圧遠征を行い、エルサレムにヒゼキヤを「籠の鳥のように」閉じ込めたことを自分の碑文で

図７　王国時代のイスラエル（北王国）とユダ（南王国）

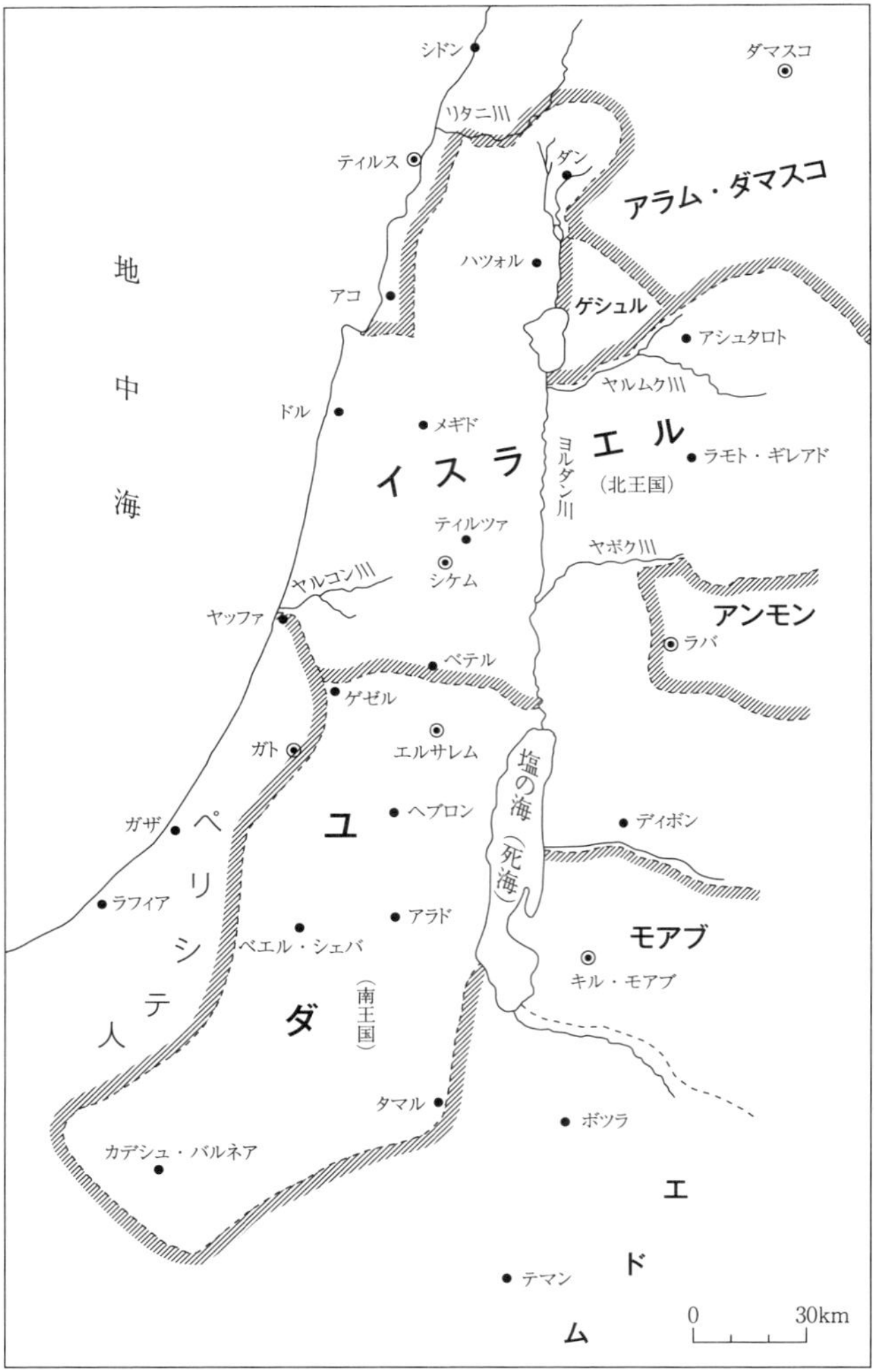

豪語している。ヒゼキヤは降伏して、多大な賠償を支払うことを余儀なくされた（王下一八13―16）。なお、この遠征でセンナケリブはユダの拠点の一つであった要塞都市ラキシュを征服したが（王下一八14）、このアッシリア王はその戦闘の模様を壮大なレリーフ（高さ約二・七メートル、長さ約一九メートル）に描かせ、彼が新たにアッシリアの首都としたニネヴェの王宮の壁を飾らせた（現在は大英博物館蔵）。これは、少なくともこの時点で、豊富な武勲を持つこのアッシリア王にとってさえ、ユダ王国の征服が特別の名誉となるほどの重要性を持つものであったことを示唆している。

ヤハウェ宗教と王朝

北のイスラエル王国と南のユダ王国が統一王国から分裂したのであれ、相互に独立して成立したのであれ、いずれの王国でも、ヤハウェが国家神として崇拝され、ヤハウェ宗教と王権が密接に結び合ったことは確かなことと思われる。このことは、北王国イスラエル（アハズヤ、ヨラム、ヨアハズ、ヨアシュ、ゼカルヤ、ペカフヤ）でも、南王国ユダ（ヨシャファト、ヨラム、アハズヤ、ヨアシュ、アマツヤ、ヒゼキヤ、ヨシヤ、ヨアハズ、ヨヤキム、ヨヤキン、ゼデキヤ）でも、はっきりしたヤハウェ系の名を持つ王が多いことに示されている。

旧約聖書に残された伝承から見る限り、特に南王国ユダにおいては、ヤハウェがダビデ王朝を守護する王朝神となり、この王朝の存続を保障する役割を果たしたらしい。サムエル記には、ヤハウェが預言者ナタンを通じてダビデ王朝の永遠の存続を約束する「ナタン預言」という部分が含まれている。

あなた〔＝ダビデ〕が生涯を終え、先祖と共に眠るとき、わたしはあなたの身から出る子孫に跡を継がせ、その王国を揺るぎないものにする。……あなたの家、あなたの王国は、あなたの行く手にとこしえに堅く据えられる。（サム下七12・16）

すなわち、ダビデの子孫は万世一系の王朝として「とこしえに」支配し続けるというのである。詩編八九では、ヤハウェがダビデに、同じ約束を「契約」によって誓っている。

わたしはとこしえの恵みを彼〔＝ダビデ〕に約束し、
わたしの契約を彼に対して確かに守る。
わたしは彼の子孫を永遠に支え、
彼の王座を天の続く限り支える。（詩八九29－30）

それどころか、「ナタン預言」や詩編八九編には、ダビデ王朝の王たちがヤハウェの養子となり、「神の子」としての権威を付与されて支配権を行使することまで語られている。

わたしは彼（＝ダビデの子孫）の父となり、彼はわたしの子となる。（サム下七14）

彼（＝ダビデ）はわたしに呼びかけるであろう、

「あなたはわたしの父、わたしの神、救いの岩」と。

わたしは彼を長子とし、地の諸王の中でも最も高い位に就ける。（詩八九27－28）

王が「神の子」として絶対的な権威をもって支配するという王権イデオロギーは、詩編二により直截的な形で現れている。


ヤハウェはわたし（＝王）に告げられた。

「お前はわたしの子、今日、わたしはお前を生んだ。

求めよ。わたしは国々をお前の嗣業とし、地の果てまで、お前の領土とする。」（詩二7）

古代オリエント世界では、王の神格化はめずらしいことではなかった。エジプトでファラオは端的に現人神であって、オシリス神の息子ホルスの化身であった。メソポタミアでも、初期のシュメール時代やアッカド時代には、王が神性を表す角付きのかぶり物をかぶった姿で描かれたり、王の名に神を表す決定詞が付けられたりしたことから、王の神格化が行われたことが分かっている。このような支配者の神格化を最後まで行っていたのは、周知の通り、他ならぬ「神国」大日本帝国である。

周辺世界に王の神格化が見られることは、イスラエルでもよく知られていた(イザ一四12-15、エゼ二八1-10等)。しかしながら、おそらくは早い段階から一神教的傾向を有し、ヤハウェという神の崇高性と超越性を強調したイスラエルやユダでは、単純な王の神格化はもちろん不可能であった。しかし、おそらくはオリエント世界の王権イデオロギーの影響を受け、王を「神の子」とする形の、ヤハウェ宗教で許容できるぎりぎりの仕方で、王権の絶対化と宗教による補完が行われたのであろう。すなわち、王はあくまで人間であるが、ヤハウェにより彼の養子として「認知」されることで、事実上、他のすべての人間を超えた神的権威を主張できたのである。

実際のところ、少なくともユダ王国においては、このような「ダビデ王朝神学」がかなり有効に機能したらしい。旧約聖書によれば、ユダ王国ではダビデから最後のゼデキヤまで約四〇〇年間、二一代にわたってダビデ王朝が存続した(一五二ページ表5)。たとえ王が暗殺されたり戦死したり、敵に連行されたりした場合でも、必ずダビデ王朝の王族の中から次の王が立てられている(王下一二21-22、一四19-21、二一23-24、二三29-30・33-34、二四10-17)。ユダ王国でダビデ王朝が中断した唯一の例は、北王国のオムリ王朝出身でユダの王家に嫁いでいたアタルヤが、ダビデ王家の王位継承権保持者を皆殺しにして王位簒奪を試みた六年間だけであったが、彼女の支配はユダでは受け入れられず、ダビデ王家の唯一の生き残りの王子ヨアシュを擁した祭司と民衆の蜂起によって彼女は倒された（王下一一章）。それは、ユダ国民による、ダビデ王朝を守るためのクーデターであった。

ダビデ王朝に対するヤハウェの加護へのこのような信念は、後に、ダビデの子孫から救い主が生まれることを期待する、いわゆるメシア待望の源泉となる（イザ九5―6、一一1―5、エレ二三5―6、三三15―16、エゼ三四23―24、三七24―25等）。これが、やがてキリスト教に受け継がれていくことは言うまでもない（マタ一1―16）。

これに対し、北王国では宗教と王権の関係がより複雑であった。まず、ユダ王国とは対照的にイスラエルでは王朝が不安定で、実力を蓄えた将軍などがクーデターを起こし、先王を打倒して王位を簒奪するという事件が相次ぎ、王朝交代が繰り返された。イスラエル王国が北王国として存続した約二〇〇年間に、八人の王がクーデターで倒され、九つの王朝が交代した（王上一五25―一六22、王下九章、一五10・14・25・30）。三代以上続く「王朝」を形成できたのは、オムリ王朝とそれに代わったイエフ王朝の二つだけであった（一五二ページ表4）。しかも、そのような北王国での政治的なクーデターにはシロのアヒヤやエリヤ、エリシャなど預言者的な人物が直接的・間接的に関わることが少なくなかった。彼らは既成王朝の罪や悪徳を糾弾し、神の名により王朝の打倒を呼びかけたのである（王上一一26―37、一四7―11、一六2―4、二一21―22、王下九1―3）。南王国ではナタン預言などがダビデ王朝を支える役割を果たしたが、北王国の預言者たちはしば

表４　旧約聖書によるイスラエルとユダの王たち（年代は在位、紀元前）

（イスラエル統一王国）
サウル（1012-1004）
ダビデ（1004-965）
ソロモン（965-926）

王朝	（イスラエル王国）〔北〕	（ユダ王国）〔南〕	王朝
	ヤロブアム１世（926-907）	レハブアム（926-910）	ダビデ王朝
	ナダブ（907-906）×	アビヤム（910-908）	
	バシャ（906-883）	アサ（908-868）	
	エラ（883-882）×		
	ジムリ（882）（七日天下）×		
オムリ王朝	オムリ（878-871）	ヨシャファト（868-847）	
	アハブ（871-852）	ヨラム（847-845）	
	アハズヤ（852-851）	アハズヤ（845）×	
	ヨラム（851-845）×	アタルヤ（845-840）×	
イエフ王朝	イエフ（845-818）	ヨアシュ（840-801）×	ダビデ王朝
	ヨアハズ（818-802）		
	ヨアシュ（802-787）	アマツヤ（801-787/773）×	
	ヤロブアム２世（787-747）	アザルヤ（ウジヤ）（787-736）	
	ゼカルヤ（747）×	ヨタム（摂政、759-744）	
	シャルム（747）×	アハズ（744-729）	
	メナヘム（747-738）		
	ペカフヤ（737-736）×	ヒゼキヤ（728-697）	
	ペカ（735-732）	マナセ（696-642）	
	ホシェア（731-723）	アモン（641-640）×	
	722-721 サマリア、アッシリアにより陥落。イスラエル王国滅亡。生存者の強制移住。	ヨシヤ（639-609）	
		ヨアハズ（609）	
		ヨヤキム（609-598）	
		ヨヤキン（598-597）	
		ゼデキヤ（597-587）	
		587-586 エルサレム、バビロニアにより陥落。ユダ王国滅亡。神殿破壊。バビロン捕囚。	

・年代は在位。紀元前。
・横線は王朝交替を示す。
・×印はクーデターで倒れた王もしくは暗殺された王を示す。

しば王権と対立し、王朝を打倒する側に回ったらしい。ユダ王国では、わが国の天皇家の万世一系理論とも比較できる「永遠の王朝」の神学が構築されたが、北王国では、徳を失った現在の王朝に天（＝神）が見切りをつけたとき「革命」が起きるとする、儒教で言う「易姓革命」のような考え方が支配的だったようである。

　ただし、北王国でも、宗教と王権が緊密に結び付き、王の神格化に近いことが起こった痕跡がある。詩編四五は北王国起源の可能性がある数少ない詩編の一つである。これは内容から見て、王の婚礼を祝う歌であり、王を熱烈に称揚するものである。これが北王国起源とされるのは、王妃となる新婦が「ティルスの娘」と呼び掛けられていることによる（13節）。ティルスは現在のレバノンにあったフェニキア人の商業都市国家であるが、フェニキア人の王妃を持つ王として知られているのは、伝説的なソロモン（王上一一1）を別とすれば、北王国オムリ王朝第二代の王アハブだけである（ただし、王上一六31によればアハブの王妃イゼベルは同じフェニキアのシドン出身であった）。

　詩編四五では王が神の加護を受けた存在として理想化され、正義と勝利をもたらす者として讃美されている。

　勇士よ、腰に剣を帯びよ。それはあなたの栄えと輝き。
輝きを帯びて進め。真実と謙虚と正義を駆って。

右の手があなたに恐るべき力をもたらすように。
あなたの矢は鋭く、王の敵の中に飛び、
諸国の民はあなたの足もとに倒れる。
神よ（エロヒーム）、あなたの王座は世々限りなく、
あなたの王権の笏《しゃく》は公平の笏。
正義を愛し、邪悪を憎むあなたに、神よ（エロヒーム）、
あなたの神は油を注がれた、
喜びの油を、あなたに結ばれた人々の前で。（詩四五4-8）

7節と8節では、王が「神（エロヒーム）」として呼びかけられているとしか読めない。例によって新共同訳は、7節の前後に空間を置き、またその節だけ行頭を下げて、あたかも王についての記述が一旦中断し、そこだけ真の神（すなわちヤハウェ）の王座の話になっているかのような印象を与えているが、原文には何の根拠もない。8節でも、新共同訳は「神」と後続する「あなたの神」が同格であるかのように訳しているが、いずれも新共同訳によく見られる護教的な工夫である。8節では、「神よ」と呼びかけられている存在（＝王）と「あなたの神」とが明らかに区別されており、王を神的なものとすることによって、一神教的神観が破綻をきたしている。

「イスラエルの神」としてのヤハウェ――エフタの場合

次に、ヤハウェという神の存在を初期イスラエルの人々がどう見ていたかを考えるために、物語伝承に現れたヤハウェについての発言を検討していきたい。物語的伝承を素材として研究する場合、常に問題になるのがその史実性である。これまで見てきたように、旧約聖書が語る物語の中には、後代の人々の想像力の産物としか思えない荒唐無稽な話や、極度に伝説化されたものが少なくない。ただし、このことは、神観の検討に際してはあまり大きな問題にはならない。なぜなら、たとえ物語がフィクションであったとしても、そこには語り手（すなわち創作者）や聴き手が当然のこととして前提にしている神観が表現されていると考えることができるからである。また、物語では、語られている時代とそれが書かれた時代がかけ離れていることも少なくない。例えば、前一三世紀ごろのことと想定される出エジプトについて文字で書き始められたのは、早く見積もっても前九世紀以降のことである。しかし、遅い時代に書かれた文書（例えばルツ記）の中に、より古い時代に由来する伝承がそのまま取り入れられていたり、より古い時代の神観が受け継がれていたりするということは十分可能である。

なお、現在の形での旧約聖書の物語文学のほとんどは、バビロン捕囚（前六世紀）時代以降に唯一神信仰が確立した後、そのような唯一神観に基づく編集が加えられており、いわば唯一神教的観点からの「検閲」を受けている。しかし、この編集は必ずしも徹底的なものではなく、あちこちに「検閲漏れ」のような形でより古い観念や伝承が残されている。そのような箇所が、我々にとって貴重な手掛かりになるのである。

最初に取り上げたいのは、士師時代のエフタの例である。士師時代は前述のように王国成立に先駆ける時代であり、エフタはその時代にイスラエルの戦いを率いた「士師」の一人である。イスラエルの領土は、基本的にはパレスチナのヨルダン川の西岸（カナンの地）であるが、東岸にも若干の領地があった。この地域をギレアドといった（八六ページの地図を参照）。その東側にはアンモン人という民族が住んでいた。ちなみに、現在、ヨルダン川東岸にはヨルダン王国があり、その首都はアンマンであるが、これはアンモン人の名が地名として残ったものである（聖書のアンモン人が現在のヨルダン人と人種的に何の関連もないことは言うまでもない）。

あるとき、アンモン人がイスラエルのギレアド地方の領土を侵略してきた。現在でもそうであろうが、このような場合、直ちに戦争に突入するのではなく、事前に交渉が行われる。そこでエフタはアンモン人の王に対し、この地は自分たちの神ヤハウェがイスラエルに与えてくれた領土であるとしてその経緯を説明し、次のように言う。

イスラエルの神、ヤハウェが御自分の民イスラエルの前からアモリ人を追い払われたのに、あなた（＝アンモン人の王）はそのイスラエルを追い払おうとしている。あなたは、あなたの神ケモシュが得させてくれたところを得、わたしたちは、わたしたちの神、ヤハウェが与

えてくださった所をすべて得たのではなかったか。(士一一23―24)

実は、ここで語り手は間違いを一つ犯している。ケモシュというのはアンモン人の神ではなく、その南に住むモアブ人の神であり(民二一29、王上一一7・33、エレ四八7・13・46)、アンモン人の神はミルコムであるはずだからである(王上一一5・33、エレ四九1・3、ゼファ一5)。ただし、ここではこのこともあまり問題にはならない。前述のように、ここで問題になるのは正確な史実ではなく、あくまでそこに表現された神観だからである。

より重要なのは、ここでエフタが、自分たちにヤハウェという神がいるのと同様に、アンモン人にも固有の民族神がいることをまったく当然のこととしている、ということである。ここはヤハウェがイスラエルに与えた土地であり、あなたたちの神があなたたちに与えた土地は別にあるではないか、だから、あなたたちはそこに留まっているべきだ、ということなのである。ここでは、民族ごとにそれぞれの民族神がいる、民族が違えば神も違う、ということが自明の前提となっている。他の民族の神の存在自体は否定されていないのである。したがって、初期イスラエルにおける一神教の性格は、第一章(二九―三〇ページ参照)で見た、他の神々の存在を原理的に否定する唯一神教ではなく、他の神々の存在を容認しながら自分たちはただひとりの神を排他的に崇拝するという、拝一神教的な性格のものであったと推測できる。

なお、この物語の有名な悲劇的な結末にも触れておこう。容易に予想できるように、この交渉は結局は決裂し、イスラエルとアンモンは戦火を交える。苦戦の中、エフタはヤハウェに、勝利を与えてくれれば故郷への帰還後、最初に出会う人間を人身御供に捧げるという凄絶な誓いを立てる。その誓いが功を奏してか、イスラエルはアンモン人の撃退に成功する。エフタが故郷に帰ると、彼の一人娘が父を迎えに真っ先に飛び出してきた。エフタは衝撃を受け、嘆くが、一度した誓いを果たさざるを得なかった（士一一29－40）。

ナオミの神とルツの神

民族ごとに異なる神がいるという観念は、同じく士師時代を舞台とするルツ記にも見られる。ルツ記はエステル記と並んで、旧約聖書ではめずらしく女性が主人公で、しかもルツ（英語では「ルース」）はイスラエル人ではなく、モアブ出身である。ルツは、訳があって、オルパという一人のモアブ人の女性と共に、イスラエル人の兄弟マフロンとキルヨンの妻となった。今で言う国際結婚である。しかし、彼女たちのそれぞれの夫は次々と死んでしまい、二人は共にやもめとなる。まだ若い二人の身を案じた義母のナオミ（ユダヤ人の女性名としてよくある。スーパーモデルのナオミ・キャンベルの名もこれに由来）は、故郷に帰って人生をやり直すよう二人に勧める。オルパはこれを受け入れるが、ルツはあくまでイスラエルに留まりナオミと一緒に住むことに固執する。その会話を再現してみよう。

ナオミは言った。「あのとおり、あなたの相嫁は自分の民、自分の神のもとに帰って行こうとしている。あなたも後を追って行きなさい。」

ルツは言った。「あなたを見捨て、あなたに背を向けて帰れなどと、そんなひどいことを強いないでください。わたしは、あなたの行かれる所に行き、あなたのお泊まりになる所に泊まります。あなたの民はわたしの民、あなたの神はわたしの神。あなたの亡くなる所でわたしも死に、そこに葬られたいのです。」(ルツ一15―17)

ここでも同様に、ルツたちの故郷のモアブにはモアブの神がいることが当然のこととして前提にされている。オルパが「自分の民」(モアブ)のもとに帰れば、「自分の神」(ケモシュ?)のもとに帰ることになるのである。しかし、ルツは、イスラエルに留まり、イスラエル人になりきると主張する(「あなたの民はわたしの民」)。そうなれば、彼女はイスラエルの神ヤハウェに仕えることになる(「あなたの神」は「わたしの神」)。ルツは、いわばイスラエルに帰化することを通じてヤハウェ信仰に改宗することになるのである。ここには、どの民に属するかによって、どの神に仕えるかが規定されるという考え方が示されている。したがって、これもまた、信仰の民族的拝一神教的性格を表していると理解されよう。ちなみに、やがてルツはベツレヘムでボアズというイスラエル人の再婚相手を見つけ、その子孫からダビデが出る(ルツ13―22)。キリスト教の信仰から見れば、ルツはイエス・キリストの女祖先の一人ということになる(マタ一5―6)。

ヤハウェの礼拝はイスラエルに限られる?――ダビデとナアマンの場合

第三の例は、そのダビデの物語から取ろう。ダビデはベツレヘム出身の羊飼いエッサイの子であるが、音楽の才能を買われてイスラエルの最初の王サウルの従者に取りたてられる。しかしダビデが戦士としても傑出した能力を発揮し、次々と武勲を挙げ、国民の喝采を浴びるようになると、サウルはダビデの能力と人気を妬み、さらにはダビデが王位を狙っていると邪推し、ダビデの命を狙って追い回すようになる(サム上一七―二四章)。ダビデは身の潔白を証明し、濡れ衣を晴らそうと必死になる。以下はサウルに対するダビデの訴えである。

わが主君はなぜわたしを追跡なさるのですか。わたしが何をしたというのでしょう。わたしの手にどんな悪があるというのでしょうか。わが主君、王よ。僕《しもべ》の言葉をお聞きください。もし、王がわたしに対して憤られるように仕向けられたのがヤハウェであるなら、ヤハウェが献げ物によってなだめられますように。もし、(それが)人間であるなら、ヤハウェの御前に彼らが呪われますように。彼らは、「行け、他の神々に仕えよ」と言って、この日、ヤハウェがお与え下さった嗣業の地からわたしを追い払うのです。(サム上二六18―19)

ここでは、ヤハウェという神の礼拝が、イスラエルの地に限定されていることが前提とされている。もし、ダビデがサウルの迫害を免れるために外国の地に逃れれば、もはやヤハウェを礼拝することができなくなり、「他の神々に仕える」ことになる、というのである。ちなみに、ダビデは後にペリシテ人の地に実際に亡命し（サム下二七章）、サウルの戦死後、イスラエルに帰還することになる（サム下二章）。

ヤハウェの礼拝がイスラエルの地に限られるという観念を、より微妙なニュアンスで表しているのが、預言者エリシャの物語に含まれる、アラム人の将軍ナアマンについての物語（王下五章）である。ナアマンは、イスラエルの北東に住むアラム人の名将軍であったが、「ツァーラアト」という、穢れをもたらすとされる皮膚病（以前は「らい病」と訳されたが、正確ではない。新共同訳では「重い皮膚病」）に悩んでいた。あるとき、彼はイスラエルにエリシャという、たいへんな神通力を持った「預言者」がいるということを聞き知り、彼の力で癒してもらおうとイスラエルにやって来る。エリシャはヨルダン川で七度水浴するように指示した。ナアマンが半信半疑でそれを行うと、病は癒えた。感激したナアマンは、以後、ヤハウェに仕えることを宣言する。ルツ同様、彼もまたヤハウェ信仰に改宗するのである。ただしナアマンは、自国の地でヤハウェを礼拝するために、「らば二頭に負わせることができるほどの土」（王下五17）を持って帰りたいと望む。その土の上なら、ヤハウェを礼拝できるからである。ここでは語り手の中で、ヤハウェへの礼拝がイスラエルの地に限られるという観念と、ヤハウェがアラム人をも救う普遍的な神であるという、相反する観念がせめぎ合っているように見える。

ヤコブとラバンの「神々」

最後に、民族ないし部族、氏族ごとにそれぞれ固有の神がいるという観念が極めて微妙な形で現れているテキストを紹介しよう。それは創世記におけるイスラエルの祖先ヤコブとアラム人ラバンの協定に関する場面である。

第二章でも見たように、イスラエル一二部族の祖先ヤコブは、アラム出身の姉妹レアとラケルを妻に娶った。そのために、ヤコブは一四年間も羊飼いとしてラバンに仕えねばならなかった。年季が明けても、ラバンはヤコブを引き続き仕えさせようとした。里心のついたヤコブは、ある夜、二人の妻と子供たちを連れて脱走する。これに気付いたラバンはヤコブたちを追跡し、ギレアドの山で彼に追いつく（創二九16―三一42）。しかし、結局両者は和解し、妻となったラバンの娘たちをヤコブが今後苦しめないこと、石塚を境界の目印として相互の侵入を控えることを条件に協定を結ぶ（創三一43―52）。次に記すのが、その時のラバンの言葉と、それに対するヤコブの反応である。

「どうか、アブラハムの神とナホルの神、彼らの先祖の神々（エロヒーム）が我々の間を正しく裁いてくださいますように」。ヤコブも、父イサクの畏れ敬う方にかけて誓った。（創三一53）

ここにはいくつの神々が言及されているのであろうか。前にも述べたように、ヘブライ語の「神（エロヒーム）」の語は、単複同形である。単数が意図されているのか複数が意図されているのかは、動詞の単複で識別できる。まず、はじめに「アブラハムの神」と「ナホルの神」が並置されていることが注目される。「アブラハムとナホルの神」ではないのである。言うまでもなく、アブラハムはヤコブから見て祖父であり、したがって「アブラハムの神」はヤコブにとって「先祖代々の神」ということになる（族長時代を背景に考えれば、ヤハウェ信仰以前の一族の神）。同様に、ナホルはラバンの先祖に当たり（創二二20-23、二四29）、したがって「ナホルの神」はラバンにとっての一族の神ということになる。これに同格で続く「彼らの祖先のエロヒーム」は、それに続く「裁く」（シャーファト）という動詞が原文では複数形なので、「神々」と訳さねばならない。すなわち、それは直前のアブラハムとナホルのそれぞれの神を合わせたものなのである。ヤコブとラバンは、協定の締結に当たって、それぞれの一族の神を証人兼保証人として召喚しているわけである。

現在ある創世記によれば、アブラハムとナホルは兄弟であった（創一一27-29）。しかし、そのような系図は、明らかに後から作られたものである。これをイスラエル人の祖先とアラム人の祖先の協定と見れば、それぞれの民族に固有の神がおり、それぞれが自分たちの民族神を協定の保証者として呼び出していると見て、何の不自然さもない。ここでも新共同訳は、動詞の複数形を無視して「彼らの祖先の神」と単数形に訳し、この場面の多神教的背景をぼかしてしまっている。なお、ヤコブがその名によって誓ったとされる「父イサクの畏れ敬う方（パハド・イツハク）」とは、ヤハウェ信仰以前にイスラエルの祖先の一部が崇めていた一族の神の名の名残を留めたものと考えられている（創三一42）。これと同様のものに、「ヤコブの勇者（アビール・ヤコブ）」（創四九24）などがある。

他の神々の崇拝の禁止

以上見てきたように、初期のイスラエルでは、他の民族がそれぞれの神を持つこと自体はむしろ当然視されていたが、イスラエル人がそれらの他の民族の神々を崇拝することは厳しく禁じられていた。だからこそ、「拝一神教」なのである。他の神々の崇拝の禁止は、旧約聖書における「モーセ五書」の法的伝承の中に繰り返し現れる。モーセ五書によれば、神ヤハウェはシナイ山でモーセを介してイスラエルと契約を結び、彼らに律法を与えた（出一九1-6、二四3-8）。それゆえ、出エジプト記二〇章から民数記一〇章にかけてのいわゆる「シナイ複合体」と、律法についてのモーセの解説という設定の申命記一二―二八章には、膨大な量の法的伝承が取り入れられており、それらが後のユダヤ教の「律法（トーラー）」をなしている。ユダヤ教で「モーセ五書」全体が端的に「トーラー」と呼ばれるのも、このことに由来する。

それらの法的伝承は、長い時間をかけ、さまざまな段階を経て、漸進的に増補拡大されていったものと考えられ、いくつかのブロックに区別することができる。代表的なものとして挙げられるのが、いわゆる「倫理的十戒」（出二〇1-17、申五6-21）、「契約の書」（出二〇22-二三19）、いわゆる「祭儀的十戒」（出三四10-26）、祭司文書の聖所規定（出二五-三一章、三五-四〇章）、祭司文書の供物規定（レビ一-九章）、祭司文書の清めの規定（レビ一一-一六章）、「神聖法典」（レビ一七-二六章）、祭司文書の祭儀諸規定（民一-一〇章）である。その多くのものに、他の神々の礼拝を禁じる規定が含まれている。なお、右に挙げたもののうち、祭司文書に属する部分は時代的に遅い前六世紀以降のものであり、それ以外のものは基本的にそれより古いと考えられている。

ヤハウェ以外の神の崇拝を禁じる法規定として、誰もが直ちに想起するのはいわゆる「倫理的十戒」の第一戒、「あなたには、わたしをおいてほかに神があってはならない」（出二〇3、申五7）であろう（「倫理的十戒」と「祭儀的十戒」の区別については、本書二八一ページ以下を参照）。ただし、後に述べるように、この十戒の成立はかなり遅い時代と考えられている。実は、「倫理的十戒」は出エジプト二〇章と申命記五章に二重に伝承されているのであるが、現在では、申命記のものの方がオリジナルであると理解する研究者が多い。筆者もそのように考えるので、「倫理的十戒」については、本書では申命記を扱う第六章で取り上げることにする。申命記の基本的部分は、ユダ王国の末期の前七世紀頃に成立したと考えられている（本書二五六ページ以下を参照）。

これよりもずっと古いものと考えられるのが、その直後にある出エジプト記二四章7節に基づき「契約の書」と呼ばれる法規定集（出二〇22-二三19）である。申命記とは異なり、城壁に囲まれた都市の中での生活（申一二20等）、エルサレム神殿のような統一聖所（申一二4―19）の存在、王（申一七14―20）や裁判人、役人（申一六18―20）を伴う中央集権的な国家機構の存在などがまったく前提とされておらず、農耕と牧畜に立脚する素朴で自律的な村落生活が前提とされている（出二二4―5・9―14・28等参照）ので、遅くとも初期王国時代のものと考えられ、伝承素材自体は王国成立以前にまで遡るであろう。

すでに第二章で紹介したものであるが、この「契約の書」の中に、次のような規定が含まれている。

ヤハウェひとりのほか、神々に犠牲をささげる者は断ち滅ぼされる。（出二二19）
他の神々の名を唱えてはならない。それを口にしてはならない。（出二三13）

そのいずれにおいても「神々（エロヒーム）」の存在そのものは否定されておらず、むしろ前提にされている。そのような「神々」に対して、「犠牲を捧げる」ことや「名を唱える」ことが禁じられているのである。存在しないものに対して犠牲をささげたり、名を呼んだりすることは、無意味である。ここでも、他の神々の崇拝の禁止は、他の神々の存在を前提にしたうえでヤハウェのみの崇拝を要求する、拝一神教的精神から発している。

同じく、申命記より古いものと考えられる「祭儀的十戒」（これについては、本章二八四―五ページ以下を参照）にも次のようにある。

あなたはほかの神（エル）を拝んではならない。ヤハウェはその名を「妬み（カンナー）」といい、妬みの神（エル・カンナー）である。（出三四14）

ここでも、他の神（エル）を「拝む」こと（原文は文字通りには「ひれ伏す」こと）が禁じられているのであり、それらの神々の存在自体はむしろ前提にされている。より興味深いのは、それに付け加えられている一文である。新共同訳は上品に「熱情」と訳しているが、原語の「カンナー」は文字通りには「妬み」、「嫉妬」を意味する（創三〇1、民五11等参照）。すなわち、ヤハウェという神は嫉妬深いのである（出二〇5、申四34、五9、六15）。もし、恋敵など存在しないとすれば、嫉妬する必要はないはずである。

最後に、法伝承ではないが、他の神々の信仰を禁じる詩編を見てみよう。詩編八一編10節には次のようにある。

あなたの中には異国の神（エル）があってはならない。
あなたは異教の神（エル）にひれ伏してはならない。（詩八一10）

一行目の表現は、第一戒に近いが、そこで言われていることは、二行目に明示されるように、あくまで「ひれ伏す」ことの禁止であって、異教の神の存在自体を否定するものではないのである。このように、初期イスラエルの「一神教」は、明らかに「拝一神教」的性格のものであった。

ヤハウェの優越性、無比性

もちろん、古代イスラエル人は、アンモン人にはケモシュ（前述のように、実際にはミルコム）がいるように、イスラエルにはヤハウェがいる、と単に考えていただけでなく、自分たちの神ヤハウェは、他のどの神々にも勝る、卓越した力を持つ無比の神であると信じていた。すでに見たように、詩編八二編では、ヤハウェは他の「神々」に対する審判者ととらえられていた（一二四ページ以下を参照）。

特に、出エジプトという大いなる業は、ヤハウェの限りない力を示すものと見なされた。ある箇所では、出エジプトにつながる「過越」の夜のエジプトの初子の死が、エジプトの神々へのヤハウェの勝利ととらえられている。

その夜、わたしはエジプトの国を巡り、人であれ、家畜であれ、エジプトの国のすべての初子《ういご》を撃つ。また、エジプトのすべての神々に裁きを行う。わたしはヤハウェである。（出一二12）

海の奇跡の後で、「海の歌」は、この奇跡に示されたヤハウェの無比の力を褒め称える。

あなたが息を吹きかけると、海は彼らを覆い、
彼らは恐るべき水の中に鉛のように沈んだ。
ヤハウェよ、神々の中に、あなたのような方があるでしょうか。（出一五10－11）

モーセを訪ねた彼の義父でミディアン人のエトロは、出エジプトの次第を聞くと、次のような言葉でヤハウェを讃美した。

ヤハウェをたたえよ。彼はあなたたちをエジプト人の手から、
ファラオの手から救い出された。エジプト人のもとから民を救い出された。
今、わたしは知った。彼らがイスラエルに向かって高慢にふるまったときも、
ヤハウェはすべての神々にまさって偉大であったことを。（出一八10－11）

これらの讃美では、神々の存在が否定されるのではなく、いわばヤハウェの偉大さ、無比さの「引き立て役」として前提とされている。同じような「神々」との比較は、詩編の中にも頻出す

る。

ヤハウェは神々（エロヒーム）の中の神（エル）。
彼は御言葉を発し、日の出るところから日の入るところまで、
地を呼び集められる（詩五〇1）

ヤハウェよ、あなたのような方は神々（エロヒーム）のうちにはなく、
あなたの御業に並ぶものはありません（詩八六8）

雲の上（＝天上）で、誰がヤハウェに並びえましょう。
神々の子ら（ブネー・エリーム）の中で、誰がヤハウェに比べられましょう（詩八九7）

ヤハウェは大いなる神（エル）、
すべての神々（エロヒーム）を超えて大いなる王（詩九五3）

大いなるヤハウェ、大いに讃美される方、
神々（エロヒーム）を超えて、最も恐るべき方（詩九六4）

神々（エロヒーム）はすべて、彼（＝ヤハウェ）に向かってひれ伏す。……
あなたはヤハウェ、全地に君臨されるいと高き者（エルヨーン）
神々（エロヒーム）のすべてを超え、あがめられる方（詩九七7・9）

わたしは確かに知った。ヤハウェは大いなる方、
わたしたちの主は、どの神（エロヒーム）にもまさって大いなる方（詩一三五5）

ついには、天上のそのようなもろもろの神的存在自身が、ヤハウェへの讃美に加わるように呼びかけられる。

神の子ら（ブネ・エリーム）よ、ヤハウェに帰せよ、
栄光と力をヤハウェに帰せよ（詩二九1）

御使いたちよ、ヤハウェをたたえよ、彼の言葉を聞き、
御言葉を成し遂げるものよ、力ある勇士たちよ。
彼の万軍よ、ヤハウェをたたえよ、御もとに仕え、御旨を果たすものよ（詩一〇三20）

天の宮廷

このような表象がさらに進むと、ヤハウェ以外の神的存在は、神格としての独立性を事実上失い、天の宮廷でヤハウェを囲む廷臣のような従属的な存在と見なされる。それはもはや「神」ならぬ霊的存在や、直前に引用した詩編一〇三20節で見たように、「天使的」な存在と見なされるようになる。おそらく、地上の宮廷の様子が天上に反映したものか、カナンのエルを至上神とする万神殿（パンテオン）のイメージがヤハウェ宗教にも取り入れられたものであろう。このようなプロセスは、ある意味で、包括的一神教の方向性を示すものとも解釈できよう。

列王記上二二章によれば、ヤハウェは邪悪で不信仰な王アハブを罰するために「偽りの霊」を預言者の口に送って、アハブを唆し、不利な戦いに出陣させて戦死させる。その使命を帯びた預言者ミカヤは、自分が「偽りの霊」を受けた次第を次のように説明する。

> わたしはヤハウェが御座に座し、天の万軍がその左右に立っているのを見ました。ヤハウェが「アハブを唆し、ラモト・ギレアドに攻め上らせて倒れさせるのは誰か」と言われると、あれこれと答える者がいましたが、ある霊が進み出てヤハウェの御前に立ち、「わたしが彼を唆します」と申し出ました。ヤハウェが、「どのようにそうするのか」とただされると、その霊は、「わたしは行って、彼のすべての預言者たちの口を通して偽りを言う霊となりま

す」と答えました。ヤハウェは、「あなたは彼を唆して、必ず目的を達することができるにちがいない。行って、そのとおりにせよ」と言われました。（王上二二19-23）

その結果、アハブは実際に攻め上って、戦死することになる。（王上二二29-37）
天上の宮廷を描く最も有名な場面は、ヨブ記の冒頭に見られる。そこでは、ヤハウェのもとに「サタン」を含む「神の子ら（ブネー・エロヒーム）」（新共同訳では「神の使いたち」！）が集まってくる。

ある日、ヤハウェの前に神の子らが集まり、サタンも来た。ヤハウェはサタンに言われた。「お前はどこから来た。」「地上を巡回しておりました。ほうぼうを歩き回っていました」とサタンは答えた。（ヨブ一6-7。なお、同二1-2をも参照）

ヤハウェがヨブの敬虔さを賞賛すると、「サタン」は、災いを下しさえすれば、ヨブも神を呪うだろうと挑戦する。ヤハウェは「実験」を許可し、そこからヨブの苦難と悲劇が始まる。ここから先は、あまりに有名であり、また、本書の主題とは直接関係がないので、割愛することにしよう。

神の言葉における「我々」

天の宮廷について触れたところで、必ずしも「初期イスラエル」に関わる問題とは言えないが、昔から旧約聖書の注解者たちを悩ませてきた難問にも触れておきたい。旧約聖書の最初の記事は、周知のように、神による七日間にわたる世界創造である（創一1―二4）。この部分は通常、モーセ五書を構成する要素のうち、比較的成立の遅い（前六世紀頃）祭司文書に属するものと見なされている。そこでは、人間は六日目に創造されるが、その創造に先立って、神（エロヒーム）は次のようにその意図をあらかじめ告げる。

我々にかたどり、我々に似せて、我々は人を造ろう。そして海の魚、空の鳥、家畜、地の獣、地を這うものを支配させよう。（創一26）

原初の、まだ人間さえ存在しない時点で、なぜ神は「我々」と語るのであろうか。そこでは「我々」と言うことで、誰が念頭に置かれているのであろうか。中世のキリスト教の神学者たちは、ここに三位一体論（父と子と聖霊が一体であるというキリスト教独自の教義）の根拠を見出そうとしてきた。しかし、三位一体論は、後四世紀に起ったキリストは神か人かという論争をきっかけに、ニカイア公会議（三二五年）や第一回コンスタンチノープル公会議（三八一年）を経て初めて確立された教理であって（これについては本書三七〇–七一ページ参照）、それを一〇〇〇年近くも前の旧約聖書のテキストに読み込むのは、歴史的に見て時代錯誤と言わざるを得ない。

現代の旧約学では実にさまざまな議論がなされているが、大きく見て、次の三つの説明にまとめられるであろう。

（1）祭司文書の創造物語の背後に、多神教の神話があったと想定し、その名残と見るもの。ただし、そのような「原本」は今のところ発見されていないし、祭司文書が遅い時代のものであることを考えると、この想定はあまりありそうにない。

（2）この複数形を、特異な文法的現象と見るもの。この場合には、さらに二通りの可能性が主張される。

（i）神の偉大さを表現する尊厳複数形。本書では、これまで分かり易いように、ヘブライ語の「エロヒーム」は単複同形だと書いてきたが、厳密に言えば、「〜イーム」という名詞語尾は男性複数形である。それが単数形の「神」について用いられるのは、この尊厳複数形であると考えられている。ただし、ヤハウェについて動詞が用いられる場合は常に単数形になる。ところがここでは、「我々は造ろう」と複数形の動詞になっている。しかも、祭司文書の他の箇所ではすべて神は「わたし」と一人称単数形で語るのである。それゆえ、尊厳複数形ということでは、なぜここでだけ「我々」なのかが説明できない。

（ii）自分自身への語りかけを表す、思案の複数形。ただし、これについてもはっきりした他の用例はほとんどない。祭司文書でも、神がこのような語り方をしているのはここだけである。例えば、祭司文書で、洪水を起こす決断をするとき、神は次のような語り方をする。「すべての肉なるものを終わらせる時がわたしのまえに来ている。彼らのゆえに不法が地に満ちている。見よ、わたしは地もろとも彼らを滅ぼす」（創六13）。それゆえ、この解釈でも、なぜここでだけ「我々」なのかが説明できない。

（3）神が天の宮廷において、傍らにいる神的（天使的）存在に語りかけたと解するもの。この解釈に対する批判としては、祭司文書で人間の創造以前に、他の神的存在の現存や創造については何も語られていなかったし、これ以降の部分でも、祭司文書には（他の資料とは異なり）天使を連想させるような「使い」への言及がまったく見られない、という事実が引き合いに出される。その意味で、祭司文書は極めて「一神教的」なのである。それだけに、なぜここでだけ「我々」なのかがいっそう問題になる。

筆者の考えでは、右に紹介した批判にもかかわらず、やはりこの第三の説明が最も受け入れ易い。ここでだけ「我々」になっているのは、人間が神に「かたどり」、神に「似せて」造られるという、この箇所の特殊性に関連していると思われる。人間が「神の似姿（ラテン語で「イマーゴ・デイ」）であるということで何が意味されているかについても長い神学論争があるが、それが単に外形だけのことではなく、ある意味での人間の神への「近さ」（詩八6参照）を表し、他の被造物にはない人間だけの固有な特質を象徴すること、人間のある種の天賦の尊厳に関わることは確かであると思われる。このことは、同じ祭司文書に属する洪水物語の最後で、人間の血を流すことが禁じられる際に、人間が神に「かたどって」造られたことが引き合いに出されていることによっても裏付けられる。

人の血を流すものは、人によって自分の血を流される。
人は神にかたどって造られたからだ。（創九6）

ただし、人間が神の似姿であるという観念が、たとえ人間の神への近さ、人間固有の尊厳を表すとしても、そのことがもし、次のように表現されたらどのような印象を受けるであろうか。

わたしにかたどり、わたしに似せて、人を造ろう。そして海の魚、空の鳥、家畜、地の獣、地を這うものを支配させよう。

これでは、旧約聖書の神学的人間観から見て、人間があまりに過大評価されすぎ、「危険なまでに」神に接近しすぎるように思われる。そこで、祭司文書の著者は、一方では人間を神に近づけようとしながらも、他方であえて「我々」という曖昧な観念を導入し、あくまで神と人間の間に一定の距離を確保しようとしたのではないだろうか。このことを、創世記の注解者として有名なドイツの旧約学者、G・フォン・ラートは次のように言い表している。

その奇妙な複数形（「我々は…造ろう」）は、似姿性をあまりにも直接的に主なる神に結びつけることを防止しようとするものなのである。神は、彼の周りを取り巻く神的存在の群れと一緒になり、そのことによって複数性の中に身を隠す。

その際に、祭司文書の著者がこの「我々」ということで具体的に何を考えていたかといえば、やはり天上の宮廷のことであろう。なるほど、祭司文書自身は天の宮廷にも天使にも言及しない。しかし、前に引用した詩編などから見て、古代イスラエルではそのようなイメージが広汎に流布しており、祭司文書の著者にも読者にも、暗黙のうちに共有されていたと考えられる。

その他の箇所における神の「我々」

以上の考察は、神が「我々」と一人称複数形で語るその他の箇所を検討することによって、ある程度傍証を得られる。創世記には、神が「我々」を用いて語る例がさらに二箇所ある。ただし、いずれもそれは祭司文書ではなく、より古いと考えられている別の資料（一般的には神名に「ヤハウェ」を用いるので「ヤハウィスト資料」と呼ばれる）に属している。第一は、天地創造の物語に続くアダムとエバの物語の末尾近くである。

エデンの園におけるアダムとエバの物語は旧約聖書の中でも最も有名なエピソードの一つであるが、一般的にあまり知られていない細部がある。エデンの園の中央には、一本ではなく二本の特別な木があった。一方は「命の木」であり、他方は「善悪の知識の木」である（創二9）。ヤハウェはアダムに「善悪の知識の木」から実を取って食べることを禁じるが（創二17）、アダムの妻エバは、食べれば「神のよう」になれる、という蛇の誘惑に屈してその実を食べ、夫にも食べさせる（創三5-6）。それを知ったヤハウェは次のように言う。

人は我々の一人のように、善悪を知る者となった。今は、手を伸ばして命の木からも取って食べ、永遠に生きる者となる恐れがある。（創三22）

そこでヤハウェは、人が「永遠に生きる者」となるのを阻止するために、アダムとエバをエデンの園から追放するのである。「命の木」と「善悪の知識の木」の関係は、正直言ってよく分からない。最初にはっきりと禁じられたのは「善悪の知識の木」であるが、「命の木」の実を食べることは許されていた、とは読めない。おそらくは、「善悪の知識の木」の実を食べて「神のよう」な知識を得た者だけが、命の木の実を食べられる、と考えられていたのであろう。

「人は我々の一人のようになった」というヤハウェの発言は、特に注目に値する。この表現は、尊厳複数形であれ、思案の複数形であれ、単なる文法的ないし修辞的現象としては説明できない。

そこでは、「ヤハウェ」の傍らに別の存在がいることが明らかに前提にされている。多神教的神話の名残か、天使的存在への語りかけとしか解釈できない。

第三の箇所は、やはり有名なバベルの塔の物語の中に見られる。これは、メソポタミアによく見られた「ジックラト」と呼ばれる高い塔形の神殿を素材にしたものと考えられている。まだ人類の言語が一つであったころ、シンアルの地（メソポタミア）に人々は、「天まで届く塔」のある街を建て、自分たちの名を上げようとする（創一一4）。天上でこれを見たヤハウェは、次のように語って、人間の力を制限しようとする。

彼らは一つの民で、皆一つの言葉を話しているから、このようなことをし始めたのだ。これでは、彼らが何をくわだてても、妨げることはできない。我々は降って行って、直ちに彼らの言葉を混乱させ、互いの言葉が聞き分けられないようにしてしまおう。（創一一5–6）

ヤハウェが人々の言葉を混乱させたので、人々は意志の疎通がとれなくなり、塔の建築を放棄して世界各地に散り散りになっていった。言うまでもなく、この物語は世界各地における言語の多様性ということの由来譚にもなっている。

今見た二つの箇所のいずれにおいても、神と人間の間の距離と、その距離が近づきすぎることが問題になっている。もちろん、祭司文書の創造物語では、人間が神に近い地位にあることは神自身の意志に基づくものであったのに対し、エデンの園の物語やバベルの塔の物語では、「神のように」なりたい、天に挑戦したいという、ヤハウェの意志に反した人間の欲望と傲慢が動因であり、ヤハウェがそれを罰する、という大きな相違がある。しかし、創世記において、神と人間の距離が近づくという文脈においてだけ、神が「我々」で語るということは意味深長に思われる。いずれの場合にも、著者たちは「我々」という形で「神」ないし「ヤハウェ」以外の超自然的存在を暗黙裡に神の傍らに立たせることによって、神と人間の距離があまり直接的に近づきすぎないように予防しようとしているのではないだろうか。

旧約聖書全体に目を広げると、神が「我々」を用いて語る箇所がもう一つある。それは前八世紀の大預言者イザヤの召命の場面で、そのときイザヤは、エルサレム神殿にいて、壮大な幻でヤハウェの姿を見る。

わたしは、高く天にある御座にヤハウェが座しておられるのを見た。衣の裾は神殿いっぱいに広がっていた。上の方にはセラフィムがいて、それぞれ六つの翼を持ち、二つをもって顔を覆い、二つをもって足を覆い、二つをもって飛び交っていた。彼らは互いに呼び交わし、唱えた。

「聖なる、聖なる、聖なる万軍のヤハウェ。
その栄光は地すべてを覆う。」(イザ六3)

「セラフィム」（複数形）というのは旧約聖書でもここだけにしか出てこないが、翼で飛び交いながらヤハウェの栄光を讃えているとされることから分かるようにある種の天使的存在で、カトリック教会では「熾天使《してんし》」とも呼ばれている。セラフィムの唱える言葉は、カトリックのミサでは必ず唱えられ、「聖なるかな（ラテン語では「サンクトゥス」）」を三回繰り返すことから、「三聖誦」とも呼ばれる。イザヤがこの光景に衝撃を受けていると、次のようなヤハウェの声が聞こえた。「誰を遣わすべきか。誰が我々に代わって行くだろうか」。これは、誰を預言者として民のもとに派遣しようか、ということである。そこで、イザヤはみずから名乗りを上げる。「わたしがここにおります。わたしを遣わして下さい」（同8節）。こうして、イザヤは預言者としての職務を果たすことになる。

　文脈から見て、ヤハウェの「我々」を含む発言がセラフィムに向けて語られたことは明らかである。もちろん、この箇所では、神と人間の距離の近さということは問題になっていない。にもかかわらず、この箇所からは、創世記においても「我々」を伴う神の発言が、その傍らにいる神的存在を念頭に置いたものであるという想定が裏付けられるように思われる。

　以上見てきたように、古代イスラエルの人々は、ヤハウェを自分たちの唯一の神としながらも、そのヤハウェの周囲に複数の何らかの超自然的・神的存在がいるのをごく自然に受けとめていたと考えられるのである。

他の神々の崇拝の禁止は、どの程度守られていたのか？

ここで少し、話題を変えよう。旧約聖書には他の神々の崇拝の禁止が執拗とも言えるほど繰り返されているが、実際にはどの程度守られていたのであろうか。何度も繰り返し命じられているというのは、実は、それがなかなか守られなかったということの裏返しではないのか。この問題を考えるための手掛かりの一つは、考古学的調査の結果である。

パレスチナ各地のイスラエル人が住んでいたと思われる居住地の発掘では、テラコッタの女性の土偶が大量に見つかっている（図8）。それらは大きさがほぼ一〇センチから二〇センチメートルほどで、大きく見て二つの類型に分けられる。

一方は、平らで丸い太鼓（タンバリン？）のようなものを左手に持った女性像で、これは着衣で、女楽師か踊り子を描いたものと思われるので、ここでは取り上げない。もう一つは、裸身で腰から下がな

図8　テラコッタの女性土偶

（出典：長谷川修一『旧約聖書の世界と時代』）

く、下部は少し広がって置き物のように立てられるようになっている。全体として柱のような形状なので、「柱状女性土偶」とも呼ばれている。時代的には、前八世紀から前六世紀ぐらいのものが多く、出土地は圧倒的にユダに集中している。最大の特徴は乳房が巨大で、しかも両手でそれを下から支えているように見えることであり、顔の部分は省略されていることもある。それらは、祭儀が行われていたと考えられる聖所的施設ばかりでなく、一般の住宅や街路、墓などでも見つかっており、総数は二〇〇〇を超える。裸であることや、異常な「巨乳」ぶりから見て通常の女性像とは考えられず、豊穣や出産に関連した女神像であるか、少なくとも多産や子供の健全な発育を祈願する儀礼などに用いられたのではないかと考えられる。聖所だけではなく、個人の家屋から多く見つかっていることから、公的な祭儀というより、家族的な儀礼の文脈で、主として女性たちによって用いられたのであろう。周知のように、旧約聖書では人間の手で造った像の崇拝が厳しく禁じられているが（出二〇4・23、三四17、申五8、二七15等）、少なくともこれは、家庭レベルでは必ずしも厳守されてはいなかったらしい。ただし、果たしてこれらの土偶が厳密な意味で「礼拝」の対象となっていたのかはよく分からない。

これとは別に、二〇世紀の六〇年代から七〇年代にかけて、二つの衝撃的な碑文史料が発見されて、大きな論争を巻き起こした。一つは、ユダ南部のヘブロンに近いヒルベト・エル＝コムの前八世紀初めごろの墓所で一九六八年に発見されたもので、墓室を隔てる柱の上に、祝福もしくは魔除けを表す（神の？）手のひらが彫り込まれており、その上に次のような文字が刻まれていた。

富裕者ウリヤフがこれを書いた。
ウリヤフがヤハウェに祝福されますように。
彼の敵どもから、彼のアシェラによって、彼は彼を救われた。

文脈上、「彼のアシェラ」の「彼」は、ヤハウェを指すとしか考えられない。したがって、ここではヤハウェと並んで、ヤハウェの「救い」を媒介する「アシェラ」という存在が考えられていることになる。

少し遅れて一九七八年、シナイ半島東部の荒野の丘の上にある前九世紀から前八世紀頃のものと思われる隊商宿営地クンティレト・アジュルドで、大きな甕のオストラカ（陶片）に書かれたいくつかの碑文が見つかった。その一つには、次のようにあった。

イエハ××とヨアサにこう言いなさい。わたしはあなたたちを祝福しました、
サマリアのヤハウェと、彼のアシェラによって

別の陶片には、次のようにあった。

アマルヤフに。わが主君に言いなさい。
あなたにお変わりはありませんか。わたしはあなたを祝福しました。
（テマンの）ヤハウェと彼のアシェラによって。
彼があなたを祝福され、あなたを守られ、あなたと共におられますように。
テマンのヤハウェと彼のアシェラによって。
彼が人から求めるすべてを、……恵深くも、
彼の心のままに、ヤハウェが彼に与えられますように。

ここで注目されるのは、まず第一に、いずれの場合にも「サマリアのヤハウェ」、「テマンのヤハウェ」と、ヤハウェが地名によって限定されていることである。おそらく、それぞれの場所にヤハウェの聖所があったのであろう。サマリアは言うまでもなく北王国の首都であり、テマンはエドム人と関連のあった土地である（本書一三七ページ参照）。クンティレト・アジュルドはユダよりもはるかに南西にある場所であるが、エジプトとの隊商交易路上にあったので、遠方からの旅行者が滞在し、そこにあった陶片をメモ帳がわりに字の練習をしたのであろう。

第二に、ここでもまた「ヤハウェ」と「アシェラ」がセットにされている。それでは、このアシェラとは何、または何者であろうか。

ヤハウェには配偶女神があったのか?

旧約聖書において「アシェラ」は、多くの場合、異教的なものとされその作製や使用が禁じられている木製の祭儀用具を意味し、しばしば異教の神の祭壇や「石柱」(マッツェバ)と並んで言及される(出三四13、申七5、一二3、一六21、士一四23、王下一三14等)。それは「造られ」(王下一七16、二一3、イザ一七8)、「建て」られ(王下一七10)、「立った」状態にある(王下一三6、イザ二七9)。「植える」に当たる動詞が用いられる場合もあるので(申一六21)、自然木のことが言われている場合もあるらしい。それらは「切り倒され」(詩六25-30、出三四13、申七5)、「引き抜かれ」(ミカ五13)、「焼かれ」(申一二3、王下二三6・15)ねばならない。このような祭具の意味で用いられる場合には、しばしば「アシェリーム」という複数形も見られる。

しかし、アシェラの語が、明らかにその名の女神を意味している場合も散見される。すなわち、アシェラはバアルと共に礼拝を受け(士三7、王下二三4)、その像が造られて神殿に置かれ(王上一五13、王下二一7)、彼女のために布が織られ(王下二三7)、彼女の預言者たちがいた(王上一八19)。旧約聖書で木製の祭儀用語としての「アシェラ」が禁じられる場合でも、それはこの女神の象徴物と見なされているのであろう。

北シリアのウガリトで発見されたフェニキアの神話によれば、アシェラは最高神エルの妻で、「神々の母」と呼ばれる大女神であった。ここから一部の研究者は、イスラエルでもヤハウェが

図9

クンティレト・アジュルドで発見された甕への「落書き」。（出典：月本昭男『旧約聖書の世界』）

エルと習合ないし同一視される際に、ヤハウェが配偶女神としてアシェラをも受け継いだと考えている。この見方によれば、申命記の著者や、士師記や列王記を書いた申命記史家は、後の一神教的規範からアシェラの礼拝を異教的なものとして禁じ非難したが、王国時代の実情では、ヤハウェとアシェラを配偶神とする祭儀慣習が何の問題もなく受け入れられていたことになる。

ただし、先に引用した碑文における「彼のアシェラ」が、女神の意味で言われているのか、単なる祭儀用具の意味で言われているのかははっきりしない。文法的に見て、「アシェラ」という固有名詞に「彼の」という所有語尾がつき得るかどうかについても議論が分かれている。この問題はいまだに論争中なのであるが、いずれにせよ、前八世紀頃のイスラエル人やユダ人の少なくとも一部に、アシェラをヤハウェの配偶女神としていた人々がいた可能性は排除できない。申命記一六章21節で、ヤハウェの祭壇のそばに「アシェラや木の柱」を「植えて」はならない、とされているのも、実際にはそのようなことがしばしば行われたからなのかもしれない。なお、一部の研究者は、前節で紹介した巨乳の裸身の女性土偶はアシェラをかたどったものだと解釈している。

クンティレト・アジュルドの碑文に関連して、もう一つ、議論の的になっていることがある。実は、碑文の書かれた陶片には、子牛に乳をやる母牛や竪琴を弾く女性像など、さまざまな「落書き」と見えるような絵が描かれているのであるが、問題の碑文の一つには、そのすぐ下に奇妙な人物が二人描かれているのである（図9）。それらは牛のようにも見える顔をしており、尻尾のようなものを垂らし、頭上には植物のようなものが描かれている。右側の人物には乳房と思われるものがあるので、女性らしい。ただし、これらの人物像と碑文の文字は異なる色のインクで描かれており、しかも左側の人物像の頭の部分で絵と文字が交差している。どちらが先に描かれたのかは判定困難であるが、少なくとも両者は、同一人物の手によるものではなさそうである。

多くの研究者は、顔の特徴などからこれらの人物像はエジプトの出産の神ベスとその配偶女神タウレトと解し、碑文の内容とは無関係とするが、これらの人物像こそヤハウェとアシェラを描いたものだ、と見る研究者も少数ながら存在する。もし、これが真実であるとすれば、これは現存する唯一のヤハウェの図像ということになる（筆者はこの説にくみしない）。

古代イスラエル宗教の重層性

このような「多神教」的な現象は、どのように理解し、説明されるべきであろうか。古代イスラエルの宗教はもともとは多神教的だったのであり、前八世紀以降の「預言者的少数者」による「ヤハウェのみ運動（ヤハウェ・アローン・ムーブメント）」によって初めて、イスラエルの宗教は一神教的方向に進み始めたと主張する研究者たち（マーク・S・スミス、B・ラング、M・ヴァイペルト等）は、これらの現象を彼らの主張の論拠とする。それこそが、一神教化する前の古代イスラエル宗教の実情だったというのである。しかしながら、これについてはもう少し別の説明も可能であろう。

最近のイスラエル宗教史研究では、古代イスラエル宗教を単純に一枚岩のものと見るのではなく、社会的なレベルに分けて分節化して理解するべきだ、という考え方が顕著になりつつある（R・アルベルツ等）。人間は一般に、さまざまなレベルの共同体に同時に属している。大きく見て、そのレベルには、①家族・親族共同体のレベル（家族・氏族）、②地域共同体のレベル（村・町・部族）、③民族や国家のレベルの三つがある。それぞれの共同体のレベルに応じて、宗教的な関心や「ニード」（要求）も異なってくる。

家族のレベルでは、除災招福、家内安全、商売繁盛、無病息災、病気平癒、子孫繁栄、祖先供養、極楽往生（?）といった四字熟語で表される、身近で多くははなはだ現世利益的な関心が支配し、宗教によるその実現が祈願される。宗教生活の場は、もっぱら家庭内の「仏壇」や「神棚」（出二一6等）か、せいぜい（家族の墓を含む）地方聖所への巡礼（サム上一3等）が中心となろう。地域のレベルでは、五穀豊穣、天災回避、（地域の）平和安泰、（司法活動を含む）共同体の秩序の維持、共同体の連帯や結束の強化といったことが問題となり、宗教生活は地方聖所における犠牲（出二〇24等）や季節ごとの祭り（出二三14・17等）、町の門での裁判（出二二7–8等）が中心となる。民族・国家のレベルでは、当然ながら、国家の平和と繁栄、王朝の維持と安定、国土の豊穣、戦争の勝利、国家秩序の維持、国民の幸福といったことが中心的な関心事となり、宗教生活の中心は宮廷と国家神殿ということになろう。

これまで述べてきたように、これらのうち最上位の民族的・国家的レベルについて見れば、筆者は、古代イスラエルにおいてはかなり早い段階——おそらくはすでに王国成立以前の段階——で、ヤハウェへの排他的崇拝がほぼ確立していたと考えている。ヤハウェが、イスラエルにおいてそれ以前に中心的な神であったエルと同一視されて以来、ヤハウェは民族神・国家神として唯一無二の存在であった。他の神——次章で扱うバアルを含め——がヤハウェのこの地位を脅かした形跡はないし、「アシェラ」がヤハウェと並んで民族神・国家神としての役割を果たした痕跡もない。このレベルにおいては、ヤハウェ信仰は「ヤハウェの民としてのイスラエル」の観念が確立して以来、拝一神教的であった。

家族・地域レベルの宗教

これに対し、プライベートな領域である家族のレベルでは、排他的なヤハウェ崇拝の確立後でも、ヤハウェ宗教以前の祭儀的習慣が比較的そのままの形で保たれていた可能性がある。

例えば、個人の家の中にはしばしば「テラフィム」と呼ばれる人間の姿をした像が置かれていたらしい。先に見たように、ヤコブはアラム人のラバンのもとから妻子を連れて夜逃げをしたのであるが、その際に彼の妻の一人のラケルが父ラバンの「テラフィム」(新共同訳では「守り神の像」)をこっそり盗んだという(創三一19)。これは、ラクダの鞍の中に隠せるほどの大きさであったらしい(同35節)。ラバンがヤコブを追跡した理由の一つは、これを取り返すためであった。これを祖先の像とする見方もあるが、少なくとも登場人物であるラバンとヤコブはそれを「神(エロヒーム)」と呼んでいる(同30節、32節)。実際、それは家の守り神のようなものだったのであろう。

右の例は、ヤハウェ宗教以前の族長時代の話で、しかもアラム人の家の場合だが、テラフィムは士師時代のイスラエルにも存在した。エフライム人のミカという人物は、自分の家に小さな神殿を持ち、そこに他の祭具と共にテラフィムを置いていたが(士一七5)、放浪中のダン部族の人々はこれを奪い(士一八14-20)、自分たちの聖所に置いた。テラフィムは、神託を受けるのにも用いられたらしい(エゼ二一26、ゼカ一〇2)。

テラフィムは、ダビデの家にもあった。サウル王に命を狙われた若きダビデは、家から逃走したが、サウルの娘でダビデの妻であったミカルは、ダビデを遠くに逃がす時間稼ぎのために、家にあった「テラフィム」を寝床に寝かせて、ダビデがまだそこに寝ているように見せかけた（サム上一九13―16）。ほぼ等身大のテラフィムであったのであろう。語り手は、ダビデの家にそのようなものがあったことに何ら差し障りを感じていないらしい。ただし、後の申命記史家などからは、テラフィムは偶像崇拝の対象として批判的に見られるようになった（サム上一五23、王下二三24）。

異教の神の崇拝や偶像崇拝と並んで、旧約聖書で繰り返し禁止されているのが、死者に供物をささげたり（申二六14、詩一〇六28）、追悼のために髪や髭を剃ったり体を傷つけるなどの、死者に関連する儀礼であり（レビ一九27-28、二一5、申一四1）、特に死者の霊を呼び出して伺いを立てる「口寄せ」、すなわちある種の降霊術である（レビ一九31、二〇6・27、申一八11）。しかし、ここでもまた、繰り返し禁止されているということは、それだけ頻繁に行われており、なかなか根絶できなかった、ということの裏返しなのであろう（王下二一6、イザ八19、一九3等参照）。

ペリシテ人との決戦の前に、ヤハウェの託宣を得られなかったサウル王は、みずからが命じた禁を破り、変装してエン・ドルという場所にいた「口寄せ」の女（一種のシャーマン）を訪れ、死んだ預言者サムエルの霊を呼び出させて、助言を乞おうとする（王上二八章）。現れた霊の姿は、女にしか見えないらしい。サウルが様子を尋ねると、女は「神（エロヒーム）が地から上って来るのが見えます」と答える（同13節）。ちなみに新共同訳は、ここの「エロヒーム」を「神のような者」（！）と訳している。サムエルの霊が「エロヒーム」とされていることは、死者の霊が神的なもの、少なくとも超自然的な力を持つものとされていたことの名残であろう。サムエルの霊は、サウルに翌日戦死することを予告し、サウルは絶望のあまり失神する（同19-20節）。

前にも紹介した、比較的古い法文集と思われる「契約の書」（一六五-六ページ参照）には、家族内の問題について面白い規定が見られる。古代イスラエルにも奴隷がいたが、六年間働かせたら七年目には解放して自由の身にすることになっていた（どの程度実行されていたかは不明である）。しかし、もし奴隷自身が解放されることを望まず、そのまま奴隷の身分でいたいと申し出るなら、次のようにするよう規定されている。

> 主人は彼を神（エロヒーム）のもとに連れて行く。すなわち、彼を入口、もしくは入口の柱のところに連れて行き、彼の耳を錐で刺し通すなら、彼を生涯、奴隷とすることができる。
> （出二一6）

ここで家の「入口の柱」のところにいると想定されている「神」が、最初からヤハウェであると考えられていたとは思われない。ヤハウェ宗教以前の伝承と観念がそのまま取り入れられているのであろう。民数記五章11-31節で述べられた、夫が妻に姦淫の疑惑を抱いた場合に、呪いの文字を溶かした水を妻に飲ませるという、奇妙きてれつで何とも摩訶不思議な儀礼なども、現在の形ではヤハウェへの祈願と供物を含むものとなってはいるが（同21節・25節）、ヤハウェ宗教以前の呪術的な儀礼がそのまま取り入れられたものと思われる。

民族・国家レベルと家族レベルの中間に位置する地域のレベルは、いわば、拝一神教的なヤハウェ信仰と、ヤハウェ宗教以前の伝統的な宗教的観念や習慣（いわゆる「民間信仰」）がせめぎ合う、中間的な領域であったと考えられる。ここでは全体として、ヤハウェ信仰がそれ以前の観念や習慣を吸収同化しようとしたが、他方で両者の間に軋轢や対立が生じることも避けられなかったと考えられる。

地域レベルで宗教が果たす機能の一つは、社会的秩序の維持もしくはその補強ということである。現在の旧約聖書において、すべての法は、ヤハウェがシナイでモーセを通じてイスラエルに与えた神の掟とされていることに示されるように、古代イスラエルにおいて司法は、宗教的な意味を強く帯びた領域であった。王国時代の王は最高裁判官を兼ねたようであるが（サム下一四4–21、一五2–4、王上三16–28等）、王国時代末の申命記改革でエルサレムに控訴裁判所が設けられ（申一七8–13）、国家が裁判に関与するようになるまでは、司法は基本的に地域共同体の手にゆだねられており、長老たちを中心に町の門で、住民たちを証人兼陪審員として行われていたらしい（申二一18–21、二五5–10、ルツ四1–10、王上二一8–13等）。すでに述べたように、「契約の書」のような比較的古い法文集には、そのような場で形成され、伝えられていた法伝承が取り入れられていると思われる。

「契約の書」には、ある人物の所有物が紛失して証拠がない場合や、ある紛失物の所有権について紛争が生じた場合についての興味深い規定が含まれている。

> 人が銀あるいは物品の保管を隣人に託し、それが隣人の家から盗まれた場合、もし、その盗人が見つかれば、盗人は二倍にして償わなければならない。もし、その盗人が見つからない場合には、その家の主人が神（エロヒーム）の御もとに進み出て、自分は決して隣人の持ち物に手をかけなかったことを誓わねばならない。牛、ろば、羊、あるいは衣服、その他すべての紛失物について言い争いが生じ、一方が「それは自分のものです」と言うとき、両者の言い分は神（エロヒーム）の御もとに出され、神が有罪とした者が、隣人に二倍の償いをせねばならない。（出二二6―8）

ここでは、証拠の欠如などによって客観的な裁きができない場合、神前での誓いや、ある種の神明裁判が要求されている。神の判断がどのように示されるのかは明らかでないが、おそらくクジによる占いによったのであろう（サム上一四41―42）。ここで言われる「神」とは、もちろん現在の出エジプト記の文脈ではヤハウェと見なされている（直後の10節には、「ヤハウェ」への誓いについて語られている）。しかし、解放を望まない奴隷の場合（出二一6、一九四ページ参照）と同じように、ここにもヤハウェ宗教以前の観念や習慣が取り入れられているように思われる。

地方のレベルで宗教が関わるもう一つの重要な領域が、土地の多産、五穀豊穣ということであった。イスラエルの人々は、基本的に、これをもまた、ヤハウェの祝福の結果として見た（創二六12―13、二七27―28、申二八1―12、詩一〇四10―18、一二八1―4）。しかしながら、カナンの地には、この領域に関してヤハウェの強力なライバルがいた。それが、次章でより詳しく扱う神、バアルである。

第五章

預言者たちと一神教

「預言者」とは何か

旧約聖書に含まれる三九文書のうち、三分の一強に当たる一五冊が預言書であることに端的に示されているように、旧約聖書の思想において預言は極めて重要な位置を占める。預言者（ヘブライ語で「ナービー」）とは、一般人には聞くことのできない神の声を聞き、それを人々に伝える役割を果たすと信じられている人々である。彼らの媒介する神の言葉は、未来に関するものだけではなく、同時代の社会の状況や過去の歴史に関わる場合も多い。それゆえ日本語では、将来の事柄を予告する役割を意味する「予言者」とは区別し、あくまで神の言葉を「預かって」伝えるという面を強調して、「預言者」と書くのが普通である。

神の言葉を媒介するこのような預言者的人物の活動は、古代イスラエルだけでなく、ユーフラテス川中流域の都市国家マリの文書（前二〇〇〇年紀前半）や、新アッシリアの文書（前七世紀）からも知られており、後のムハンマドの出現なども考えると、西アジアに共通する宗教的伝統の一つであったと見ることもできる。しかしながら、古代イスラエルでは、特にこの現象が集中して見られ、かつ歴史的にも社会的にも重要な役割を果たした。

ただし、預言者の言葉が預言書にまとめられるようになるのは、前八世紀半ばのアモス以降であり、これはイスラエルにおける文字文化の普及と連動している。預言書という形でその言葉が残されている預言者を、「文書預言者」という。これに対し、それ以前の預言者たちは、もっぱら歴史物語の中に登場人物として出てくる。「文書預言者」に対して、これらの人々は「行動の預言者」ないし「歴史的預言者」などと呼ばれる。これらの人々についての伝承は、最初は口伝で語り継がれ、やがてはそれが文字に書かれるようになり、最終的にはそれがヨシュア記から列王記にまで至る長大な歴史記述（いわゆる申命記史書）の中に取り入れられたのであろう。

代表的な「行動の預言者」としては、預言者の先駆者的人物であるモーセは別格として、王制導入に重要な役割を果たしたサムエル（サム上七―一二章）、一方ではダビデ王朝の永遠の存続（サム下七章）を約束しながら、他方でダビデの個人的な過ちを厳しく批判した（サム下一二章）宮廷預言者ナタン、ソロモンの死後の王国分裂で主導的な役割を果たしたシロ人アヒヤ（王上一一章）、アハブ王を戦死に導く役割を果たしたイムラの子ミカヤ（王上二二章）、そして本章で紹介するエリヤとエリシャなどがいる。ただし、「文書預言者」と「行動の預言者」の区別はあくまで相対的なもので、本質的な相違ではない。それは、預言書という形でその言葉が保存されるほどに文字文化が普及していたか否かという、いわば偶然的な歴史的制約によるものにすぎないのである。

アハブの治世とバアル崇拝

預言者エリヤが登場するのは、前九世紀前半のイスラエル（北）王国であり、オムリ王朝下でこの王国が大いに発展した時代であった。第二章でも見たように、この王朝の開祖オムリとその息子で第二代の王アハブは、北王国で聖書外史料に言及される最初の王たちであり、特にアハブは、シリア・パレスチナでも最も有力な反アッシリア的勢力の一つとしてアッシリア王シャルマナサル三世の碑文にも言及されていた（六五ページ参照）。この時代に首都サマリアが経済的に大いに発展していたこともすでに述べた通りである。

アハブの時代のイスラエルが繁栄した理由の一つは、明らかにフェニキア人との連携にあった。フェニキア人は、現在のレバノンの海岸地域にあった沿海都市国家シドンとティルスを中心に東地中海の海洋貿易で活躍したセム系の海洋民族で、通商等を通じて経済的繁栄を謳歌し、文化的にも「先進国」であった（エゼ二八章等）。アハブはシドンの王女イゼベルを妻としていたが、これは明らかに、シドンとの同盟のための政略結婚である（ただし、イゼベルはシドンではなくティルスの王女だったとする説もある）。サマリアの宮殿跡からは、フェニキア製と思われる豪華で精巧な象牙細工の宝飾品等が発見され、フェニキアとの密接な関係を裏付けている（一四五ページ参照）。

フェニキア人は、基本的にはカナン人と同系で、カナン人もフェニキア人も統一国家を形成していたわけではないので、歴史上は便宜的にカルメル山を境にそれより北をフェニキア、南をカナンと呼んでいる。したがって、文化的にも宗教的にも、カナンとフェニキアの相違は地域的な差異に過ぎなかったと考えられる。カナン・フェニキアの宗教は典型的な多神教で、神々の父であるエルを頂点に複雑な万神殿（パンテオン）があったが、特に民衆の間で人気があり、宗教生活で重要な役割を果たしたのが、嵐の神で豊穣のもたらし手と信じられていたバアルである。

エルが老成した賢者として描かれ、高い天で静かに世界を統べているると表象されるのに対し、バアルは若々しく英雄的な神で、牛の角のついた兜をかぶり、一方の手で雷鳴を表現する棍棒を振り上げ、他方の手に稲妻の槍を持つ姿で描かれることが多い（図10）。エルが崇高神として、日常的な祭儀的礼拝の対象にはあまりならなかったのに対し、バアルは雨のもたらし手として人々の生活に密着し、祭儀で熱狂的な崇拝を受けた。

バアルは、自然界に秩序をもたらす神とも信じられた。ウガリトで発見された粘土板に記された神話によれば、バアルは混沌を体現する竜ないし蛇の姿の「ヤム（海）」を棍棒で打ち殺して世界に秩序をもたらす。バアルはまた、彼自身において自然界の生命力の規則的循環を象徴する神であり、エジプトのオシリスやメソポタミアのタンムズ、ギリシアのディオニュソスと同様、

図10　豊穣神バアル

雷鳴を象徴する棍棒を振り上げ、稲妻を表す槍を手にしている。その槍からは豊穣を象徴するように植物が生え出ている。ウガリト出土（出典：『旧約新訳聖書大事典』）

いわゆる「死して蘇る神」のタイプの神であった。同じウガリトの神話によれば、バアルは死の神「モト」と戦って敗れ、死んで一時冥界に下る。しかし、彼の妹で妻でもある女神アナトがバアルを蘇らせる。地中海性気候のパレスチナでは、冬が雨季であり、バアルが活動する生命の季節である。しかし、乾季の夏になると雨は途絶え、乾燥と猛暑のためほとんどの植物は枯れ死にする。これは、バアルが一時的に死んで冥界に下ったこととして解釈される。しかし、やがて一〇月頃に雨が戻ってくると、再び生命の季節となる（冬を生命の眠りの季節とする日本の季節感覚とは逆である点に注意）。これがバアルの帰還と見なされるのである。

アハブはイゼベルのために、首都サマリアにバアルの神殿を建てさせ、バアル崇拝を国家的な規模で振興した。それゆえアハブは、旧約聖書では、北王国でも最も不信仰で邪悪な王として厳しく弾劾されている。

オムリの子アハブは彼以前の誰よりもヤハウェの悪とされることを行った。……彼はシドン人の王エトバアルの娘イゼベルを妻に迎え、進んでバアルに仕え、これにひれ伏した。サマリアにさえバアルの神殿を建て、その中にバアルの祭壇を築いた。アハブはまたアシェラ像を造り、それまでのイスラエルのどの王にもまして、イスラエルの神、ヤハウェの怒りを招いた。（王上一六30－33）

ただし、列王記の著者たちは、アハブを意図的に「悪役」に仕立て上げているふしがある。アハブの子供たちは、「アハズヤ」（ヤハウェは捕らえ給う）、「ヨラム」（ヤハウェは高くいます）、「アタルヤ」（ヤハウェはあがめられる）と、いずれも立派なヤハウェ系の名前を持っており、アハブ自身が積極的にヤハウェ信仰を放棄したとは思われない。バアル礼拝の振興は、外国出身の妻やその従者たちのために、妻の故郷の神の礼拝や祭儀を首都で行うことを容認した、という程度のことだったのかもしれない。それは、かつてソロモンも行ったことであった（王上一一1-8）。また、領土が狭く、エルサレム中心で単一性の強かったユダ（南）王国とは異なり、広い領土を持つイスラエル（北）王国には、かつてのカナンの都市国家が多く含まれ、住民構成も複雑だったようである。抜け目のない統治者だったらしいアハブは、カナン系住民とイスラエル系住民のバランスを保つために、カナン系住民にバアル礼拝を、イスラエル系住民にヤハウェ礼拝を割り当てたのかもしれない。

この時代以前に、イスラエルでバアルの崇拝がどれぐらい盛んだったのかははっきりしない。士師記には、カナン定着直後にイスラエルが早くも「ヤハウェを捨て、バアルとアシュトレトに仕えた」（士二13。なお、士三7、六25-32、八33等をも参照）とされているが、これは後代の申命記史家のきわめて図式的な歴史解釈であって、歴史的事実を伝えたものとは思われない（四七ページ以下を参照）。しかし、カナンの地にバアル・タマル（士二〇33）、バアル・ペラツィム（サム下五20）、バアル・シャリシャ（王下四42）等の地名があったことから、カナンの地でもかなり古く（おそらくイスラエル成立以前）からバアル崇拝が行われていたことが推測できる。それが、フェニキア出身の王妃の到来とともに大いに活性化された、ということは十分考えられる。

ヤハウェとバアル

第三章で見たように、南方の嵐の神で、戦いの神（おそらくは出エジプトの神）でもあったヤハウェと、カナンの神々の王であるエルは、比較的容易に融合し、同一視されたようである。その理由の一つは、ヤハウェとエル神がまったく異なるタイプの神であり、いわば補い合うことができたからであろう。エルと同一視されることによって、嵐の神、出エジプトの神ヤハウェは同時に世界の王、創造神としての性格を獲得した。これに対し、ヤハウェとバアルは共に嵐の神であり、「戦う神」でもあったので、正面からぶつかり合う運命にあったと考えられる。

ただし、もともとバアルが持っていた要素をヤハウェが吸収した、という面も実はあったらしい。ウガリトの神話によれば、バアルは「タンヌ」という竜を打ち破り、「ルタン」という「曲がりくねった」蛇を退治する。イザヤ書では、ヤハウェについて次のように歌われている。

その日、ヤハウェは厳しく、大きく、強い剣をもって、
逃げる蛇レビヤタン、曲がりくねる蛇レビヤタンを罰し、
また海にいる竜（タンニン）を殺される。（イザ二七1）

同じようなイメージは、他の箇所にも見られる。

あなたは御力をもって海を分け、
大水の上で竜（タンニン）の頭を砕かれました。
レビヤタンの頭を打ち砕き、
それを砂漠の民の食糧とされたのもあなたです。（詩七四13－14）

あなたは誇り高い海（ヤム）を支配し、
波が起これば、それを静められます。
あなたはラハブを砕き、刺し殺し、
御腕の力を振るって敵を散らされました。（詩八九10－11）

それゆえ、ヤハウェはバアルと激しく対立しながらも、混沌の怪物を打ち破る神としてのバアルの属性を暗黙裡に吸収し、それを「換骨奪胎」して「自家薬籠中」のものとすることにより、勝利する神、混沌を克服して世界の秩序を維持する神としての自分のイメージを補完しもしたのである。

いずれにせよ、バアル崇拝はもとからカナンの地にあったのであろうが、アハブの治世のサマリアで、フェニキアからの影響によってそれが補強されたことはまちがいない。ほぼこの時代のサマリアの宮殿跡からは六五個のオストラカ（陶片）が発見された（いわゆる「サマリア・オストラカ」）。それは税として宮廷に納入された葡萄酒と油の帳簿であるらしい。そこに記された人名のうち、ヤハウェ系のものが一一、バアル系のものが五つであった。前にも紹介したティゲイの研究によれば、残存する聖書外碑文史料で確認できるバアル系の人名は六つであるが（一一二ページ参照）、そのうち実に五つがこのサマリア・オストラカに含まれているのである。この時代のサマリアでバアル崇拝が盛んであったことはここからも裏付けられる。

預言者エリヤとカルメル山での神々合戦

このようなバアル崇拝の「攻勢」に対抗して、ヤハウェのみの礼拝を守るために戦ったのが、「わが神はヤハウェ」という意味の名を持つ、預言者エリヤ（正しくは「エリヤフ」）である。アハブとは異なり、エリヤの名はもちろん聖書外史料に見当たらない。それゆえここでは、エリヤについて歴史としてではなく、あくまで物語として取り上げる。

預言者エリヤについての一連の物語（王上一七―一九章、二一章、王下一―二章）は、もちろん王国時代の北王国起源で、申命記史書（現在の形でのヨシュア記―列王記）に取り入れられる以前の段階ですでに一つのまとまり（物語のサークル）をなしていたと考えられる。それはおそらくは、後述する預言者エリシャの物語と共に、オムリ王朝を倒したイエフ王朝の宮廷を中心に、イエフのクーデターを正当化する意図で編集され、語り伝えられていたものと考えられる。これらの物語で、イエフによって倒されるアハブとイゼベルがことさらに「悪役」的に描かれているのも、このことと関連しよう。

列王記上一八章によれば、エリヤはアハブ王と対決し、人々をカルメル山上に集めさせる（20節）。カルメル山（実際には連山、小山脈）はパレスチナ北西部に位置し、イスラエルとフェニキアの境界をなす、この物語にとって象徴的な意味を持つ場所である。集まった人々には、イゼベルに仕えていた「四百五十人のバアルの預言者と四百人のアシェラの預言者」（19節）も含まれる。これに対し、単身のエリヤは、「ただ一人、ヤハウェの預言者として残った」者とされる。列王記の文脈によれば、ヤハウェの預言者たちはイゼベルの迫害を受けて殺されたという（王上一八4・13）。もちろん、物語はヤハウェ信仰の危機的状況を誇張して描いている。先に見たアハブの子供たちの名前から見て、この時期にヤハウェ信仰への組織的迫害が行われたとは歴史的に考え難い。

エリヤは人々に、「あなたがたは、いつまでどっちつかずに迷っているのか。もしヤハウェが神（冠詞付の「エロヒーム」）であるなら、彼に従え。もしバアルがそうであるなら、彼に従え」（21節）と挑発する。この言葉をそれ自体としてとれば、真の神はひとりしかいないという「唯一神教的」な発想であるかのようにも見える。もし、ヤハウェが「神」であれば、バアルは

「神」ではない、ということになるからである。しかし、後続する物語を見れば明らかなように、そこではヤハウェやバアルの存在そのものは問題になっていない。ヤハウェとバアルのどちらが力ある神かという、神の力の優劣が問題になっているのである。

エリヤの挑戦に対し、民は態度を鮮明にしない。「民は一言も答えなかった」(21節)。エリヤが「あれかこれか」の二者択一を要求したのに対し、民はまだ「あれもこれも」の可能性を留保しておきたいようである。そこで、エリヤはその神の力を試すために、一つの「実験」を提案する。通常であれば、いけにえをほふって祭壇にのせ、それを焼いて神に捧げる。しかし、このときだけは、ヤハウェとバアルのためにそれぞれいけにえを準備するが、それに火をつけずにおき、エリヤとバアルの預言者たちそれぞれが自分の神の名を呼ぶ。「火をもって答える神こそ神(冠詞付の「エロヒーム」)であるはずだ」(24節)というのである。民はこの実験に賛同する。

バアルの預言者たちの方が「大勢」なので、先に試行する。彼らは、「朝から昼までバアルの名を呼び、「バアルよ、我々に答えてください」と祈った」(26節)。しかし、何の反応もなかった。興味深いのは、バアルの預言者たちが熱心さのあまり陥る狂騒状態の描写である。「彼らは大声を張り上げ、彼らのならわしに従って剣や槍で体を傷つけ、血を流すまでに至った」(28節)。おそらくここには、バアル祭儀の実情が反映している。バアルの一時的な死を悼む儀礼の中で、自分の体を傷つける慣習があったのであろう。宗教的陶酔の中での自傷的な宗教的マゾヒズムは、スペインのカトリックの受難節や、英雄でイマーム(イスラム教シーア派の指導者)であったフサインの死を悼むイスラム教シーア派のアーシューラーの祭りなどにも見られる。しかし、バアルの預言者たちのそのような熱狂的な祈りにもかかわらず、事態に何の変化もなかった。

　さらに振るっているのが、これに対するエリヤの皮肉で辛辣な言葉である。「大声で呼ぶがいい。バアルは神（エロヒーム）なのだから。彼は不満なのか、それとも人目を避けているのか。旅にでも出ているのか。おそらく眠っていて、起こしてもらわなければならないのだろう」（27節）。ここでは明らかに、バアルがモトとの戦いに敗れて一時的に冥界に下るという神話が踏まえられているように見える。エリヤ――もしくは物語作者――は、相手方の「教義」をよく理解したうえで、それを揶揄しているのである。

　埒が明かないので、選手交代ということになる。今度はエリヤがヤハウェに祈る。注目すべきは、その祈りの言葉である。「アブラハム、イサク、イスラエルの神、ヤハウェよ。あなたがイスラエルにおいて神であられること、またわたしがあなたの僕であって、これらすべてのことをあなたの御言葉によって行ったことが、今日明らかになりますように」（36節）。ここで明白なのは、語り手にとっての関心が、ヤハウェとバアルの神としての存在如何ではなく、「誰がイスラエルにおいて神であるのか」にある、ということである。したがって、エリヤ物語の神観はなお拝一神教的段階にある。

　旧約聖書だから当然といえば当然であるが、エリヤの祈りは直ちに聞き届けられる。すなわち、「ヤハウェの火が降って、焼き尽くす献げ物と薪、石、塵を焼き、溝にあった水をもなめ尽くした」(38節)。これを見て、民は今やヤハウェへの信仰を告白する。「これを見たすべての民はひれ伏し、「ヤハウェこそ神です、ヤハウェこそ神です」と言った」(39節)。このように、エリヤはアハブの時代に、バアルとヤハウェの間で「どっちつかずに迷っていた民」をヤハウェ信仰に引き戻したというわけである。

エリヤとバアル・ゼブブ

エリヤとバアルの関わりについては、もう一つ物語が伝えられている。時は変わって、アハブの息子アハズヤの治世の話である(ユダの同名の王とはもちろん別人である)。アハズヤ王は屋上から事故で落ちて傷を負い、使者たちを「エクロンの神バアル・ゼブブ」のところに送って、自分が怪我から回復できるかどうかを尋ねさせようとした(王下一2)。エクロンはペリシテ人の町であり、ペリシテ人はもともとカナン人でもフェニキア人でもないが、この時代までには宗教的にすっかりカナン文化に同化していたのであろう。アハズヤがなぜ、わざわざエクロンの神バアル・ゼブブのところに使いを送ったかははっきりしないが、おそらくこの神は癒しの効力で定評があったのだろう。なお、「バアル・ゼブブ」はヘブライ語で「蠅のバアル」ないし「蠅の主」を意味するが、ウガリト神話では「バアル・ゼブル」という表現が知られており、これはおそらく「気高きバアル」ないし「君主バアル」という意味である。異教の神の名なので、語り手か写本作者が意図的に崩した形にしたのであろう。

これに対しエリヤは、「ヤハウェの御使い」に命じられて、使者たちをアハズヤのもとに帰らせ、王がバアルに頼ったことを非難し、王の死を予告する伝言を告げさせる。「あなたはエクロンの神バアル・ゼブブに尋ねようとして人を遣わすが、イスラエルには神（エロヒーム）がいないとでも言うのか。それゆえ、あなたは上った寝台から降りることはない。あなたは必ず死ぬ」（王下一6）。その言葉通りとなり、アハズヤは死ぬ（王下一17）。ここでもまた、問題は「イスラエルにおける神」の問題であり、イスラエルにはヤハウェという神がいるにもかかわらず、エクロンのバアルに頼ることが批判されているわけである。バアルの存在如何は何ら問題にされていない。したがって、エリヤの物語で前提にされている神観は、なお民族主義的拝一神教のそれであって、唯一神教の観念には至っていない。

エリヤ物語の歴史的意味

これらのエリヤ物語から知られることは、バアル崇拝はオムリ王朝のアハブやアハズヤの時代に、宮廷を中心に国家的な規模で振興され、国民の信仰にも大きな影響を与えたこと、それに対して「ヤハウェのみ信仰」の立場から激しく反発する人々がいたことである。アハブの趣旨は、「ヤハウェも、バアルも」ということであったのだろう。これに対し、「ヤハウェか、バアルか」を問うた人々の象徴がエリヤであった。

ただし、一部の研究者が主張するように、このエリヤに代表される人々が史上最初の「ヤハウェのみ主義者」であり、それ以前のイスラエルがまったくの多神教であったとは考えられない。第四章でも見たように、イスラエルの宗教は家族レベル、地域レベル、民族・国家レベルという重層的な構造になっていた。このうち、家族信仰のレベルでは、ヤハウェ信仰以前の習慣が比較的寛容に保たれていた。地域のレベルは、いわば伝統的信仰とヤハウェ信仰のせめぎ合いの場であった。土地の豊穣は、本来このレベルに属し、バアル礼拝もっぱらこのレベルで、主としてカナン系住民のあいだで営まれていたものと考えられる。これに対して民族・国家的なレベルでは、ヤハウェが排他的なイスラエルの神であった。ところがオムリ王朝の王たち、特にアハブは、政治的な理由から、王権という国家的な権力と威信を用いてバアル崇拝を振興し、それをヤハウェ崇拝と並ぶ国家的なレベルに引き上げようとした。これに反発した人々の象徴が、エリヤという人物像だったのではないだろうか。

エリヤは、道徳的・社会的正義という点でもアハブを批判したと言われる。すなわち、アハブがイズレエルの農民ナボトの見事なぶどう園を欲しがり、王妃イゼベルの教唆で無実の罪をでっちあげてナボトを処刑させてしまったとき、エリヤはアハブとイゼベルの死を予告しただけでなく、アハブの「家」(すなわちオムリ王朝)の断絶を告知した(王上二一章)。ここでは、明らかに後のイエフのクーデターによるオムリ王朝打倒(王下九章)が踏まえられており、それがいわばエリヤの「(事後)預言」によって正当化されている。エリヤ物語が、イエフ王朝のもとで彼らの王朝の正当性を補完するために編集されたと考えられる所以である。

なお、エリヤは旧約聖書の中でも特異な人生の終わり方をした人物としてもよく知られている。すなわち彼は、従者で預言者としての彼の後継者となるエリシャの見守る前で、「火の馬」に引かれた「火の戦車」に乗り、天に上げられたとされている（王下二11）。それゆえ後のユダヤ人は、エリヤは死んでおらず、天にあって自分たちを見守ってくれていると信じた。これが、イエスの死に際して「この人はエリヤを呼んでいる」、「待て、エリヤが彼を救いに来るかどうか、見ていよう」（マタ二七47・49）といった会話が交わされる前提である。また、預言者マラキによれば、終末的な神の裁きの日に先立って、預言者エリヤが地上に再臨する（マラ三23）。新約聖書は、イエスの先駆者である洗礼者ヨハネがこの再臨のエリヤの役割を果したと解釈している（マタ一一14）。

預言者エリシャとイエフのクーデター

ナボトのぶどう園とアハブの一件に関連して触れたイエフのクーデターに関与したのが、エリヤの後継者である預言者エリシャであった。当時のイスラエルの王はアハブの二番目の息子ヨラムで、彼は同盟関係にあったユダ王アハズヤ（先に見たイスラエルの同名の王とはもちろん別人）と共にヨルダン川東岸のラモト・ギレアドでアラムの王ハザエルと戦っていた。その最前線にいたイスラエルの将軍イエフについて、エリシャは自分の弟子の一人に次のように命じる。

あなたは入って行って彼（＝イエフ）をその仲間の間から立たせ、奥の部屋に連れて行き、油の壺を取って彼の頭に注いで言いなさい。「ヤハウェはこう言われる。わたしはあなたに油を注ぎ、あなたをイスラエルの王とする」と。（王下九3）

「油を注ぐ」ことは、正式に王に即位させることを示す儀礼である。それゆえ、イエフはヤハウェの意志に基づき、オムリ王朝を打倒して、みずからが王になる使命を与えられたことになる。「あなたはあなたの主君アハブの家を撃たねばならない」（同7節）。エリシャの弟子は、エリシャの指示を実行し、イエフは前線からイズレエルにいるヨラム王のもとに急行し、ヨラムと居合わせたユダの王アハズヤを殺しただけでなく（同24・27節）、王母として影響力を保っていたイゼベルをも殺害した（同30－33節）。イエフはさらに、アハブの家の王族たちを皆殺しにした（王下一〇1－11・17）。これら一連の出来事が、比較的最近になって発見されたダン碑文の内容とおそらく関連すること、列王記の記述とダン碑文の内容に重大な食い違いがあることは、第二章（六五ページ以下を参照）で述べた通りである。列王記においては、イエフによるオムリ王朝の打倒と王位簒奪が、エリヤの預言（王上二一19－24）とエリシャの指示（王下九1－10）によって二重に正当化されている。前述のように、これらの物語は、イエフ王朝に近い人々により、イエフのクーデターと王権奪取およびこの王朝の正当性を主張するために伝えられていたと考えられる。

列王記下一〇章18節以下によれば、イエフはさらに、バアルのために盛大な祭りを行うと偽ってバアルの信奉者をバアルの神殿に集め、軍を送りこんで彼らを皆殺しにし、バアルの神殿を便所に変えたという。今から見れば、かなり卑怯なやり方であるが、少なくとも列王記では、ヤハウェに対するイエフの「熱心さ」（王下一〇16）を示すものとして、肯定的にとらえられている。これが史実であるかどうかは判断できないが、バアル崇拝を許容し振興したオムリ王朝への反対運動が、ヤハウェ信仰を旗印にしていたということはあり得ることである。それは、政治権力の交替だけでなく、バアル崇拝に対する「ヤハウェのみ運動」の反撃という宗教的性格をも持っていたのであろう。イエフ王朝は、五代、約一〇〇年続く北王国最長の王朝となるが、少なくとも列王記は、このことをイエフが「わたし（＝ヤハウェ）の目にかなう正しいことをよく成し遂げ、わたしの心にあったことをことごとくアハブの家に対して行った」（王下一〇30）ことへの報奨としている。イエフを含むこの王朝の五人の王のうち、ヨアハズ、ヨアシュ、ゼカルヤの三人は、ヤハウェ系の名前を持っていた。

最初の文書預言者アモス

さきに、預言書の残っている預言者を文書預言者（英語ではライティング・プロフェッツ）という、と書いたが、預言者自身が預言書を書いたと誤解してはならない。もちろん、部分的に預言者が書いたり（イザ八16等）、口述させた（エレ三六章）ことが示唆されている場合もあるが、預言者の多くは、あくまで「語る者」であり、「書く者」ではなかった。新共同訳のテキストの組み方からも分かるように、預言の多くは詩文であり、韻を踏んでいる。おそらく高揚した精神状態の中で即興的に語られたのであろう。それらを預言書という形にまとめたのは、おそらくは預言者たちの支持者たちや「弟子」たちであった。ただし、これらの「編集者」たちは、ただ預言者たちの発言を忠実に文章化しただけでなく、それにさまざまな解釈を加えたり、発展的な加筆をも行ったらしい。しかも、直接的な「編集者」たち以外によっても、後から手が加えられていそうな場合が多い。それゆえ、現代の文献学的預言者研究で常に問題となるのが、どの部分に預言者自身の真正な言葉が残されており、どの部分が編集者による「加筆」や「編集句」なのかを区別することである。現在ある預言書の内容の大部分が「二次的」、「三次的」な加筆とされる場合も少なくない。ある部分を預言者自身の言葉であると論証するには、膨大な言語的・内容的分析と、きわめて込み入った専門的な議論が必要である。ここでそれを行うことは不可能であるので、以下では、筆者がさまざまな理由から預言者自身の言葉に非常に近いと判断している部分のみを取り上げることにする。

最初の文書預言者とされるのが、アモスである。彼の預言にはイスラエルの王「ヤロブアム」に向けられた言葉（アモ七9・11）がある。「ヤロブアム」という名の王はイスラエルに二人いた（一五二ページの表4を参照）が、ここでは明らかにヤロブアム二世（在位前七八七‐四七年）が問題になっている。したがって時代は前八世紀中葉、イエフ王朝の盛期である。アモスはもともと南のユダ王国の寒村テコアの住民であり、職業的な預言者ではなく、牧畜をも営む農民にすぎなかったが、あるときヤハウェの召命を受け、北王国イスラエルの国家聖所ベテルに行って、その地の住民に預言するよう命じられた、という。

わたしは預言者ではない。預言者の弟子でもない。わたしは家畜を飼い、いちじく桑を栽培する者だ。ヤハウェは家畜の群れを追っているところから、わたしを取り、「行って、わが民イスラエルに預言せよ」と言われた。（アモ七14―15）

アモスの語る預言は、一神教の問題とは直接関係がない。彼が主として問題にするのは、この時期にイスラエルで顕在化してきた貧富の差の拡大と、持たざる者や弱い者に対する、持てる者や強い者による抑圧と搾取という社会的な不正である。今流に言えば「格差社会」の問題点である。アモスは、そのような上層階級の人々がやがて厳しい裁きを受けると予告する。

お前たちは弱い者を踏みつけ、彼らから穀物の貢納を取りたてるゆえ、
切り石の家を建てても、そこに住むことはできない。
見事なぶどう畑を造っても、その酒を飲むことはできない。
お前たちの咎がどれほど多いか、その罪がどれほど重いか、
わたしは知っている。お前たちは正しい者に敵対し、賄賂を取り、

町の門で貧しい者の訴えを退けている。（アモ五12）

一般人は泥れんがの粗末な家に住むが、小作人から搾り取る大土地所有者は、「切り石」の「豪邸」を建てている。しかしその家が完成する頃には、彼らは滅ぼされてもうこの地にはいない、というのである。「町の門」とは裁判の場である。不正を受けた貧しい者が裁判に訴えても、賄賂などが幅をきかせて、訴えが通らないという状況がそこにある。

宗教の問題を取り上げる場合でも、アモスが問題にするのは、他の神々の崇拝ではなく、ヤハウェ信仰自体がその本来の精神を忘れ、形骸化して単なる儀式宗教に堕してしまっているという事態である。

わたし〔＝ヤハウェ〕はお前たちの祭りを憎み、退ける。
祭りの献げ物の香りも喜ばない。たとえ、焼き尽くす献げ物を
わたしにささげても、穀物の献げ物をささげても、
わたしは受け入れず、肥えた動物の献げ物も顧みない。
お前たちの騒がしい歌をわたしから遠ざけよ。
竪琴の音もわたしは聞かない。
〔その代わりに、〕公正（ミシュパト）を洪水のように、

正義（ツェダカー）を大河のように尽きることなく流れさせよ。（アモ五21–24）

ベテルの神殿では、あいかわらず人々はヤハウェに犠牲を捧げている。しかし、彼らは最も肝心なことを忘れてしまっている。アモスによれば、ヤハウェが真に求めているのは、犠牲や祭りなどの形式的な宗教儀式ではなく、公正であり正義なのである。

アモスにおいて衝撃的なのは、このような道徳的・宗教的な堕落や頽廃のゆえに、今やヤハウェがイスラエルを滅ぼすという、全面的な災いの予告である。上流階級の人々や不信仰な者だけが罰せられるのではない。イスラエルそのものが滅ぼされるのである。

イスラエルの家よ、この言葉を聞け。
わたしがお前たちについてうたう哀歌を。
「おとめイスラエルは倒れて、再び起き上がらず、
地に捨てられて、助け起こす者はいない。」
まことに、主なるヤハウェはこう言われる。
「イスラエルの家では、千人の兵を出した町に、生き残るのは百人。
百人の兵を出した町に、生き残るのは十人。」（アモ五1–3）

「わが民イスラエルに最後（ケーツ）が来た。
もはや、見過ごしにすることはできない。その日には、必ず、
宮殿の歌い女は泣きわめく」と、主なるヤハウェは言われる。
「しかばねはおびただしく、至るところに投げ捨てられる。
声を出すな。」（アモ八2－3）

イスラエルにくだされるヤハウェの裁きは絶対的に不可避で、決して逃れることのできないものである。

災いだ、ヤハウェの日を待ち望む者は、
ヤハウェの日はお前たちにとって何か。それは闇であり、光ではない。
人が獅子の前から逃れても熊に会い、家にたどりついても、
壁によりかかると、その手を蛇にかまれるようなものだ。
ヤハウェの日は闇であって、光ではない。
暗闇であって、輝きではない。（アモ五20）

「ヤハウェの日」とは、本来はヤハウェがイスラエルの敵を撃ち破り、勝利を与えてくれる日の

はずであった。だからこそ、人々はそれを「光」として「待ち望んで」いたのである。ところがアモスは、この観念を一八〇度逆転させた。それは、イスラエルがまさにヤハウェの「敵」として滅ぼされる日なのである。ここでヤハウェは明らかに、もはやイスラエルの民族神ではなくっている。エリヤの場合はまだ、「イスラエルにおける神」ヤハウェのために戦った。ところがここでは、ヤハウェとイスラエルの関係が完全に断絶してしまう。こんなことを語り得たのは、アモスが「ユダ人」だったからであろうか。

もちろん、瀕死の病人に向かって「お前はもうすぐ死ぬ」と繰り返してもあまり意味はない。アモスは明らかに、イスラエルの人々をヤハウェに立ち帰らせ、ヤハウェの救いを求めさせようとして奮闘しているのであろう。

善を求めよ、悪を求めるな。お前たちが生きることができるために。
そうすれば、お前たちが言うように、万軍の神ヤハウェは、
お前たちと共にいてくださるだろう。
悪を憎み、善を愛せよ。また、町の門で正義を貫け。
あるいは、万軍の神ヤハウェがヨセフの残りの者を
憐れんでくださることもあろう。（アモ五14-15）

しかしながら、「あるいは（ウーライ）」というヘブライ語で表される可能性は、決して大きいものではない。

愛の預言者ホセア

ホセアはアモスより少し遅れて、北王国の末期に活動した（前八世紀後半）。この時代には、メソポタミア北部の大国アッシリアのシリア・パレスチナへの遠征が繰り返され、イスラエルもその支配下に組み込まれた。国内では再びクーデターが頻発するようになり、王朝交代が繰り返されるという、きわめて不安定な状況であった（王下一五19-30）。宗教的には、バアル崇拝が蔓延し、明らかにイスラエル系住民の中にも広がりを見せていた。バアル崇拝を根絶しようとしたイエフの試みにもかかわらず、その影響力は増すばかりであったらしい。大地の豊穣をもたらすカナンの嵐の神の崇拝は、農耕生活に転じて久しいイスラエルの人々の生活にとって、宗教的には適合的であったにちがいない。

ホセアの出発点は、妻の姦淫というきわめて個人的な家庭内の問題であった。ホセア書一章によれば、ホセアはヤハウェに「淫行の女をめとり、淫行による子らを受けいれよ」（2節）という不条理を命じられる。それゆえホセアの言葉には、一見すると、姦淫の妻に対するホセアの個人的な憤りの表明のようにしか見えない箇所が少なくない。

告発せよ、お前たちの母を告発せよ。
彼女はもはやわたしの妻ではなく、わたしは彼女の夫ではない。
彼女の顔から淫行を、乳房の間から姦淫を取り除かせよ。
さもなければ、わたしが衣をはぎ取って裸にし、
生まれた日の姿にして、さらしものにする。（ホセ二4-5）

ホセアの家庭事情を知っている読者なら、これはホセアが、実は自分の子ではない姦淫の子らに対し、母親の不貞を非難している言葉だと思って当然である。しかしながら、ホセアにとって、妻との関係はヤハウェとイスラエルの関係の象徴でもあった。すなわち、イスラエルはヤハウェにとって姦淫の妻であり、バアルという愛人のもとに走ることによって、夫ヤハウェを裏切ったのである。ここで、ホセアの個人的な心の痛みと、ヤハウェのそれとが重なり合う。ホセアの言葉は、いつの間にか、イスラエルの背反を告発するヤハウェの非難の言葉に移行する。

彼女〔＝イスラエル〕は言う。「愛人たちについて行こう。パンと水、
羊毛と麻、オリーブ油と飲み物をくれるのは彼らだ」。……
彼女は知らないのだ。穀物、新しい酒、オリーブ油を与え、
バアル像を造った金銀を豊かに得させたのは、わたしだということを。……

バアルを祝って過ごした日々について、わたしは彼女を罰する。
彼女はバアルに香をたき、鼻輪や首飾りで身を飾り、愛人の後について行き、
わたしを忘れ去った、とヤハウェは言われる。(ホセ二7―15)

大地の豊穣を祈願するバアル崇拝の祭儀は、エロチックな要素の強いものであった。自然界において、出産は生殖と関連し合っている。それゆえ、大地の生産力を高めるために、性的な祭儀が行われた。類感呪術的な発想によれば、類似した行為は類似した作用を持つ。性に関わる儀礼は、自然界の産みの力を増進すると考えられたのである。人々は山の上などの聖所で、ぶどう酒で酩酊して恥も外聞も忘れ、乱痴気騒ぎを繰り広げた。

ぶどう酒と新しい酒は心を奪う。
わが民は木に託宣を求め、その枝に指示を受ける(=樹木崇拝)。
淫行の霊に惑わされ、神のもとを離れて淫行にふけり、
山々の頂でいけにえをささげ、丘の上で香をたく。
樫、ポプラ、テレビンなどの木陰が快いからだ。
お前たちの娘は淫行にふけり、嫁も姦淫を行う。
娘が淫行にふけっても、嫁が姦淫を行っても、

わたしはとがめはしない。親自身が遊女と共に背き去り、
神殿娼婦と共にいけにえをささげているからだ。（ホセ四11―14）

ホセアの妻が「姦淫の女」だったというのは、単に身持ちの悪い淫乱な女性であったというだけでなく、バアル崇拝の性的祭儀に参加する神殿娼婦でもあったということなのかもしれない。そうだとすれば、ホセアはよりによって「論敵」を妻に娶ったことになる。

これに対し、ホセアの神ヤハウェは、出エジプト以来のイスラエルとの関係を引き合いに出す。出エジプトと荒野の導きに示されたヤハウェの恵みにもかかわらず、イスラエルはその恩恵を忘れた（ここは新共同訳がかなり意訳をしているので、原文に近く訳す）。

わたしはヤハウェ、エジプトの地以来のあなたの神。
わたしの他に、あなたは神を知らない。わたし以外に、救う者はいない。
荒野で、乾ききった地で、わたしはあなたを知った。
養われて、彼らは腹を満たし、満ち足りると彼らの心は高ぶり、
ついに彼らはわたしを忘れた。（ホセ一三4―6。なおホセ一一1―4をも参照）

「わたしの他に、あなたは神を知らない」は、「わたしの他に、あなたは神を知ってはならな

い」と否定命令形に訳すことも可能である。いずれの解釈を取る場合でも、アモスとは異なり、ホセアはここではっきりと、イスラエルにとってヤハウェのみが神であることを明言している。ホセアは、自覚的な「ヤハウェのみ」主義者なのである。しかし、並行句で「わたし以外に、救う者はいない」と言われているように、それはあくまで「救済者」としての神、という意味においてである。バアルの存在自体が否定されているわけではない。むしろ、その存在はリアルであり、イスラエルの信仰にとって脅威なのである。ただし、ホセアによればバアルは、イスラエルにとって決して「救い」になるものではないのである。その意味で、ホセアの神観もまだ拝一神教的である。

唯一の「救い」であるヤハウェを忘れた以上、イスラエルには裁きが下る。アモスの場合とは異なり、ホセアの目には、その裁きが歴史的・具体的にどういう形を取るのかがすでにかなりはっきりと見えていたようである。

サマリアの住民は、ベト・アベンの子牛のためにおびえ、民はそのために嘆き悲しむ。
神官たちがその栄光をたたえても、それは彼らから取り去られる。
それはアッシリアに運び去られ、大王の貢ぎ物となる。
エフライムは嘲りを受け、イスラエルはその偶像のゆえに辱められる。
サマリアは滅ぼされ、その王は水に浮かぶ泡のようになる。（ホセ一〇5–8）

「ベト・アベン」は、「神の家（ベト・エル）」を意味する北王国の国家聖所ベテル（創二八17―19）の名を、「邪さの家」と蔑称化したものである。王国分裂後、そこには金の子牛の像が置かれた（王上一二28―29）。それがやがてアッシリアの大王の戦利品として運び去られ、サマリアを首都とするイスラエルはアッシリアによって滅ぼされる、というのである。すでにアッシリアの支配はイスラエルに及んでおり、イスラエルの王たちは、しばしばアッシリアへの無謀な反抗を試みていた。歴史を見る目のある者からすれば、もはや滅亡は時間の問題ということだったのであろう。

彼らはエジプトの地に帰ることもできず、アッシリアが彼らの王となる。
彼らが立ち帰ることを拒んだからだ。剣は町々で荒れ狂い、
たわ言を言う者を断ち、たくらみのゆえに滅ぼす。
わが民はかたくなにわたしに背いている。たとえ彼らが天に向かって叫んでも、
助け起こされることは決してない。（ホセ一一5―7）

ここでは、あたかもアッシリアが、ヤハウェの罰の執行官のような役割で見られている。アモスの場合以上に、ヤハウェはもはや単なるイスラエルの神ではなく、今やアッシリアという世界

帝国を自在に用いてイスラエルを罰する世界神となっている。ここには、著しい神観の普遍化が見られる。前述のように、ホセアの場合もその神観はまだ拝一神教的な段階に留まっていたと考えられるが、ここに見られる神観の普遍化は、後の唯一神観への道を準備するものであったと見ることができよう。

厳しい裁きの予告を繰り返しながらも、ホセアは未来に希望を抱いていた。裁きを超えたところに救いがあるという希望である。これは最初に述べた、ホセアと妻との関係とヤハウェとイスラエルの関係の二重性に関わっている。妻に対するホセアの感情には、愛憎の入り混じったアンビバレント（自己矛盾、正反対なものの並存）なものがあったようである。裏切られ、罪を憎みながらも、憎みきれない愛情が残っていたのである。ホセアの場合、そのような矛盾した激しい感情が、時として神に「逆流」する。そこにはイスラエルを罰しながらも、それを完全には捨てきれない、未練に悩む「人間的な」神がいる。

ああ、エフライムよ、お前を見捨てることができようか。
イスラエルよ、お前を引き渡すことができようか。
アドマのようにお前を見捨て、ツェボイムのようにすることができようか。
わたしは激しく心を動かされ、憐れみに胸を焼かれる。
わたしは、もはや怒りに燃えることなく、エフライムを再び滅ぼすことはしない。

わたしは神（エル）であり、人間ではない。
お前たちのうちにあって聖なる者。
怒りをもって望みはしない。（ホセ一一8–9。なお、ホセ三1をも参照）
（「エフライム」は北王国の中心的部族。「アドマ」と「ツェボイム」は罪の故にヤハウェに滅ぼされたとされる町。申二九22）

ホセアは、神とイスラエルの「和解」を、「第二の出エジプト」の美しいイメージで描き出す。

それゆえ、わたしは彼女をいざなって、荒野に導き、その心に語りかけよう。
そこで、わたしはぶどう園を与え、アコルの谷を希望の門として与える。
そこで彼女はわたしにこたえる。おとめであったとき、
エジプトの地から上ってきた日のように。（ホセ二16–17。なお、ホセ一二10をも参照。）
（「アコルの谷」は、イスラエルがカナンの地に入ったときに通った谷で、「苦悩の谷」の意味。ヨシュ七26）

ホセアの審判預言は、文字通りの形で的中した。しかし、彼のこの救済預言の方は、そのままの形では成就しなかった。前七二五年頃、イスラエル最後の王ホシェアがエジプトと結んでアッ

シリアに反抗しようとしたので、アッシリアの王シャルマナサル五世（在位前七二六―七二二年）はホシェアを廃位して捕らえた。サマリアは三年間攻囲され、前七二二年に陥落した。アッシリア人は、アッシリアの支配に抵抗し滅ぼされた国の住民をそのままにせず、別の土地に強制移住させた。イスラエルの生き残りの人々も、アッシリアやエラム地方の各地に散り散りばらばらにされ、移住先の住民と混合されて、民族として解体されてしまったのである（王下一七1―6）。ホセアが望み見たように、彼らがこの地に帰ってくることは決してなかった。これらの人々は、「失われた十部族」と呼ばれている。

エルサレムの預言者イザヤ

ホセアとほぼ同時代に、南王国ユダの首都エルサレムで活動したのが、預言者イザヤ、すなわち、神殿でヤハウェの周りをセラフィムたちが飛び交いながら讃美する幻を見て、預言者としての召命を受けたあの預言者である（イザ六1―10。一八一―一二ページ参照）。イザヤはユダの王たちの側近であり、その顧問官のような地位にあった。イザヤにはアハズ王（在位前七四七―七二九年）やヒゼキヤ王（在位七二八―六九七年）とのやり取りがあるので、その活動時期はかなり正確に特定できる。

イザヤの時代には、ユダもアッシリアの支配下に入った。前七三四年、ダマスコのアラム王国とイスラエル北王国の連合軍がユダに攻め込み、アハズ王をエルサレムに包囲した（王下一六5）。

アッシリアの進出に対抗して、アハブ時代のように反アッシリア同盟を結成し、これにユダをも強制加入させようと圧力をかけたらしい（いわゆるシリア・エフライム戦争）。この時、イザヤはヤハウェを信頼して中立を保つように王に助言したが（イザ七3―17）、アハズはそれに耳を貸さず、アラムやイスラエルと敵対していたアッシリアの王ティグラト・ピレセル三世に軍事的な支援を求めた（王下一六7―8）。いわば、不良少年グループの抗争で、不利な側が暴力団の支援を求めたようなものである。ティグラト・ピレセル三世はアハズの求めに応じてダマスコに遠征し、アラム王国を滅ぼし（王下一六9）、イスラエルの大部分をも占領した（王下一五29）。

ユダは、アッシリアの軍事力によって危機を免れたが、その代償としてアッシリアの属国となり、その支配に服すことになった。その際にアハズは、わざわざティグラト・ピレセル三世の遠征先のダマスコまで表敬訪問に出かけて行き、そこの陣営で見た（おそらくはアッシリアの）祭壇と同じものをエルサレム神殿にも造らせ、従来のヤハウェの祭壇に換えたという（王下一六10―16）。アッシリアが自分たちの属国にアッシリアの国家祭儀を強制したという痕跡は乏しいが、みずから進んでアッシリアの属王になったアハズが、積極的にアッシリアの国家祭儀をエルサレムに取り入れたという可能性は考えられてよい。いずれにせよ、これにより政治的のみならず、宗教的にもアッシリアのユダへの影響力が強まったと考えられる。

アハズを継いだヒゼキヤ王は、アッシリアの支配への反抗を試み（王下一八7）、エジプトに助けを求めた（王下一八19―21）。この時も、イザヤはヤハウェへの信頼を説き、エジプトとの同盟に反対した（イザ三〇―三一章）。前七〇一年、時のアッシリア王センナケリブは、ユダに鎮圧遠征を行い、各地の町々を破壊し、ヒゼキヤをエルサレムに包囲した。ヒゼキヤは屈服し、膨大な金銀を賠償として支払わなければならなかった（王下一八13―16）。この遠征の際のラキシュ攻略を描いた壮大なレリーフが、ニネヴェのセンナケリブの宮殿を飾ることになったのはすでに述べた通りである（本書一四七ページ参照）。

イザヤは、このような同時代の情勢と、アッシリアの支配という歴史的現実をどう見ていたのであろうか。アモスが北王国の人々の不信仰と不正を批判したのと同様、イザヤはエルサレムの人々の宗教的堕落と社会的不正を糾弾する。しかも、ホセアとは異なり、アモスと同様、イザヤは他の神々の崇拝のことはあまり問題にしない。ここでも取り上げられるのは、ヤハウェ崇拝自体の形骸化であり、儀式宗教化であり、その本来の宗教的精神の忘却である。

雄羊や肥えた獣の脂肪の献げ物に、わたし（＝ヤハウェ）は飽いた。
雄牛、小羊、雄山羊の血をわたしは喜ばない。
こうしてわたしの顔を見に来るが、誰がお前たちに、
これらのものを求めたか、わたしの庭を踏み荒らす者よ。……
お前たちの新月祭や、定められた日の祭りを、わたしは憎んでやまない。
それはわたしにとって、重荷でしかない。それを担うのに疲れ果てた。

お前たちが手を広げて祈っても、わたしは目を覆う。

どれほど祈りを繰り返しても、決して聞かない。

お前たちの血にまみれた手を、洗って清くせよ。悪い行いをわたしの前から取り除け。

悪を行うことをやめ、善を行うことを学び、裁きをどこまでも実行して、
搾取する者を懲らし、孤児の権利を守り、やもめの訴えを弁護せよ。（イザ一11－17）

ヤハウェが求めて止まないのは、華やかな祭りや大量の犠牲の血ではなく、悪を退け善を追求することであり、特に、弱く、虐げられている者たちに共感することなのである。しかし、エルサレムの状況は、まさにこの求めとは正反対であった。ホセアがイスラエルを姦淫の妻にたとえたように、イザヤもエルサレムの町を売春婦にまで堕落したかつての貴婦人に見立てる。そこではおそらくダビデ時代のエルサレムが理想化され、同時代の虚飾と不正に満ちたエルサレムの現実と対比されている。


どうして遊女になってしまったのか、忠実であった町が。

そこには公平が満ち、正義が宿っていたのに、今では人殺しばかりだ。

お前の銀は金滓となり、良いぶどう酒は水で薄められている。

支配者らは無慈悲で、盗人の仲間になり、皆、賄賂を喜び、贈り物を強要する。

孤児の権利は守られず、やもめの訴えは取り上げられない。（イザ一21―23）

義の神であるヤハウェは、このような堕落と罪を罰さずにはいない。


それゆえ、主なる万軍のヤハウェ、イスラエルの力ある方は言われる。

災いだ、わたしは逆らう者を必ず罰し、敵対する者に報復する。

わたしは手を翻し、灰汁《あく》をもってお前の滓《かす》を溶かし、不純なものをことごとく取り去る。

……

シオンは裁きをとおして、悔い改める者は正義をとおして贖《あがな》われる。

背く者と罪人は共に打ち砕かれ、ヤハウェを捨てる者は断たれる。（イザ一24―28）

ホセア同様、イザヤも同時代の歴史の運行のうちにヤハウェの裁きを見ていた。すなわち、アッシリアはまさにヤハウェの裁きを実行する道具として解釈されるのである。

その日が来れば、ヤハウェは口笛を吹いて、
エジプトの川の果てから蠅を、アッシリアの地から蜂を呼ばれる。
彼らは一斉に飛んで来て、深い谷間や岩の裂け目に宿り、

どのいばらにもあまくさにも宿る。

その日には、わたしの主は大河のかなたでかみそりを雇われる。アッシリアの王がそれだ。

頭髪も足の毛もひげもそり落とされる。（イザ七18-20）

災いだ、わたしの怒りの鞭となるアッシリアは。
彼はわたしの手にある怒りの杖だ。
不敬虔な民に向かってわたしはそれを遣わし、
わたしの激怒する国に対して、わたしはそれに命じる。
「戦利品を取り、略奪品を取れ。
野の土のように彼を踏みにじれ。」（イザ一〇5-6）

かみそりも鞭も杖も、要するに罰するための道具であり、それを動かしているのはヤハウェである。その罰の対象となる「不敬虔な民」、ヤハウェが「激怒する国」とは、エルサレムの民、ユダ王国に他ならないのである。

他方でイザヤは、そのアッシリアも、いずれはヤハウェ自身によって滅ぼされると考えている。それはアッシリアが、自分たちの力を誇り、ヤハウェによって与えられた役割を踏み越えて世界の支配者になろうとし、ユダ王国を滅ぼそうとするからである。これは、世界と歴史の真の支配者が誰かを忘れた倒錯、主客転倒に他ならない。

しかし、彼はそのように策を立てず、
その心はそのように計らおうとしなかった。
その心にあるのはむしろ滅ぼし尽くすこと、多くの国を絶ち尽くすこと。……
斧がそれを振るう者に対して自分を誇り、
のこぎりがそれを使う者にむかって高ぶることができるだろうか。
それは、鞭が自分を振り上げる者を動かし、
杖が木でない者を持ちあげようとするに等しい。
それゆえ、主なる万軍のヤハウェは、太った者の中に衰弱を送り、
彼の栄光の下に炎を燃え上がらせ、火のように燃えさせられる。
イスラエルの光である方は火となり、聖なる方は炎となって、
一日のうちに茨とおどろ〔草木の茂み〕を焼き尽くされる。(イザ一〇7-17)

逆に言えば、ヤハウェの歴史計画における目標は、あくまでエルサレムとユダ王国を厳しく懲らしめることであり、決して絶滅させることではないのである。イザヤは、メシア的な待望を最初に語った預言者として有名である(イザ九5-6、一一1-10)。ただし、歴史的・批判的な聖書

学では、そのような「メシア預言」が本当にイザヤ自身のものであるか否かが激しい議論の的になっている。これはたいへん大きな問題であり、本書においては紙幅の関係でこれ以上立ち入ることはできない。しかし、ホセアの場合と同様、イザヤもまた、厳しい神の裁きの彼方に積極的な救いの希望を抱いていたことは確実であるように思われる。少なくともイザヤは、神殿のあるエルサレムのシオンの丘は、神の加護によって破壊を免れると信じていたようである（イザ一8―9、二九5―8）。

普遍的な神観

イザヤの宣教の中には、ホセアの場合以上に普遍的な神観が示されている。アッシリアは、世界神ヤハウェが動かす道具にすぎない。アッシリアの神々については、何ら言及されない。ヤハウェの力は、ユーフラテス川の彼方（メソポタミア）にも、ナイル川の果てにも及ぶ。ここには、エフタやルツの場合にまだそうであったような、イスラエルにはヤハウェがいるように他の民族には固有の神がいる、という発想（本書一五六―九ページ参照）はもはや見られない。アッシリアの神々の存在を積極的に否定する言説は見られないが、それらは事実上黙殺されている。そこでは暗黙裡にではあるが、従来の拝一神教の枠が乗り越えられつつあり、唯一神教の神観に近づいているとは言えないであろうか。

前八世紀の預言者（ホセア、イザヤ）において、このような普遍的神観が現れた理由は何であろうか。筆者は、その理由の一つに、アッシリアの神観からの影響があったのではないかと推測する。アッシリアはもともとチグリス川上流のアッシュル市を首都とする強国であったが、ティグラト・ピレセル三世（在位前七四四―二七年）のもとで急速に軍事大国化し、東西に遠征を繰返し、多くの国々を征服、併合、属国化して、バビロニアからシリア・パレスチナ、後にはエジプトを含め、さまざまな民族を支配する世界帝国に発展した。アッシリアの宗教は多神教であったが、その主神アッシュルは神々の王にして世界の支配者と見なされた。アッシリアの王は、アッシュルの地上における副王として、アッシリアの神々の世界支配を実現する使命を持つ。アッシリアの王は、いわばそれを実現するための道具であった。アッシリアの場合は、世界帝国としての国家のインターナショナルな性格と、世界神としてのアッシリアの神々の普遍性が対応しているのである。サルゴン二世の碑文には、次のように記されている。

偉大な王、強き王、全世界の王、アッシュルの地の王、バビロンの管理者、シュメールとアッカドの地の王、偉大な神々の心に適うサルゴンの宮殿。アッシュル神、ナブー神、マルドゥク神は、並ぶものなき王権を私にお与えになり、私の良き名を最高の名声に高められた。……私の武器を前進させる我が主、偉大な神々の力と強さによって、私は全ての敵を撃った。日の沈む海の中のヤドナナからエジプトのムシュキの地区まで、広大なアムルの地、ハッティの地すべて、グティウムの全地、ビクニ山地区のメディアの地、エラムの国境にあるエリッピとラシの地まで……。すべてを私は支配し、私の宦官たちを行政長官として彼らの上に置き、私の主権の軛を彼らに負わせた。……（歴史学研究会編『古代のオリエントと地中海世界（世界史史料1）』岩波書店より）

アッシリアはまた、イデオロギーのプロパガンダにきわめて巧みな民族であった。おそらくは、アッシリアの支配するイスラエルでも、ユダでも、そのようなアッシリアのイデオロギーが繰り返し宣布され、支配を受ける人々の中に刷り込まれていったと考えられる。ホセアやイザヤなどの預言者たちは、小国に過ぎないイスラエルやユダにあって、そのようなアッシリア的な世界神、普遍的な支配力を持つ神のイメージを逆転させて、自分たちの神ヤハウェに当てはめていったのではないだろうか。ヤハウェはもはや、イスラエルの民族神ではなくなりつつあった。ヤハウェは、異国民という道具を用いてイスラエルの罪を罰する世界神となった。ただし、そのような裁きを超えた救いの可能性もまた、このただひとりの神に依存するのである。

ユダの預言者ミカ

イザヤとほぼ同時代のユダの地方都市モレシェトで、預言者ミカが活動した。ミカもまた、社会的不正の横行と強者の横暴を非難し（ミカ二1–5、三1–4・9–11、六9–12、七1–6）、宗教的指導者たちの堕落と腐敗を糾弾した（ミカ三5–7）。アモスやイザヤと同様、ミカもまた、形式的な儀式ではない真の正しい信仰のあり方を示した。

何をもって、わたしはヤハウェの御前に出で、いと高き神にぬかずくべきか。
焼き尽くす献げ物として、当歳の子牛をもって御前に出るべきか。
ヤハウェは喜ばれるだろうか、幾千の雄羊、幾万の油の流れを。
わが咎を償うために長子を、自分の罪のために胎の実をささげるべきか。
人よ、何が善であり、ヤハウェが何を求めておられるかは、
お前に告げられている。正義を行い、慈しみを愛し、
へりくだって神と共に歩むこと、これである。（ミカ六6–8）

ミカもまた、自分の民へのヤハウェの厳しい裁きについて語る（ミカ一2–9、五9–14、六13–16）。ミカはヤハウェの裁きとして、イザヤさえ口にしなかったこと、すなわちエルサレムと同地の神殿の破壊まで予告する。

それゆえお前たちのゆえに、シオンは耕されて畑となり、
エルサレムは石塚に変わり、神殿の山は木の生い茂る高台となる。
（ミカ三12。なおエレ二六18に引用）

同じユダの預言者であっても、エルサレム人のイザヤと地方人ミカでは、この点において違いがあったようである。ただし、ミカもまたメシア預言を、しかもかつてのダビデの出身地であるベツレヘムから救い主が出る、という形で語ったと言われる（ミカ五1-3。なお、マタ二6をも参照）。

他方でミカには、典型的な「拝一神教的」な言説も見られる。

どの民も、おのおの自分の神（エロヒーム）の名によって歩む。
我々は、とこしえに、われらの神、ヤハウェの御名によって歩む。（ミカ四5）

預言者たちの神観

全体として見ると、預言者たちの活動は、従来からあったイスラエルのヤハウェ一神崇拝をより意識化させ、深化させることにつながったと言えるであろう。特に北王国イスラエルにおいては、エリヤの場合のように、フェニキアと結託した王権によって振興されたバアル礼拝に対抗する形で、「ヤハウェかバアルか」の二者択一を自覚的に迫る運動となった。「イスラエルにおいて」力ある神は、ただヤハウェのみなのである。しかし、彼らの努力にもかかわらず、ホセアの時代（前八世紀後半）までには、バアル礼拝は民衆の生活にまで広く浸透し、伝統的なヤハウェ一神崇拝を脅かすまでになった。そのような状況の中で、ホセアはイスラエルにとって、ヤハウェ以外に救い手はないと訴えた（ホセ一三3）。

記述預言者たちが活動し始めたのは、イスラエルとユダが、大国アッシリアの進出と支配という世界史の渦に巻き込まれる時代であった。アッシリアの属国となった南王国ユダにおいては、それがアッシリアの国家祭儀の受容という事態をもたらし、宗教混淆的状況に拍車をかけた。そのような趨勢に抗し、伝統的なヤハウェ信仰を守るために闘ったのも、主として預言者たちであった。神観上の預言者たちの思想の意義は、拝一神教の枠組みのうちに留まりながらも、おそらくはアッシュルを世界の王とするアッシリアの世界神的な神観念の刺激を受けつつ、イスラエルとヤハウェの間の民族宗教的な絆を一旦断ち切り、ヤハウェを世界の支配者として構想したことにあるといえるであろう。

アモスによれば、ヤハウェはもはやイスラエルの民族神でも守護神でもない。ホセアやイザヤが見たように、アッシリアによる苦難は、イスラエルやユダが犯した罪に対するヤハウェの審判であり、アッシリアはその懲罰の道具にすぎないのである。ただし、そのような普遍的な神観は、同時代の一般人が容易に理解するところではなかったであろう。彼らのほとんどは、預言者たちの祭儀批判にあるように、現世利益的関心に支配され、神殿で行われる祭礼や儀式にしか興味を持たなかったからである（アモ五21–26、イザ一11–14、ホセ四11–14、ミカ六6–8等参照）。その意味で、預言者たちは孤高の少数者であったと言えるであろう。

ところが、時代が進むと、国民的な規模でヤハウェのみの礼拝を復興し、徹底化させようという企てが、預言者たちによってではなく、王の政治主導で国策として行われる、ということが起こる。これは、盛りを過ぎたアッシリアの衰退と没落という、前七世紀後半の新しい歴史的状況と密接に関連したものでもあった。これについては、次章で扱うことにしよう。

第六章

申命記と一神教

アッシリアの衰退

前七世紀にアッシリアは、サルゴン二世（在位七二一―七〇五年）、センナケリブ（同前七〇四―六八一年）、エサルハドン（同前六八〇―六六九年）、アッシュル・バニパル（同前六六八―六二七年）と、いわゆる「サルゴン王朝」の一連の優れた王に恵まれ、その版図は南メソポタミアのバビロニアからエジプトのテーベにまで及んだ。

この時代にはユダ王国も、アッシリアの属国としてその支配に堅固に組み込まれ、すでに見たように、ヒゼキヤ王の反乱もみじめな失敗に終わった（一四五―七、二三三―四ページ参照）。ヒゼキヤの後継者で、五五年間にわたってユダを支配したとされるマナセ王（王下二一1）は、アッシリアの完全な傀儡であり、アッシリア王の忠実な臣下の一人としてエサルハドンやアッシュル・バニパルの碑文に名前を残している。彼は率先して「天の万象」の礼拝を含む異教の祭儀をエルサレム神殿で行ったとされるが（王下二一2―6）、これは彼以前のアハズ同様、アッシリアの属王としてアッシリアの国家祭儀を実施したということなのかもしれない（二三三ページ参照）。星辰崇拝は、メソポタミアの宗教の特徴である（なお申命記史家は、すべての異教祭儀を画一的に「バアル」と「アシェラ」ないし「アシュトレト」の崇拝として描く傾向がある）。いずれにせよ、マナセが支配した時代のエルサレムでは、「ヤハウェのみ」礼拝の理念とは正反対の、宗教混淆的状況が現出していたようである。

しかしながら、アッシュル・バニパルが没すると、もはやアッシリアに強力な支配者が立つことはなくなり、王家内部での王位争いや異民族の侵入、支配下の民族の反乱や離反が相次ぎ、アッシリアの国力は急速に衰え、その実質的支配領域は著しく縮小した。そして前六一二年には、新たに台頭してきた新バビロニアとメディアの連合軍に首都ニネヴェを追われ、ハランでかろうじて命脈を保っていたアッシリアの残党も、前六〇九年には新バビロニア王ナボポラッサルによって滅ぼされた。わずか二〇年ほどで生じた、信じられないほど急激な没落・滅亡の過程であった。

ヨシヤ王の「律法の書」と宗教改革

アッシリアのシリア・パレスチナ地方への影響力が急速に後退する中で、ユダ王国もまた、長いアッシリアの支配の軛から実質的に解放された。

この時代にユダを支配したのが、マナセの孫に当たるヨシヤ王（在位六三九－六〇九年）である。彼は、父アモン（在位六四一－六四〇）がわずか治世二年間で暗殺されたために、弱冠八歳で即位したが、彼の治世第一八年（前六二二年）、エルサレム神殿の修繕工事の際に、祭司ヒルキヤにより一つの「律法の書」の巻物が「発見」されたという（王下二二8）。しかも、それは「モーセの律法」を記したものであった（王下二三25）。書記官シャファンがこのことをヨシヤに報告し、その「書」を読み上げると、王は衝撃を受け、「我々の先祖がこの書の言葉に耳を傾けず、我々についてそこに示されたとおりにすべての事を行わなかったために、我々に向かって燃え上がったヤハウェの怒りは激しい」と驚愕したという（王下二二13節）。そこには、イスラエルが守るべき「律法（トーラー）」が記されており、しかも、それを守らなかった場合に下るとされる呪いが列挙されていたのである。

ヨシヤは、「発見」されたこの「律法の書」を国民の前で朗読し、ヤハウェのみに仕え、彼の律法を「心を尽くし、魂を尽くし」て実行するとの「契約」を結び（王下二三1―3）、ただちに大規模な宗教改革に取り組んだ。この宗教改革には、実質的に二つの柱があった。一つは、それまでユダの国内各地に並存していた地方聖所をすべて廃止し、ヤハウェの祭儀をエルサレム神殿に集中・限定させる祭儀集中であった。

王はユダの町々から祭司をすべて呼び寄せ、ゲバからベエル・シェバに至るまでの祭司たちが香をたいていた高台（バーマー）を汚し、城門にあった高台も取り壊した。……高台の祭司たちは、エルサレムのヤハウェの祭壇に上ることはなかったが、その兄弟たちに交じって酵母を入れないパンを食べた。（王下二三8―9）

「高台（バーマー）」とは、エルサレム神殿以外の地方聖所のことであるが、ここでそれらに仕えていた祭司が処罰されず、エルサレムで扶養されていることは、それらが異教の聖所ではなく、あくまでヤハウェのための聖所であったことを示している。しかし、各地にさまざまな地方聖所が散在していては、それらを国家の統制下に置くことはむずかしい。しかも、第四章で見たように、地方聖所は、ヤハウェ信仰とそれ以前の伝統的・民間的な信仰がせめぎ合う場でもあった。王（ないし「律法の書」の著者たち）は、それらの地方聖所を一気に廃止してヤハウェ祭儀をエルサレムの国家聖所に集中限定することによって、宗教の国家統制と、その「正統的」なあり方を維持できるような監視体制を確立しようとしたのであろう。

ヨシヤ王の宗教改革のもう一つの柱は、あらゆる異教的な要素の排除と、神殿の粛清であった。祭儀統一がヤハウェ信仰的なもののエルサレム集中であったのに対し、これは非ヤハウェ信仰的なもののエルサレムからの排除を意味した。ドイツ語ではある種の語呂合わせで、祭儀集中が「クルト・アインハイト（祭儀統一）」と呼ばれるのに対し、異教的要素の排除は「クルト・ラインハイト（祭儀浄化）」と呼ばれる。

王は大祭司ヒルキヤと次席祭司たち、入口を守る者たちに命じて、ヤハウェの神殿からバアルやアシェラや天の万象のために造られた祭具類をすべて運び出させた。彼はそれをエルサレムの外、キドロンの野で焼き払わせ、その灰をベテルに持って行かせた。王はユダの諸王が立てて、ユダの町々やエルサレム周辺の高台で香をたかせていた神官たち、またバアルや太陽、月、星座、天の万象に香をたく者たちを廃止した。彼はアシェラをヤハウェの神殿からエルサレムの外のキドロンの谷に運び出し、キドロンの谷で焼き、砕いて灰にし、その灰を民の共同墓地に振りまいた。……彼はユダの王たちが太陽にささげて、ヤハウェの神殿の入口、前庭の宦官ネタン・メレクの部屋の傍らに置いた馬を除き去り、太陽の戦車を火で焼いた。王はユダの王たちがアハズの階上の部屋の上に造った祭壇と、マナセがヤハウェの神殿の二つの庭に造った祭壇を取り壊し、そこで打ち砕いて、その灰をキドロンの谷に投げ捨てた。（王下二三4-6・11-12）

したがってヨシヤは、マナセ時代の宗教混淆的な状況を粛清し、「ヤハウェのみ」礼拝を（再？）実現したことになる。個々の祭儀用語が具体的に何を指すのか不明な点も多いが、もしここで取り除かれたものにアッシリアの国家祭儀の要素が含まれていたとすれば、この祭儀粛清は、単にヤハウェ信仰の粛清純化を意味するだけでなく、アッシリアの支配からのユダ王国の独立を象徴的に示す政治的な意味をも持ったことになろう。ヨシヤはこのような祭儀改革をユダ国内で進めただけでなく、かつての北王国の中心都市であったベテル（王下二三15-18）やサマリア（王下二三19-20）でも行ったとされるが、もしこれが史実であるとすれば、ヨシヤは当時アッシリア領となっていた旧北王国の領土を奪回し、ユダに併合しようとしたことになる。それは、——多分に伝説的・理念的なものであった——ダビデ、ソロモン時代の「統一王国」の「復活」を意味するものであった。

ヨシヤ王の「律法の書」とは何か

ヨシヤの宗教改革の記事については、一部に完全な後代のフィクション説（ホフマン、ニール、ハルトマイヤー、ピーチ）もあるが、筆者は多くの研究者（ドンナー、アルベルツ、ローフィンク、シュピーカーマン、パカラ）とともに、大筋において史実を反映するものと見ている。ここで問題になるのが、ヨシヤの時代に神殿で「発見」され、この改革事業の基盤となった「律法の書」が何であったのか、ということである。一九世紀前半のドイツの旧約学者デ・ヴェッテ以来、圧倒的多数の研究者は、ヨシヤの「律法の書」が現在のモーセの第五書、すなわち申命記の基本的部分であったと考えている。その最大の論拠は、申命記が、一箇所の聖所への祭儀集中を命じている最初の旧約文書であるという事実である。ヨシヤ以前には、各地に「高台（バーマー）」があるのが常態であり、それらの地方聖所でいけにえがささげられていた。また、古い法伝承もそのことを当然のこととして認めている。例えば、「契約の書」では、各地の地方聖所の存在が次のように前提とされ、また許容されている。

あなたはわたしのために土の祭壇を造り、焼き尽くす献げ物、和解の献げ物、羊、牛をその上にささげなさい。わたしの名の唱えられるすべての場所において、わたしはあなたに臨み、あなたを祝福する。（出二〇24）

これに対して申命記は、いけにえをささげるのはヤハウェが選ぶただ一つの場所でなければならないと命じる。もちろん、申命記はそれがエルサレム神殿であることを明言はしない。後述するように、申命記は全体としてモーセの遺言という設定で描かれているので、ダビデの征服（サム下五6―9）によって初めてイスラエルの首都になるエルサレムや、その息子ソロモンが建設する同地の神殿（王上六―八章）に言及すると、時代錯誤が生じてしまうからである。そこで申命記は、その唯一の正統的な聖所について、「ヤハウェの選ばれる場所」とか「ヤハウェがその名を置くために選ばれる場所」（申一二6・11・21）といった、ぼかした表現で言及するのである。しかし、そこでエルサレム神殿が念頭に置かれていることは明白である。

> あなたは、自分の好む場所で焼き尽くす献げ物をささげないように注意しなさい。ただ、ヤハウェがあなたの一部族の中に選ばれる場所で焼き尽くす献げ物をささげ、私が命じることをすべて行わなければならない。……あなたは穀物、新しいぶどう酒、オリーブ油などの十分の一の献げ物、牛や羊の初子、あなたが誓いを立てた満願の献げ物、随意の献げ物、収穫物の献納物などを自分の町の中で食べてはならず、ただ、あなたの神、ヤハウェの御前で、あなたの神、ヤハウェが選ばれる場所で、息子、娘、男女の奴隷、町の中に住むレビ人と共に食べ、ヤハウェの御前であなたの手の働きすべてを喜び祝いなさい。あなたは地上に生き

ている限り、レビ人を見捨てることのないように注意しなさい。（申一二13–19）

なお、最後のレビ人への言及には、申命記の真の著者が誰であるかが示唆されており、微笑ましいものがある。レビ人はイスラエル一二部族の一つで、申命記によれば、イスラエルではレビ部族の出身者以外は祭司になれなかった（申一八1–8）。申命記の著者たちの少なくとも一部はおそらくレビ人で、彼らはイスラエル人一般にとっての祭儀集中の義務を説きながら、ちゃんと自分たちの部族的な利益も確保しようとしているのである。

申命記にはまた、異教的なものをすべて排除し破壊するように命じる祭儀粛清についての規定もある。

あなたたちの追い払おうとしている国々の民が高い山や丘の上、茂った木の下で神々に仕えてきた場所は、一つ残らず徹底的に破壊しなさい。祭壇を壊し、石柱を砕き、アシェラを火にくべ、神々の彫像を切り倒して、彼らの名をその場所から消し去りなさい。（申一二2–3。なお、申七1–5、一六21–22等をも参照）

したがって申命記には、ヨシヤが行った改革を支える二本の柱（二五〇–二ページ参照）の双方について規定されているのである。

さらに、申命記は――「契約の書」などとは異なり!――王制の存在を前提としており、しかも王が「レビ人である祭司」のもとにある申命記律法に忠実に従うことを要求している。ヨシヤ王は、まさにこれを実行したことになる。ここには、王をレビ人祭司の宗教的影響下に置こうとする意図が明らかに感じられる。

> 彼が王位についたならば、レビ人である祭司のもとにある原本からこの律法の写しを造り、それを自分の傍らに置き、生きている限り読み返し、この律法のすべての言葉とこれらの掟を忠実に守らねばならない。(申一七18-19)

しかも、申命記の最後には、申命記の律法を守った場合に与えられる祝福(申二八1-14)と、それを破った場合に下る――祝福よりもはるかに長大な――呪い(申二八15-68)が置かれている。ヨシヤ王は、おそらくこの呪いが読み上げられるのを聞いて衝撃を受け、また恐れたのであろう。

申命記はいつ、誰によって書かれたのか

したがって、申命記の基本的部分は、権威あるモーセの遺言という設定で書かれたが、おそらくは王に働きかけ、マナセの時代の宗教混淆的状況を粛清し、祭儀集中と異教的要素の排除を王主導で実現させるために、排他的なヤハウェ崇拝を守ろうとする人々によって準備され、神殿で

「発見」された、とされたのであろう。そのような人々の中には、前述のようにレビ人も含まれていたであろうし、「発見」と王への報告に関わった「祭司ヒルキヤ」や「書記官シャファン」もその一員であった可能性がある。

ただし、列王記によるヨシヤ王の改革事業と申命記の規定に食い違いがある場合も見られる。前述のように列王記では、廃止された地方聖所の祭司たちは、エルサレムに集められて扶養を受けたが、「エルサレムのヤハウェの祭壇に上ることはなかった」（王下二三9）とされている（二五〇ページ参照）。ところが申命記では、「レビ人は、現在寄留しているイスラエル中のどの町からでも、望むがままにヤハウェの選ばれる場所に移り、ヤハウェの御前に立つ者となっている自分の兄弟である他のレビ人と同じように、その神、ヤハウェの名によって仕えることができる」（申一八6-7）と規定されていて、地方聖所の祭司がエルサレムに行っても神殿で祭司としての職務を継続できるとされているのである。明らかに、申命記の方はあるべき理想的な状態を構想している。しかし現実的には、なかなか理想通りの形で実現させるのはむずかしかったらしい。その背景には、当然ながら、自分たちの既得権を守ろうとしたエルサレム神殿の祭司たちの反対があったと考えられる。

したがって、申命記の成立を直接ヨシヤの宗教改革と結び付けるのではなく、ヨシヤ以前にすでに申命記が将来の「革命」に向けての理念的・綱領的文書として書き始められていたという可能性が考えられてよい。例えば、マナセの治世の、ヤハウェ信仰にとって明らかな「冬の時代」

に、ヤハウェ信仰を守ろうとする人々の一種の「地下運動」の中でそれが書き始められ、ヨシヤの時代に同時代の状況に合わせて「改訂」されたということが考えられよう。ヨシヤが八歳で即位してから「律法の書」が「発見」され、改革が始まるまで約一八年間ある。この間に神殿や宮廷にいた「申命記派」の人々は、この若い王を自分たちの目指す運動の主導者として「教育」したのではないだろうか。そして王が二六歳の壮年期に達したとき、機が熟したということで、律法の書の「発見」が王に報告されたのであろう。

モーセの遺言としての申命記

申命記は、モーセがカナンの地に入る前のイスラエルに対して語った告別説教という設定で書かれている。荒野の四〇年の放浪を経て、イスラエルはようやくヨルダン川の東岸の「モアブの地」にたどり着いた（申一5）。この川を渡りさえすれば、「約束の地」カナン（申一8）である。しかし、モーセ自身は荒野でヤハウェに背いた出エジプトの世代の代表であり、その罪の責任を問われ、イスラエルの新しい世代と共にヨルダン川を渡ってカナンの地に入ることは許されない（申三23-28。なお、民二〇2-13をも参照）。そこでモーセは、イスラエルの民に対し、出エジプト以来の出来事を回顧しながらそれらの意味について解説し（申一-一一章）、さらに「ホレブ」（＝シナイ山）における契約（申五1-2）で神から与えられた律法を教え、それをどのように守るべきかを諭し（申一二-二七章）、さらには契約を守った場合の祝福とそれを破った場合の呪いを語る（申二八―三〇章）。そして最後の場面では、ネボ山のピスガの頂上に登り、イスラエルがヨルダン川を渡っていくのを見送りつつ、自分自身は入ることのできないカナンの地を自分の目で見渡しながら、百二〇歳の一生を終えるのである（申三四章）。したがって、申命記全体が、イスラエルに向けられたモーセの最後の言葉、遺言としての性格を持っている。そしてその中で、ヨシヤ王が行うことになる祭儀集中や異教的要素の排除を含むさまざまな掟が、モーセという出エジプトの指導者、ヤハウェとの契約の仲介者、神の律法の媒介者の権威のもとに置かれているわけである。

法伝承としての申命記法（申一二―二八章）を見ると、それは明らかに、より古い「契約の書」（出二〇22―二三19）を踏まえ、それを王国時代後期の新しい状況に合わせて訂正した「改訂版」という性格を持っている。すでに見たように、「契約の書」はまだ農村的な背景を持つのに対し、申命記法では城壁に囲まれた都市での生活が前提とされており（本書一六五―六ページ参照）、さらには王制や預言者、上級裁判所、職業的な祭司制等の、より「近代的」な諸制度の存在が念頭に置かれているとされている（申一七―一八章）。

契約の書の冒頭では、各地の地方聖所での犠牲祭儀が当然のこととされていたのに対し（出二〇24。なお、二五三ページ参照）、申命記法の冒頭では、犠牲は祭儀集中の観点から「ヤハウェの選ばれる場所」ただ一箇所に限定されるよう「訂正」されており（申一二13―19。なお二五四―五ページ参照）、本来は明らかに自宅や地方共同体の間で行われていた「過越祭」や「七週祭」、「仮庵祭」などの年ごとの祭り（出二三14－17）も、唯一の中央聖所で行われる巡礼祭に形を変えられている（申一六5－6・11・15・16）。奴隷が解放を望まない場合に行われる儀礼についても、あの古風で神秘的な「入口の柱」のところにいる「神」についての言及（出二一6。なお、一九四ページ参照）は周到に削除され、ヤハウェ一神教にとってより差し障りのない世俗的で「合理的」な形に書き換えられている。

エジプトの国で奴隷であったあなたを、あなたの神ヤハウェが救い出されたことを思い起こしなさい。それゆえ、わたしは今日、このことを命じるのである。もしその奴隷があなたとあなたの家族を愛し、あなたと共にいることを喜び、「わたしはあなたのもとから出ていきたくありません」と言うならば、あなたは錐を取り、彼の耳たぶを戸につけて刺し通さなければならない。こうして、彼は終生あなたの奴隷となるであろう。（申一五16－17）

条約文書としての申命記

法文書としての性格を持つ申命記には、実はモーセの遺言としての顔とは別に、もう一つの顔がある。条約文書としての顔である。古代オリエント世界で、大国が小国を属国化する場合、宗主権条約が結ばれるのが常であった。すなわち、属国の王は大王の宗主権を認め、忠誠と貢納と軍務を誓い、大王は属王の領土の支配権と王としての地位の保全や軍事的保護を約束するのである。ヒッタイト、シリア、アッシリアなどの条約文書の碑文が数多く残されており、その形式は多様であるが、その標準的な内容と構造はほぼ次のように整理できる。

（1）序文（しばしば両国の従来の歴史的関係の確認を含む）
（2）条項
（3）祝福と呪い

序文では、まず条約締結当事者である大王と属王の名前、称号が記され、しばしば両国の従来の歴史的関係が確認される。例えば、属国は先代の王の治世に大王の宗主権を認め臣下となったが、先王は後に謀反を企てた。大王はこれを鎮圧したが、寛大にも先王の降伏を受け入れその地位を保全した。今や属国の王が代替わりしたので、大王は新王と改めて宗主権条約を結び、両国の関係を継続しようとしている、といった具合である。

条項の部分では、大王と属王それぞれの権利義務が具体的に記され、いわば条約文書の中心的部分をなす。そして最後の祝福と呪いでは、属王が条約を守り、忠実に仕えた場合には神々がどのような祝福を与えるか、また条約を破り謀反を起こした場合にはどのような災いが下るかが述べられる。いわば、祝福と呪いという宗教的報償と威嚇により、属王が条約を守るよう、強力な動機づけがなされるわけである。

文書としての申命記は、独立した起源を考えさせる最後の詩文の部分（三二―三三章）と、ヨシュアのモーセの後継者への任命（三一章）、およびモーセの死（三四章）の物語的部分を除けば、全体として、このような条約文書に対応する構造になっている。

（1）序文／モーセによる歴史的回顧（申一―一一章）

（2）条項／申命記法（申一二―二七章）

（3）祝福と呪い（申二八―三〇章）

全体としての構造が類似しているだけではない。申命記法における個々の規定や祝福と呪いには、アッシリアの条約文書における条項や祝福と呪いの文言と酷似したものが数多く見られるのである。

これまで見てきたように、ユダ王国は前七三四年にアハズ王がアッシリアのティグラト・ピレセル三世の臣下になって以来（二二三ページ参照）、ヨシヤの時代の初期まで一〇〇年以上にわたってアッシリアの属国の地位にあった。当然、アッシリアとユダの間には宗主権条約が結ばれていたはずである。残念ながら、アッシリアとユダの間の条約文書の実物は今のところ見つかっていない。ただし、これに関して興味深い比較史料となるのが、アッシリア王エサルハドンが臣下たちに認めさせた誓約文書（アデー）である。エサルハドンは長男ではない自分の息子のアッシュル・バニパルをアッシリア王の跡継ぎに定めていたが、このような変則的な王位継承では、反対や混乱が生じやすい。エサルハドン自身長男ではなかったので、即位後兄たちの反対にあい、王位を固めるまで非常に苦労をしたのである。そこで彼は、前六七二年に臣下の属王たちを集め、あらかじめアッシュル・バニパルの王位継承を認める宣誓を行わせ、それを誓約文書とした。そのうちの九部が、かつてのアッシリアの首都カルフの発掘調査で一九五五年に発見された。当時のユダ王はアッシリアの忠実な臣下であったマナセであり、当然ユダもまたこの宣誓に加わり、誓約文書の写しがエルサレムに置かれていたものと思われる。

その誓約文書で何よりも強調されるのは、臣下の王たちがエサルハドンに仕えたように、アッシュル・バニパルにも忠実に仕えることであり、他の君主と関係を持ってはならないということである。

あなたたちは何であれ、彼が言うことに聞き従い、彼が命じることをすべて行わねばならない。あなたたちは、彼に反して、いかなる他の王も他の君主も求めてはならない。

言うまでもなく、このことは申命記で「ヤハウェの御声に必ず聞き従い、今日あなたに命じるこの戒めを忠実に守りなさい」と命じられ（申一五5。なお、申七12、一一13、二六16等）ていることや、他の神々を崇拝することが繰り返し禁じられていること（申五7、六14、八19、一一16、二八14等）と対応する。

同じ誓約文書で、エサルハドンはアッシュル・バニパルに対する謀反や誹謗中傷を禁じて、次のように命じている。

もしあなたたちが、アッシュル・バニパルにとってふさわしくも有利でもない、邪悪で不適切で汚い言葉を聞いたならば、……それがあなたたちの兄弟の口からであれ、あなたたちの娘たちの口からであれ、預言者の口からであれ、……あるいはおよそどの人間の口からであれ、そのことを隠しておいてはならない。そうではなく、あなたたちはアッシュル・バニパルのところに来て、そのことを報告しなければならない。……もしあなたたちに彼らを捕え、処刑することができるなら、あなたたちは彼らの名と子孫をこの地から滅ぼさねばならない。

これは、ヤハウェ以外の神々の礼拝へと誘惑する者は親族であっても滅ぼすように命じる、申命記一三章の戒命を彷彿とさせる。

同じ母の子である兄弟、息子、娘、愛する妻、あるいは親友に、「あなたも先祖も知らなかった他の神々に従い、これに仕えようではないか」とひそかに誘われても、……誘惑する者に同調して耳を貸したり、憐みの目を注いで同情したり、かばったりしてはならない。このような者は必ず殺さねばならない。(申一三7－9)

申命記二八章の申命記法を破った場合のヤハウェの呪いにも、エサルハドンの誓約文書と密接に並行するものが数多く見られる。以下はその若干の例にすぎない。

真鍮の空から雨が降らないように、あなたたちの畑にも牧草地にも、雨も露も降らないように。露の代わりに、燃える炭があなたたちの土地に降るように。(「アデー」より)

頭上の天は赤銅となり、あなたの下の地は鉄となる。ヤハウェはあなたの地の雨を埃とされ、天から砂粒を降らせてあなたを滅ぼされる。(申二八23－24)

神々の第一の戦士ニヌルタがあなたたちに強力な矢を射かけ、あなたたちの血で平野を満たし、あなたたちの肉をワシとハゲタカの餌にされるように。(「アデー」より)

あなたの死体は、すべての空の鳥、地の獣の餌食となり、それを脅かして追い払う者もない。(申二八26)

天地の輝きであるシン（月神）があなたたちに穢れた皮膚病を下し、あなたたちが神々と王の前に出られなくなるように。（「アデー」より）

ヤハウェはエジプトのはれ物、潰瘍、できもの、皮癬であなたを打って、あなたは癒されることはない。（申二八27）

それゆえ、申命記は形式的にも内容的にも、条約文書としての性格を備えていることになる。ただし、それはもはやアッシリアの大王を宗主として忠誠を誓う文書ではなく、自分たちの神、ヤハウェのみに仕えることを誓約する神との「契約」の文書なのである。申命記の著者たちは、明らかに自覚的・意識的に、アッシリアの条約文書の形式と用語を用い、それを自分たちのヤハウェとの関係を規定するために転用している。前八世紀の預言者たちが「世界神」という普遍的なアッシリアの神観念をヤハウェに転用したように、前七世紀の申命記の著者たちは、アッシリアの条約文書の様式と用語や観念を逆転させ、ヤハウェとイスラエルの関係を描くために用いたのである。

ヘブライ語では、個人間の誓約であれ（創三一44、サム上二〇8等）、国家間の条約であれ（王上五26、一五19等）、神との契約であれ（出一九5、二四8等）、同一の「ベリート」という言葉で表される。そして申命記は、ヤハウェとイスラエルの「契約（ベリート）」を最も強調する文書の一つである（申五2-3、二九9-14等参照）。

ここから一部の研究者は、古代イスラエルで「神との契約」は、申命記において初めて自覚的に用いられる神学概念になったと主張する（ペルリット、オットー等）。筆者は、申命記（すなわち前七世紀）以前にも神との契約の観念があった可能性は排除できないと考えているのだが（一一七―八ページ参照）、それがヤハウェとイスラエルの関係を根本的に規定するものとして一般化され、神学的に体系的に理解されるようになったのには、やはり申命記の影響が強いことを認めざるを得ないと思う。そしてその背景には、古代オリエントにおける国家間の「条約」文化があり、かつてのアッシリアとの屈辱的な条約関係を、今や自分たちの神ヤハウェとの排他的関係に転用しようという工夫があったと考えられるのである。

申命記の神観は拝一神教的

さて、本書の主題である一神教の問題との関連で申命記を見てみよう。ヤハウェ以外の神々の崇拝を厳しく禁じるという点で申命記が一神教的であったとすれば、それは本書第一章で論じた宗教類型論（二九ページ以下を参照）から見て、どのような意味においてであったのだろうか。

結論を先取りして言えば、申命記の神観は、前八世紀の文書預言者たちの多くの場合と同様、拝一神教的であったと見るべきである。ただし、前八世紀の文書預言者の場合には、ヤハウェが世界を支配する神であるという普遍的な神観を示し、イスラエルを圧迫する異民族をイスラエル・ユダを罰そうとするヤハウェの道具と見て、それらの民族の神々の存在を事実上黙殺することを通じて、民族的な拝一神教の枠を超えていく傾向が見られたが（二二九―三〇、二三九―四〇ページ参照）、申命記の場合には、そのような傾向はあまり見られない。宗主権条約では、属王たちは宗主である大王以外の支配者への服従と貢納を禁じられるが、そこでは大王のライバルとなり得る他の大国の支配者たちの存在自体は当然ながら前提とされている。それらの支配者たちへの「寝返り」を防止するために、まさに宗主権条約が結ばれるのである。

申命記では、次章で扱われる、明らかに後代の付加である少数の例外的な箇所（申四35・39、三二39）を除き、他の神々の存在そのものを否定したり、ヤハウェをイスラエルを超えた世界全体の神と見なすような記述はほとんど存在しない。申命記においてヤハウェは、あくまで「あなたの神」（申六2・5・10等参照）、すなわちイスラエルの神であり、イスラエルはヤハウェの選んだ「宝の民」（申七6、一四2、二六18）なのである。先ほど（二六四―五ページ）は省略して引用したが、申命記一三章の、他の神々に仕える誘惑に屈してはならないという禁止命令では、他の神々について次のように言われている。

同じ母の子である兄弟、息子、娘、愛する妻、あるいは親友に、「あなたも先祖も知らなかった他の神々に従い、これに仕えようではないか」とひそかに誘われても、その神々が近隣諸国の民の神々であっても、地の果てから果てに至る遠い国々の神々であっても、誘惑する者に同調して耳を貸したり、憐みの目を注いで同情したり、かばったりしてはならない。

このような者は必ず殺さねばならない。（申一三7-9）

同じように、先住民（すなわちカナン人）の神々を礼拝しないように警告する場合でも、それらの神々の存在自体が否定されたり、それらが例えば「偽りの神々」だと喝破されることはないのである。

あなたが行って追い払おうとしている国々の民を、あなたの神、ヤハウェが絶やされ、あなたがその領土を得て、そこに住むようになったならば、注意して、彼らがあなたの前から滅ぼされた後、彼らに従って罠に陥らないようにしなさい。「これらの国々の民はどのように神々に仕えていたのだろう。わたしも同じようにしよう」と言って、彼らの神々を尋ね求めることのないようにしなさい。あなたの神、ヤハウェに対しては彼らと同じことをしてはならない。彼らはヤハウェがいとわれ、憎まれるあらゆることを神々に行い、その息子、娘さえも火に投じて神々にささげたのである。

（申一二29-31。なお同七1-4、一七2-7等をも参照）

もちろん、ここではヤハウェが、イスラエルに土地を与えるために先住民を滅ぼすほどの圧倒的な力を持っていることが前提とされている。ところが、その先住民の神々は実は存在していない、という発想そのものが、ここではまだ思考の可能性として存在していないのである。このことは、申命記があいかわらず「妬みの神」という定型句を愛用し続けていることにも示唆されている（申四24、五9、六15。なお、本書一六七ページをも参照）。

シェマの祈り

次に、申命記と一神教の関係を論じる際にしばしば引き合いに出される二つのテキストを順次検討したい。その第一は、冒頭が「聞け（シェマ）」という言葉で始まることから「シェマの祈り」とされている箇所（申六4-5）である。今でもこれはユダヤ人が毎日朝夕の祈りの時間に必ず唱えるものである。新共同訳はこれを次のように訳す。

聞け、イスラエルよ。われらの神、主は唯一の主である。あなたは心を尽くし、魂を尽くし、力を尽くしてあなたの神、主を愛しなさい。（申六4-5）

ここでまず目につくのは、前半ではヤハウェ（主）が「われらの神」と一人称複数形で語られているのに対し、後半では「あなたの神」、「あなたは……愛しなさい」と二人称単数形で書かれていることである。申命記にはこのような人称や単複の交替がよく見られるのであるが、それらは多くの場合、書き手や書かれた時期の違いを反映しているらしい。旧約聖書における他の大部分の文書にも言えることであるが、申命記は特定の人物により一気に書かれたのではなく、かなりの時間的幅をもって、「申命記派」とでも呼べる人々によって少しずつ書き進められ、最終的に現在の形になったと考えられている。

わが国の代表的な申命記研究者である鈴木佳秀氏は、素材となった王国時代初期の個々の法伝承から捕囚時代よりも後の最終編集まで、何と九つもの段階を区別している。前にも述べたように、本書においても、申命記はヨシヤ王の治世よりも以前の段階ですでに基本的部分が書き始められていたことを前提にしており（二五七－八ページ参照）、次章でも見るように、ユダ王国滅亡後の捕囚時代に重要な加筆がなされたと見なされる。

さて、「シェマの祈り」の場合、一人称複数形で書かれた前半は、二人称単数形で書かれた後半よりも古いと考えられる。逆に言えば、「聞け、イスラエルよ。われらの神、ヤハウェは唯一のヤハウェである」という独立した宣言文に、「あなたは心を尽くし、魂を尽くし、力を尽くしてあなたの神、ヤハウェを愛しなさい」という奨励文が後から加筆されたのである。ここで問題になるのは、より古いと考えられるその前半部で、ヤハウェが「唯一（エハド）」であるということがどのような意味で言われているのか、ということである。

右では暫定的に新共同訳で引用したが、実はこの部分の原文は、簡潔すぎて非常に意味の取りにくい難文なのである。原文はわずか六つの言葉からなり、冒頭の「シェマ（聞け）」という動詞の命令形以外、動詞はない。左に、原文の音写とその直訳を示そう。

「シェマ・イスラエル・ヤハウェ・エロヘヌー・ヤハウェ・エハド」
「聞け・イスラエル・ヤハウェ・我々の神・ヤハウェ・一」

最後の「エハド」は、ある物の数が「ひとつ」であることを示す数詞である。それゆえ、最初の「シェマ・イスラエル」を除けば、残りの四語は「ヤハウェ」を主語とする二つの並行句が並んでいるもの（「ヤハウェは我々の神、ヤハウェはひとり」）とも解せるし、最初のヤハウェと「エロヘヌー」を同格ととって、「我々の神ヤハウェ」を主語とする一つの文とも解せる。新共同訳は後者の読み方を採用しているわけである。

これに対し、英語圏で広く用いられている新改訂標準訳（略号ＮＲＳＶ）はむしろ前者の読み方を採り、しかも数詞「エハド」を副詞的に意訳して、次のように訳す。

The Lord is our God, the Lord alone.

直訳すれば、「主は我々の神、主のみが」ということになろう。ただし、ＮＲＳＶではこの箇所に脚注が付いていて、他の三つの訳の可能性が注記されている。

The Lord our God is one Lord.（新共同訳はこれに近い）
The Lord our God, the Lord is one.
The Lord is our God, the Lord is one.

ＮＲＳＶでは、脚注で別の訳の可能性が併記されることが少なくないのだが、本文の他に三つもの異なる訳の可能性が示されることはめったにない。このことからも、この箇所の文意がいかに曖昧で難解かが分かるであろう。

筆者自身は、右の四つの訳の中では、第四のものが最も単純であると考える。すなわち、「ヤハウェは我々の神、ヤハウェはひとり」である。ＮＲＳＶの本文のように数詞「エハド」が「〜のみ」、「〜だけ」という副詞的意味で用いられる例は、ないわけではないがむしろ例外的である。ヘブライ語には、そのような意味を表すより単純明快な「レバド」という語があり、著者がもし「ヤハウェのみが」を意図したなら、そちらを用いたであろう。「エハド」を数詞と解し、「ヤハウェ・エハド」という表現を極めて単純素朴にとれば、ヤハウェはひとりしかいない、ということを意味する。神一般がひとりしかいないということではなく、あくまで「ヤハウェという神」がただひとりだ、ということである。

ただひとりのヤハウェ

このことが初期の申命記運動で強調された背景として、二つのことが考えられる。一つは、それが祭儀集中と関連する可能性である。すでに述べたように、申命記運動の柱の一つは、各地の地方聖所を廃止して、エルサレム神殿にヤハウェ祭儀を限定するという祭儀集中であった（二五〇ページ以下参照）。各地にヤハウェの聖所が散在していては、あたかもヤハウェという神があちこちに存在するかのような誤解が生じやすい。少なくとも、ヤハウェという神に、地方ごとに異なるさまざまな顕現形態があることになる。旧約聖書自体にはそのような表現はないのだが、碑文史料によれば、ヤハウェを特定の地方聖所と関連づけて、「サマリアのヤハウェ」、「テマンのヤハウェ」などと呼ぶこともあったらしい（一八五―六ページ参照）。このような慣習に対抗し、初期申命記運動は、「ヤハウェがただひとり」であることを強調することにより、それに対応して聖所も唯一であるべきだ、と主張したものと思われる。すなわち、「我々の神ヤハウェ」は「エルサレムのヤハウェ」ただひとりだ、ということなのである。一部の研究者は、このような主張を「単一ヤハウェ主義（モノ・ヤハウィスム）」と呼ぶ。

もう一つの可能性は、前八世紀の末にイスラエル北王国がアッシリアによって滅ぼされたこととの関連性である。前に述べたように、アッシリアはイスラエル王国を滅ぼした後、生き残りの人々の多くを強制移住させ、アッシリア領内の各地に離散させた（王下一七1―6。本書五二、二三二ページ参照）。しかし、この混乱の中で、北王国のかなりの住民は、滅びつつある祖国を捨て、難民としてユダ王国に移住したと考えられる。このことは、北王国滅亡前後の前八世紀の末から前七世紀初頭にかけて、エルサレムでも、ユダの主要な地方都市でも、居住地の範囲が急速に拡張して人口が増加していることからも裏付けられる。このような増大は、人口の自然増では説明できない。ユダ王国経由で伝承され形成された旧約聖書の中に、北の部族を中心とする士師物語やサウル王の物語、北王国の歴史やエリヤ、エリシャの物語、さらにはアモスやホセアなど北王国で活動した預言者たちの言葉が取り入れられたのも、かつての北王国の人々がユダ王国に移住した際に自分たちの伝承をユダ王国に伝えた結果であると考えられる。

かつて、北のイスラエルと南のユダは対立し、しばしば戦火をも交えた。しかし、もはや北王国は存在しなくなった。今やユダ王国にとって、従来のユダ国民と旧北王国からの移住者を同じ一つの国民として統合することが焦眉の課題になったはずである。別の言い方をすれば、今やユダ王国自体が唯一の「イスラエル」にならなければならなかった。その際に、ヤハウェという神の共通性が重要な役割を果たしたと考えられる。王たちの名前にも示されるように、北王国イスラエルと南王国ユダのいずれにおいても、以前からヤハウェが王朝神であり、国家神の位置を占めていたことは疑いない（一四七、一九一ページ参照）。かつての北王国の人々の神ヤハウェも、南のユダ王国の住民の神ヤハウェも、「同じひとり」の神ヤハウェである。この意味でも、「ヤハウェは我々（すなわち、イスラエル人とユダ人）の神」であり、「ヤハウェはただひとり」なのである。このように「ただひとり」であることが強調されることにより、ヤハウェは北王国の出身者を含めた国民統合の象徴となったのであろう。

もしそうであったとすれば、この二つのいずれの場合においても、「シェマの祈り」の前半の部分（申六4）は、必ずしも一神崇拝に関わるものでも他の神々の排除に関わるものでもなく、あくまでヤハウェが二つも三つも別々に存在するのではない、ということを言わんとするものであったことになる。ただし、もともとの意図がそうであったとしても、現在の申命記では「シェマの祈り」は、他の神々の崇拝を禁じた第一戒を含む倫理的十戒（申五6-21）の直後に置かれている。おそらくはこの形になった段階で、「ヤハウェは我々の神、ヤハウェはひとり」というスローガンないしモットーは、すでに第一戒的な意味で、すなわちヤハウェのみを崇拝し、他の神々を拝んではならない、という意味に再解釈されていたと考えられる。しかし、その場合でも、それはあくまで「我々の神」（すなわち「イスラエル」の神）は「ヤハウェひとり」であるという、拝一神教的な意味で理解されていたはずである。というのも、後に見るように、第一戒そのものがあくまで拝一神教的だからである（後述、二八八ページ以下参照）。

愛することは命令され得るのか？

一神崇拝の問題に直接関連するものではないが、はなはだ有名であり、申命記という文書の性格を理解するうえでも重要だと思われるので、「シェマの祈り」の後半（申六5）についても触れておきたい。そこでは、「あなたは心を尽くし、魂を尽くし、力を尽くしてあなたの神、ヤハウェを愛しなさい」と奨められている。この「心を尽くし、魂を尽くし……」という表現は、多少の変化を伴う形で申命記の中で何度も繰り返され、申命記の最も特徴的な定型句の一つともなっている（申四29、一〇12、一一13、一三4、二六16、三〇2・6・10）。後のイエスがユダヤ教の律法学者との論争で、「最も重要な掟は何か」と尋ねられて、真っ先に引用した箇所としても有名である（マタ二二34-38）。

この箇所に関連してよく議論されるのは、はたして愛することはこのように命じられるべきことなのか、愛とはもっと自発的・能動的なものではないのか、ということである。しかし、このように問うこと自体が、あまりにも近代的な発想である。古代オリエント世界においては、「愛」は単に個人の好意や情愛を表すだけでなく、政治的な権威への服従や忠誠をも表現するものであり、命令の対象でもあり得たのである。事実、古代オリエントの条約文書では、「愛」は臣下や属王の宗主に対する服従や忠誠を表す政治的用語としてしばしば用いられている。前述したエサルハドンの誓約文書でも、アッシリアの臣下の王たちは次のように命じられている。

あなたたちは、アッシリアの王でありあなたたちの君主である……アッシュル・バニパルをあなたたち自身のように愛さなければならない。

「シェマの祈り」の後半（申六5）でも、おそらくは宗主権条約の用語と観念がヤハウェとイスラエルの関係に転用されている。この文章が書かれたのは、すでに申命記がヤハウェとの「契約」を記す条約文書であると理解された段階でのことであろう。

念のために記すが、先に触れたイエスの言葉（マタ二二34－38）においては、もちろん申命記にあった政治的なニュアンスはすでに払拭されている。そこでは、「神を愛せよ」という奨めが旧約聖書の別の箇所に由来する、隣人愛の奨め（レビ一九18参照）とペアにされている。

二つの「倫理的十戒」

申命記と一神教の関係を論ずるに当たってしばしば引き合いに出されるもう一つのテキストが、いわゆる「十戒」の第一戒である。「十戒」と言えば出エジプト記ではないか、と思われる読者もおられようが、実は後述するように「十戒」は、出エジプト記二〇章2–17節と申命記五章6–21節に二重に伝承されているのである。

出エジプト記によればシナイ山（出一九18）で、また申命記によればホレブ（申五2）で、ヤハウェがモーセを介してイスラエルと契約を結んだとき、ヤハウェはまず、一〇の戒めを示した。それら一〇の戒めをどのように数えるかは、実はユダヤ教、カトリック（およびルター派）、（ルター派以外の）プロテスタントで伝統的に微妙な違いがあるのだが、ここではあまり細かい点には立ち入れないし、その必要もない。わが国で最も一般的に親しまれているプロテスタントの数え方によれば、この「十戒」は以下の一〇の命令からなる。

（1）あなたには他の神々があってはならない。
（2）あなたは偶像を造ってそれらにひれ伏してはならない。
（3）あなたはヤハウェの名をみだりに唱えてはならない。
（4）安息日を守りなさい。

（5）あなたの父母を敬いなさい。
（6）あなたは殺してはならない。
（7）あなたは姦淫してはならない。
（8）あなたは盗んではならない。
（9）あなたは隣人に関して偽証してはならない。
（10）あなたは隣人のものを欲してはならない。

この「十戒」は、後半の第五戒以降に殺人、姦淫、盗み、偽証の禁止等、道徳的・倫理的な掟を含むために、後述する「祭儀的十戒」（出三四14－26）と区別して「倫理的十戒」（エティカル・デカローグ）と呼ばれている。前述のように、「倫理的十戒」はほぼ同じ形で出エジプト記と申命記に二重に伝承されている。二箇所の「倫理的十戒」の間に細かい用語や文言の違いはあるが、個々の掟の内容は同一であり、一〇の掟の順序にも異同はない。二箇所のうち、出エジプト記の方は出エジプト直後の状況という設定であり、二箇所の「倫理的十戒」の冒頭にはいずれも「わたしはヤハウェ、あなたをエジプトの国、奴隷の家から導き出したあなたの神である」（出二〇2／申五6）という「序文」まで付いている。これに対し、先に見たように申命記では、死を前にしたモーセがこれまでの出来事を回顧しその意味をイスラエルに諭すという設定になっている。それ故、常識的に考えれば、出エジプト記にある「倫理的十戒」こそがオリジナルなものであり、申命記におけるそれはあくまでその「引用」ないし「回想」として二次的だということになろう。ただし、このような「常識」が必ずしも通用しないところに旧約聖書の一筋縄ではいかない面があり、また旧約学の面白さと難しさがあるのである。

二箇所の「倫理的十戒」の間の文言の最大の相違は、右の数え方でいえば第四戒に当たる「安息日」の掟の理由づけにある。周知のように、安息日（シャバット）はユダヤ教の聖日であり、週の最後の日がこれに当たる。ユダヤ教の一日は日没とともに始まるので、われわれの暦で言えば金曜日の日没から土曜日の日没までである。この日には、職業的な労働や家事を含む一切の世俗的な活動が禁止される。申命記の方では、この労働の禁止は男女の奴隷を休ませるためとされ、それが、かつてイスラエルがエジプトで奴隷であったことに結び付けられている。

> そうすれば、あなたの男女の奴隷もあなたと同じように休むことができる。あなたはかつてエジプトの国で奴隷であったが、あなたの神、ヤハウェが力ある御手と御腕を伸ばしてあなたを導き出されたことを思い起こさねばならない。そのために、あなたの神、ヤハウェは安息日を守るように命じられたのである。（申五14-15）

これに対して出エジプト記の方では、安息日が神の世界創造に結び付けられ、ヤハウェが六日間で世界を創造し、七日目に休んでその日を祝福したことによって根拠づけられている。

六日の間にヤハウェは天と地と海とそこにあるすべてのものを造り、七日目に休まれたから、ヤハウェは安息日を祝福して聖別されたのである。（出二〇11）

ここでは、神が実際に六日間で天地万物を創造し七日目に休んだとする、創世記一章―二章3節の創造物語が明らかに踏まえられている。しかし、この創造物語は、旧約学では一般的に、モーセ五書を構成する諸資料でも最も遅い時代（捕囚時代以降）に書かれた祭司文書に含まれるとされているものなのである（出三一17の祭司文書の記述をも参照）。したがって、少なくとも現にある形で比較した場合、出エジプト記の「倫理的十戒」の方が申命記のそれより明らかに新しく二次的な形だ、ということになる。

倫理的十戒と祭儀的十戒

もちろん、現在の形になる前に、より短い、理由説明を含まない安息日の掟を含む「倫理的十戒」が存在しており、それに後から、出エジプト記と申命記で別々の理由説明が二次的に加えられて現在の形になった、という説明も可能である。しかし、「倫理的十戒」が実は出エジプト記の文脈にとって異質であり、後から二次的に挿入されたものであるという想定は、別の面からも裏付けられるのである。

遅い時代の祭司文書に属する、「臨在の幕屋」と呼ばれる天幕聖所の建造を扱う長大な部分（出二五―三一章、三五―四〇章）を除くと、現在ある出エジプト記後半のいわゆる「シナイ断章」の文脈は、実に奇妙な構成になっている。

まず、モーセに率いられたイスラエルがシナイに到着すると、ヤハウェはイスラエルと契約を結ぶことを宣言する（出一九3―6）。そしてまず、「倫理的十戒」が直接民に啓示される（出二〇1―17）。すると民は神が語るのを直接聞くことを恐れ、モーセに媒介を依頼する（出二〇18―21）。そこで、ヤハウェはモーセに「契約の書」を教示する（出二〇22―二三33）。モーセは「ヤハウェのすべての言葉とすべての法」を民に読み聞かせ、犠牲の牛の血を用いて契約締結の儀式を行うが（出二四3―8）、そこで「読み聞か」された「契約の書」（同7節）とは、文脈上は（倫理的十戒ではなく！）直前にある「契約の書」（出二〇22―二三33）ということになる（この法文集の「契約の書」という通称も、まさにそのような現在の文脈に基づく）。次にヤハウェは、「教えと戒めを記した石の板」を受け取るため、「神の山」に登るようにモーセに命じる（出二四12―15）。その「教えと戒め」とは具体的に何のことなのだろうか。一般的には、二枚の石板（出三一18）に「倫理的十戒」が記されたと理解されている。申命記の並行箇所でも、そのように理解されている（申五3―22、九9―11）。だが、出エジプト記では元来どうだったのであろうか。

山に登ったモーセは「四十日四十夜」山に留まった（出二四18節）。山の麓で待たされていたイスラエルの民は、しびれを切らして待ちきれなくなり、自分たちだけで勝手に出発しようと決め、モーセの兄で祭司のアロンに「我々に先立って進む神々」を造るように要請する。アロンが金で「若い雄牛の鋳像」を造ると、イスラエルの民は「イスラエルよ、これがあなたをエジプトの国から導き上ったあなたの神々だ」と言ってその雄牛の像を拝み、乱痴気騒ぎの祭りを始める（出三二1―6）。このエピソードは、歴史的には、ソロモンの死後北王国イスラエルの初代の王となったヤロブアム（一世）が、南王国ユダのエルサレム神殿に対抗してベテルとダンに国家聖所を建立し、そこにそれぞれ「金の子牛」の像を置いたという事件（王上一二26―29）と関連していると考えられている。ちょうどその時、神の手による「二枚の掟の板」を携えたモーセが山から下りてくるが（出三二15―16）、彼は民が雄牛の像を崇拝して浮かれ騒ぐ様を見て激怒し、「手に持っていた板を投げつけ、山のふもとで砕い」てしまう（同19―20節）。当然のことながら、雄牛の像

図11

レンブラント「モーセと十戒」1659年。掟の石板を投げつけようとするモーセ。石板にはヘブライ語で「倫理的十戒」が記されている。

を拝んだ人々は厳しく罰せられた（同25－29節）。

その後ヤハウェは、「前と同じ石の板を二枚切り」、再びシナイ山に登るようにモーセに命じる。それは、「あなたが砕いた、前の板に書かれていた言葉」を、その板に記すためである（出三四1－2）。モーセはそれに従う（同4節）。「前の板に書かれていた言葉」とは何であろうか。前述のように、一般的にはそれが「倫理的十戒」であったと理解されている。ところが、そこでヤハウェの結ぶ「契約」（同10節）の内容として記されるのは、「倫理的十戒」とは似ても似つかない、供物のささげ方や年ごとの祭りについての煩瑣な規定なのである（出三四14－26）。しかも、それらの内容は、「契約の書」にある祭儀的な諸規定（出二三14－19）に酷似している（左の表の〔　〕内を参照）。そのうえ、それらは最後の部分で、「十の戒めからなる契約の言葉」（出三四28節）と説明されている。それ故、この部分は学問上、「祭儀的十戒」（カルティック・デカローグ）と呼ばれている。ただし、現在ある形でのこの部分にはごちゃごちゃした説明や勧告が二次的に加えられているらしく、「十の戒め」をどう数えるのかがはっきりしない。ここでは、ドイツの旧約学者で出エジプト記の研究者として有名なゲオルク・フォーラーの数え方を示しておく。なお、下の〔　〕内は、前述の「契約の書」における対応部分である。

（1）あなたは他の神を拝んではならない（出三四14）〔＝出二三13〕
（2）あなたは鋳造の神々を造ってはならない（出三四17）〔＝出二〇23〕

（3）あなたは除酵祭を守りなさい（出三四18）〔＝出二三15〕
（4）誰も何も持たずにわたしの前に出てはならない（出三四20b）〔＝出二三15b〕
（5）あなたは六日間働き、七日目は休まねばならない（出三四21）〔＝出二三12〕
（6）あなたは七週祭を祝いなさい（出三四22）〔＝出二三16〕
（7）あなたはいけにえの血を酵母を入れたパンと共にささげてはならない（出三四25a）〔＝出二三18a〕
（8）あなたはいけにえ〔の肉〕を翌朝まで残してはならない（出三四25b）〔＝出二三18b〕
（9）あなたは最上の初物を聖所に持参しなければならない（出三四26a）〔＝出二三19a〕
（10）あなたは子山羊をその母の乳で煮てはならない（出三四26b）〔＝出二三19b〕

二枚の石板には何が書かれていたのか?

出エジプト記三四章を読む限り、「契約の言葉」として記された「十の戒め」（同28節）とは、この「祭儀的十戒」であるとしか考えられない。そしてそれらが、「あなたが砕いた、前の板に書かれていた言葉」（同1節）と同一であるとすれば、最初の二枚の石板（出二四12、三一15-16）に書かれていたのも同じ「祭儀的十戒」だったということになる。おそらくシナイ契約についての古い伝承で石板に書かれたのは、現在ある形での「祭儀的十戒」（出三四14-26）と、「契約の書」（出二〇22–二三19）に含まれた祭儀的規定との双方の共通基盤をなす古い祭儀的伝承だったと考えられる。

これに対して申命記においては、最初の石板に書かれたのが、「ヤハウェが火の中から」語った言葉、すなわち「倫理的十戒」であることが確言されている（申四10–13、五2–22、九9–11）。申命記においても、モーセの不在時に民が子牛の鋳像を造ったので、モーセは怒って二枚の石板を砕いてしまう（申九12–17）。しかし、やはりヤハウェがモーセに新しい二枚の石板を切り出すことを命じ（申一〇1）、ヤハウェが「集会の日に、山で火の中からあなたたちに告げられた十戒とまったく同じものを板に書き記し」たことが確認される（申一〇4）。したがって、申命記においては第一の石板に書かれたのも第二の石板に書かれたのも一貫して「倫理的十戒」ということになり、「倫理的十戒」は申命記の文脈にはしっかりと根を下ろしている。ところが、出エジプト記においては、これまで見てきたように、決してそうとは言えないのである。

ところで、「祭儀的十戒」と「倫理的十戒」を比較してみると、文言は全く異なるものの、他の神の崇拝の禁止と偶像を造ることの禁止、安息日の厳守の三つの命令は共通している。したがって、倫理的十戒は、より祭儀的な方向付けを持つ古い「祭儀的十戒」をより非祭儀的・倫理的な性格のものに「改訂」したものと見ることができる。おそらくはそこに、預言者たちの社会批判が影響している（ホセ四2、エレ七9等。かつてはこれらの箇所で預言者たちが既存の十戒を「引用」していると考えられたが、現在では依存関係が逆に考えられている）。すでに見たように、申命記という文書は全体として、「契約の書」の「改訂版」という性格を持っている（二五九－六〇ページ参照）。「十戒」も、申命記運動のもとで祭儀的な性格のものから倫理的な性格のものに「改造」されたのであろう。これが、申命記を扱う本章で「倫理的十戒」を取り上げる主たる理由である。

おそらくは、「倫理的十戒」を含む形での申命記が確立した時代よりも後になってから、申命記的な精神を持った編集者が、出エジプト記の文脈をも申命記のそれに近づけるために、申命記五章6－21節にあった「倫理的十戒」を出エジプト記二〇章2－17節にも二次的に挿入したのであろう。しかし、この編集者は他の部分にはあまり手を加えなかったために、現在の出エジプト記では、モーセが授かった二枚の石板に書かれたのは倫理的十戒ではないという、奇妙な事態になったのだと考えられる。

ちなみに、現にある旧約聖書の文脈では、この二枚の石板は、後にアカシア材で造られた「契約の箱」に収められ（出三七1－5、四〇20－21、申一〇3－5）、カナンの地まで運ばれる（ヨシュ三6－17）。そして最終的には、ソロモンの建てたエルサレム神殿の至聖所に安置されることになる（王上八1－9）。そこに実際に書かれていたのは、いったいどちらの十戒なのであろうか。

第一戒の一神観

さて、その第一戒をそれ自体として見てみよう。ここでもまず、原文の音写と直訳を示してみたい。

ロー・イヒイェ・レカー・エロヒーム・アヘリーム・アルパナイ（出二〇3、申五7）

ない・あることは・あなたにとって・神々・他の・わたしの顔に対して

興味深いことに、形式的に見ればこの第一戒だけは、後続する九つの戒めとは異なり、「あなたは……してはならない」（否定詞＋動詞の二人称単数未完了形）という二人称単数形の否定命令形（第二、第三、第六－第十戒）や「……しなさい」という肯定命令形（第四、第五戒）ではなく、動詞の三人称未完了形の平叙文であり、命令というよりもむしろ事実確認の文章なのである。これを直訳すれば、「あなたにとって、わたし以外に他の神はいない」となり、多少ニュアンスをこめて訳せば、「あなたにとって、わたし以外に他の神などいるはずがない」ということになる。

その直前に、「わたしはヤハウェ、あなたをエジプトの国、奴隷の家から導き出したあなたの神である」という「序文」が付いていることを考え合わせれば、それは出エジプトという救いを基盤とする、救った「わたし」（すなわちヤハウェ）と救われた「あなた」（すなわちイスラエル）の人格的な信義の関係が問題にされていると解釈できる。「あ̀な̀た̀に̀と̀っ̀て̀」（すなわちイスラエルにとって）ヤハウェ以外に「他の神々」などいるはずがない、ということは、他の神々の存在そのものを問題にしているのではなく、イスラエルが他の神を「持つはずがない」ということであり、具体的には、他の神々を崇拝するようなことなどあるはずがない、ということである。「あなたはそれらに向かってひれ伏したり、それらに仕えたりしてはならない」（出二〇5a／申五9a）という一文は、現在の形では直接的には第二戒の偶像崇拝禁止に掛かっているように見えるが、もともとは第一戒に掛かっていた可能性がある。少なくとも、現在の形でも、第一戒と第二戒に同時にかかっていると解することができる（カトリックではこの二つを単一の戒めと見る）。したがって、この第一戒で前提にされている神観は、申命記全般やシェマの祈りにおけると同様、あくまで拝一神教的であると考えられる。他の神が存在しないのではなく、それを拝んではならないのである。このことは、ここでもまた、その直後に神の「嫉妬」についての言及が続くことからも明らかである。

わたしはヤハウェ、あなたの神は、妬みの神（エル・カンナー）。わたしを否む者には父祖の罪を子孫に三代、四代までも問うが、わたしを愛し、わたしの戒めを守る者には幾千代にも及ぶ慈しみを与える者。（出二〇5b／申五9b）

前にも見たように、存在しないものに対する嫉妬は意味をなさない（一六七ページ参照）。「嫉妬」とは、「自分の愛する者の愛情が他に向くのをうらみ憎むこと」（『広辞苑』第五版）であり、その限りで「他」の存在を不可欠の前提とする。再び卑近な例であるが、熱愛者が恋の相手に対し、「あなたにはわたし以外にオトコ（ないしオンナ）がいてはならない」と迫るのは、周囲に恋敵になる可能性がある魅力的な同性がたくさんいればこそ、なのである。アダムとエバなら、そんなことは言わなかったはずである。

申命記運動の意義と挫折

本章の最初でも触れたように、申命記運動は、アッシリアが急速に衰退し、その影響力がパレスチナから著しく後退していく時期に出現し、その理念に基づく宗教改革がヨシヤ王により国策として実施された。それは同時に異民族や異教徒の支配からの、ユダ王国の独立回復の事業でもあった。これにより、ヤハウェの排他的崇拝は、初めて一時代を規定する自覚的な全国民的運動となったと考えられる。

預言者たちの一神崇拝が、主として理念的なものに留まったのに対し、申命記運動は王の力によってそれを政治的現実にしたのである。祭儀集中には、そのようなヤハウェの排他的な崇拝を国家やエルサレム神殿が中央集権的に管理・統制するための手段という側面が明らかにあった。前述のように、国家と民族というレベルでは、ヤハウェが「イスラエルの神」であることは以前から既定の事実であった。しかし、地方聖所のレベルでは、ヤハウェ崇拝とそれ以前の伝統的な宗教的慣習が共存するような状況にあったと思われる。祭儀集中は、すべての地方聖所を廃止することにより、すべてを国家レベルのヤハウェのみ崇拝に一本化する試みだったのである。

他方でその神観に関してみれば、申命記とその運動は、全体としてヤハウェの排他的崇拝を強調するものではあったが、すでに一定程度の普遍性を示していた前八世紀の文書預言者たちのそれと比べれば、はるかに民族神的拝一神教の性格を色濃く保ったものであったと見るべきである。そこには、ヤハウェが単なる「イスラエルの神」を超えた世界の神であるという展望はほとんど見られない。

しかし、その申命記運動は、不測の事態により、突如として大きな挫折を体験することになる。アッシリアの支配が後退したパレスチナに対して、同じくアッシリアの一時的支配から回復した、南の大国エジプトが触手を伸ばしてきたのである。

前六〇九年、サイスを首都とするエジプト第二六王朝のネコ二世（在位前六一〇―五九五年）は、大軍を率いてパレスチナに遠征してきた。その直接的な目的は、北シリアのハランに立て籠もり、バビロニアの攻撃に対して絶望的な抵抗を続けていたアッシリアの残党を支援することであったようである。エジプトにとっては、かつての支配者アッシリアよりも、台頭著しい新バビロニアの方がより脅威となる存在だったのである。

ヨシヤは自国領内へのエジプト軍の立ち入りを阻止しようとしたか、あるいは少なくともエジプトの宗主権を認めることを拒否したのであろう。メギドでこのファラオに殺されてしまう（王下二三29）。ヨシヤの息子たちが相次いでユダの王位を継いだが、彼らにはヨシヤの改革を継続する意志も余裕も力量もなかったようである。ヨシヤというパトロンにして主導者を失った申命記運動は、急速に衰えていかざるを得なかった。このことによって、ヨシヤの改革事業は言わば未完に終わった。同時代の預言者、エレミヤやエゼキエルの証言によれば、エルサレムでは他の神々の崇拝がすさまじい勢いで息を吹き返したらしい（エレ二4–13・27–28、エゼ八3–16等）。しかしながら、その後のユダ王国滅亡とバビロン捕囚の時代にも、申命記の理念と精神を引き継いだ人々がおり、彼らはこれらの破局がもたらす民族と信仰の危機を新たな手段で克服しようとすることになる。これについては、次章で論じることにする。

「申命記史書」の成立

申命記運動に関連して、最後にもう一つ、「申命記史書」の成立にも簡単に触れておきたい。旧約聖書でイスラエルのカナン定着から王国の建設、分裂、その滅亡までを描く、一連の歴史書であるヨシュア記、士師記、サムエル記（上下）、列王記（上下）の随所に、申命記に類似した用語や表現、観念、思想が散見されることは、一九世紀以来の旧約学でも認識されていた。しかし、ドイツの旧約学者マルティン・ノートは、一九四三年に発表された画期的な著作（邦題『旧約聖書の歴史文学　伝承史的研究』日本基督教団出版局）で、これらの歴史書全体が同一の著者による一つの組織的な歴史叙述をなすことを明らかにした。そこには、古くから伝わる多種多様な伝承が取り入れられてはいるが、その最終形態は、あくまで統一的な神学的構想によりまとめられた一続きの歴史記述なのである。ノートは、この統一的歴史書が申命記的な表現や精神で書かれていることから、それを「申命記史書」と呼んだ。
この歴史書がいかに「申命記的」であるかは、以下の箇所を、先に見た「シェマの祈り」（二七〇ページ参照）と比べるだけで一目瞭然である。まずは、カナン征服の後の指揮官ヨシュアの遺言的勧告について見てみよう。ここでは申命記がモーセの遺言的勧告という体裁のものであったことをも想起してほしい。

わたしは今、この世のすべての者がたどる道を行こうとしている。あなたたちは心を尽くし、魂を尽くしてわきまえ知らねばならない。（ヨシュ二三14）

次に、王国成立時の預言者サムエルのやはり遺言的な勧告。

恐れるな、あなたたちはこのような悪を行ったが、今後は、それることなくヤハウェにつき従い、心を尽くしてヤハウェに仕えなさい。（サム上一二20）

さらには、ダビデ王が後継者となる息子ソロモンに遺す遺言的勧告。

あなたの子孫が自分の歩む道に留意し、まことをもって、心を尽くし、魂を尽くしてわた

しの道を歩むなら、イスラエルの王座につく者が断たれることはない。（王上二4）

そして何よりもまず、ヨシヤ王の宗教改革についての記述。

それから王は柱の傍らに立って、ヤハウェの御前に契約を結び、ヤハウェに従って歩み、心を尽くし、魂を尽くしてヤハウェの戒めと定めと掟を守り、この書に記されている言葉を実行することを誓った。（王下二三3）

彼のように全くモーセの律法に従って、心を尽くし、魂を尽くし、力を尽くしてヤハウェに立ち返った王は、彼の前にはいなかった。（王下二三25）

ヨシュア記から列王記までの歴史書が、包括的な神学的構想のもとにまとめられた一続きの歴史叙述であることは、その至る所に「預言→成就」の図式が張り巡らされていることから明白である。その図式は、しばしば現にある形での文書の区切りを超えて広がる。例えば、カナン征服の指揮官ヨシュアはエリコを破壊した際に、「この町エリコを再建しようとする者は、ヤハウェの呪いを受ける。基礎を据えたときに長子を失い、城門を建てたときに末子を失う」という呪いをかける（ヨシュ六26）。この「預言」は、士師記とサムエル記を飛び越えて、列王記のアハブ王の治世になって初めて「成就」するのである。

彼（＝アハブ）の治世に、ベテルの人ヒエルはエリコを再建したが、かつてヤハウェがヌンの子ヨシュアを通してお告げになった御言葉の通り、その基礎を据えたときに長子アビラムを失い、扉を取り付けたときに末子セグブを失った。（王上一六34）

ノートは、この「申命記史書」はバビロン捕囚時代の単独個人（その著者は「申命記史家」と呼ばれる）の著作であり、その執筆意図は王国の滅亡と捕囚という歴史的破局を、イスラエルの罪と契約違反に対するヤハウェの罰として解明することだったと主張した。

しかし、その後の研究では、申命記史書の中に単独の著者の作品とは思えない関心事や神学の多様性があることが指摘され、申命記史書は単独個人の著作というより、「申命記派」とでも呼ぶべき学派的集団により、段階的に形成されていったという見方が有力になった（R・スメント、W・ディートリヒ、T・ヴェイヨラ、E・ヴュルトヴァイン等）。

他方で、申命記史書の成立時期についても、その基本的部分は、ノートの言うように王国滅亡後の捕囚時代ではなく、もっと早い王国時代末期、特にヨシヤ王による宗教改革の時代に、まさにこの改革運動を推進・補強・正当化するためのプロパガンダ的文書として書かれたのではないか、という見方が唱えられた（F・M・クロス、R・D・ネルソン、R・E・フリードマン、G・N・クノッパース等）。ノートの言うような、王国滅亡と捕囚という歴史的破局の解明という目的だけでは、ヨシュアによるカナン征服やダビデの勝利と栄光、ソロモン時代の繁栄、そして何よりもまず、ヨシヤ王の宗教改革などの肯定的な記述が存在する意味が説明できないからである。当然ながら、これを書いた王国時代末期の「申命記史家」たちは、申命記そのものを生み出した集団と同一か、少なくともその集団と用語的・思想的に密接な関係を持った人々であったと考えられる。

もちろん、現在の形での申命記史書は、ヨシヤ王の死とその後の混乱、そしてバビロニア人によるユダ王国の滅亡と生き残りのユダ人のバビロン捕囚を描いて終わる（王下二三28―二五30）。したがって、ヨシヤの宗教改革を支え、推進するために書かれた最初の申命記史書に対して、王国滅亡後の捕囚時代に、いわば「第二の申命記史家」たちにより、ヨシヤ王の死後の歴史的展開を踏まえた補筆と改訂が加えられたことになる。この時初めて、申命記史書は、ノートの言うような王国滅亡と捕囚という破局の意味を解明するものという性格を帯びることになったのである。

筆者も、右に紹介したような申命記史書の「二段階形成説」は、基本的に妥当であると評価している。すなわち、すでにヨシヤ王の時代に、古いさまざまな伝承に依拠しつつ、申命記とその背後にある運動に強い影響を受けた「第一の申命記史家たち」により一続きの歴史叙述が成立し、そこではまさにヨシヤによる宗教改革がある種のクライマックスをなすような構成になっていた。

それはアッシリアの支配の後退とユダ王国の独立の回復、ヤハウェ信仰の復興、若き王による祭儀集中と祭儀粛清というヤハウェのみ信仰の高揚といった、明るく希望に満ちた時代の肯定的な雰囲気の中で、まさにヨシヤの改革を支援・補強・正当化するために書かれたものと考えられる。本書の主題である神観について見れば、この最初の申命記史書のそれは、本章でこれまで見てきたような申命記の基本的部分の神観と同様、民族神的拝一神教的なものであったと思われる。士師記やサムエル記においては、本書第四章で見たように、他の民族には他の神がいるという観念が当然のこととして前提にされているからである（士一一23、サム上二六29参照。なお、本書一五五ページ以下を参照）。

ところが、そのヨシヤの宗教改革とヤハウェ信仰復興運動は、前六〇九年、ヨシヤの非業の死によって未完に終わり、それどころかその後わずか二〇年ほどのうちにユダ王国が滅亡し、エルサレムは破壊され、生き残りの人々はバビロニアに捕囚されてしまったのである。しかし、申命記そのものの場合（二九二ページ参照）と同様、王国滅亡後の捕囚時代に、第一の申命記史家たちの精神と仕事を引き継ぐ人々が現れた。捕囚時代の「第二の申命記史家」たちは、このような歴史と状況の急変を踏まえ、そのような歴史的破局が何を意味するのかを熟考し、それらの破局がもたらす信仰的・思想的な危機を克服しようとしたのである。彼らがそれを具体的にどのように行ったのかについては、捕囚時代を扱う次章で検討することにしよう（三二五ページ以下参照）。

第七章

王国滅亡、バビロン捕囚と一神教

ユダ王国の滅亡とバビロン捕囚

前六〇九年にヨシヤ王がエジプト王ネコに殺された後、ユダ王国は短期間エジプトの支配下に入った。ユダの国民は、ヨシヤの息子ヨアハズをヨシヤの後継者に擁立したが、ネコはユダに介入してヨアハズをわずか三カ月間で廃位し、捕虜としてエジプトに送り、彼に代えてヨシヤの別の息子ヨヤキムを自分の傀儡としてユダの王位につけた（王下二三31―34）。彼のもとの名はエルヤキムであったが、ネコは自分のユダ王への支配権を示すために、新しい王座名を与えたのである。ただし、「ヨヤキム」の名はヤハウェ系人名であり、この改名もあくまでヤハウェ宗教内での出来事であった。ヨヤキムは、国民に特別の税を課してファラオに銀を差し出したという（王下二三35）。

しかし、エジプトのユダ支配は長くは続かなかった。アッシリアを滅ぼした新バビロニア（カルデア）が前六〇五年、当時まだ皇太子であったネブカドネツァルの指揮のもと、北シリアのカルケミシュでエジプト軍を打ち破り、シリア・パレスチナの覇権を奪取したので（エレ四六2―6参照）、ユダはこの時期からほぼ自動的にバビロニアの支配下に移された（王下二四1）。最初の三年ほどヨヤキムは、今やバビロニアの王となったネブカドネツァル（二世、在位前六〇四―五六二年）に忠実に仕えるそぶりを示していたが、やがて反逆を試み、貢納を停止した。前六〇一年頃、ネブカドネツァルがエジプト遠征を試みてネコに撃退されたのを見て、ヨヤキムはエジプト側に寝返ろうとしたのであろう。ヨヤキムにとってネコは、自分を王位につけてくれた「恩人」であった。戦力の立て直しに時間を要したネブカドネツァルは、ようやく前五九八年の冬になって反乱の鎮圧に乗り出し、エルサレムを攻囲した（王下二四2・7）。この攻囲中にヨヤキムは死んだが、その死因が自然死か（王下二四6）、戦死または暗殺か（エレ二二18-19、三六30）は不明である。代わって弱冠一八歳の息子のヨヤキンがユダ王となったが、彼の治世は攻囲中のわずか三カ月間に過ぎず（王下二四8）、彼には降伏して開城する以外の道は残されていなかった（王下二四12）。彼は王族、高官や戦士「一万人」、および建築技術者や鍛冶と共に捕虜としてバビロンに送られ、神殿の膨大な宝物などが賠償金として持ち去られた（王下二四14-16）。これが前五九七年のいわゆる第一次捕囚である。この時、技術者や鍛冶が捕囚の対象になったのは、武器を作ったりエルサレムを要塞化したりする再反乱の準備を防止するためであろう。ちなみに、ヨヤキンとその息子たちがバビロニアで捕囚生活を送っていたことは、彼らへの油の配給の記録がバビロニアの文書に残されていることによって裏付けられている。

ただし、ネブカドネツァルはユダ王国を即時「取り潰し」にはせず、王族の中からマタンヤを選んでユダの王とし、名前をゼデキヤと改めさせた（王下二四17）。これは、ユダの王の首をすげ替えるだけで、ユダの国家としての存続はとりあえず許した、ということである。

ゼデキヤの一一年間の治世中、ユダ国内、特に首都エルサレムでは、あくまでバビロニアに武力で抵抗すべきだと主張する主戦論（タカ派）と、そんなことをすれば国家の自殺行為になるとする慎重論（ハト派）が対立し、抗争を繰り広げた。この時期にエルサレムで活動した預言者エレミヤは慎重派の代表格で、バビロニアの支配はユダの王たちや国民が犯してきた罪へのヤハウェの裁きであり（エレ一14－17、四5－22）、ネブカドネツァルはヤハウェの意志を実現させる「僕」であって（エレ二五9、二七6）、その「軛（＝支配）」に服する以外に民族と国家の未来はないと説いた（エレ二七11－12）。ここには、ヤハウェを世界の支配者と解し、異国の勢力をその意志を実現させる道具と見た、前八世紀の預言者たちの普遍的な神観（二三九ページ以下参照）が継承・発展させられている。エレミヤもまた、バアルの崇拝や偶像崇拝を批判したが（エレ二8－9・23－28）、その非難はすでにほとんど唯一神教的な響きを帯びている。

キティムの島々に渡って尋ね、ケダルに人を送ってよく調べさせ、
果たして、こんなことがあったかどうかを確かめよ。
一体、どこの国が、神々を取り替えたことがあろうか、しかも神でないものと。
ところが、わが民はおのが栄光を、助けにならないものと取り替えた。
（エレ二11。なお、エレ五7、一六20をも参照）

しかし、エレミヤの論敵である好戦派の側にも、ヤハウェの言葉を熱狂的に語る預言者がいた。ハナンヤという預言者は、「二年のうちに」ヤハウェが「バビロンの王の軛を打ち砕き」、捕囚民

も奪われた宝物も戻り、すべてが元通りになると鼓舞して、バビロニアへの再反乱を呼びかけ、エレミヤと対決したという（エレ二八章）。

しかし、エルサレムでは次第に主戦論が優位を占めるようになり、ゼデキヤ王も彼らの主張を抑えられなかった（エレ三八4-5）。しかもゼデキヤは、同じくバビロニアの支配を受けている周辺諸国と密議し、共闘の道を探っていた（エレ二七3）。バビロニアの宿敵であったエジプトが援助を約束したことは確実である（エゼ一七15）。そこで、前五八七年頃、ゼデキヤはバビロニアに再反乱を企てるという暴挙に打って出た（王下二四20）。今回のネブカドネツァルの反応は早かった。バビロニア軍は直ちにエルサレムを包囲し、攻囲は足掛け三年に及んだ（王下二五1-2）。エジプトは約束通り援軍を派遣したが、バビロニア軍に撃退され、エルサレムの攻囲を一時的に弱めることしかできなかったらしい（エレ三七5-11参照）。前五八六年、エルサレムは陥落し、王は捕えられた。第一次捕囚の時とは異なり、今回は王国の存続は許されず、エルサレムとユダはバビロニアの本土に併合され、属州となることになった。ダビデ王朝は断絶し、エルサレム神殿は炎上して廃墟となり、エルサレムは徹底的に破壊された（王下二五3-12）。エルサレムの市民の多くは捕囚となった。これは第二次捕囚に当たるが、世界史の教科書などで言う、いわゆる「バビロン捕囚」はこの時の出来事を指す。

信仰の危機

それまで自分たちが住んできた土地も国も、統治者である王も、信仰の中心であった神殿も一挙に失ったのであるから、捕囚に送られた人々の政治的・社会的混乱と精神的打撃が大きかったことは言うまでもない。絶望し、意気消沈した人々も多かったに違いない。しかし、王国滅亡と捕囚という破局的な出来事は、それ以上に深刻な信仰の危機を捕囚民にもたらした。古代オリエント世界においては、戦争とは国と国の戦いであると同時に神々同士の戦いでもあり、敗北とは自分の神（々）が敵国の神々に敗れたということを意味した。それは、自分の神の無力と敗北として解釈され得るものであった。まだ拝一神教の段階にあったユダでも、そのように考えた人々が多くいたはずである。

しかも、従来のイスラエルの信仰において、土地も王朝も神殿も、ヤハウェがイスラエルに与えた賜物のはずであった。例えばカナンの土地については、創世記で、ヤハウェが族長たちに「永久に」与えると約束したことが繰り返し強調されている。

さあ、目を上げて、あなたがいる場所から東西南北を見渡しなさい。見える限りの土地をすべて、わたしは永久にあなたとあなたの子孫に与える。（創一三14–15。なお、創一二7、一五18–21、二六3、二八13等をも参照）

また、少なくともユダ王国において、ダビデ王朝はヤハウェの絶対的な加護を約束されており、万世一系で「とこしえに」続くはずであった。

私が選んだ者とわたしは契約を結び、私の僕ダビデに誓った。
あなたの子孫をとこしえに立て、あなたの王座を代々にそなえる、と。
（詩八九4−5．なお、同29−30・37−38、サム下七16等）

さらに、神殿は地上における「神の家」であり、この神殿を擁するエルサレムの町は「神の都」であって、どのような敵に対しても不落であると信じられていた。

大河とその流れは、神の都に喜びを与える。いと高き方のいます聖所に。
神はその中にいまし、都は揺らぐことはない。（詩四六5−6）
見よ、王たちは時を定め、共に進んできた。
彼らは見て、ひるみ、恐怖に陥って逃げ去った。……
聞いていたことをそのまま、わたしたちは見た。
万軍のヤハウェの都、わたしたちの神の都で。

神はこの都をとこしえに固く立てられる。（詩四八5―6・9。なお、エレ七4・10等をも参照）

それゆえ、神殿が焼かれて灰燼に帰し、ダビデ王朝の最後の王ゼデキヤが両眼をつぶされ、「青銅の足かせ」をはめられてバビロンに引いていかれ（王下二五7）、「約束の地」がバビロニア人のものになったという冷厳な事実が、それらのヤハウェの「約束」への信頼を失わせ、ヤハウェへの信仰そのものをも揺るがすほどの衝撃を与えるものであったことは想像に難くない。バビロニアの神々の力があまりにも強大なので、ヤハウェはその約束を守り通すことができなかったと感じた者も少なくなかったはずである。

ユダ王国滅亡時に、捕囚を免れるために多くのユダの人々がエジプトに逃れたが、預言者エレミヤは、意に反して彼らによってエジプトに拉致された（エレ四二―四三章）。エジプトに下ったユダの人々のもとでは、以前には盛んに行われていた「天の女王」（メレケト・ハ・シャマイム）の崇拝（エレ七18）が復活したという。この女神の正体ははっきりしないが、メソポタミアの大母神イシュタルである可能性がある。ユダの人々は、アッシリアの支配下にあったアハズやマナセの宗教混淆時代に、この女神を礼拝するようになったのかもしれない。エジプトに避難した人々は、エレミヤにこう言った。

我々は誓った通りに必ず行い、天の女王に香をたき、ぶどう酒を注いで献げ物とする。

我々は、昔から父祖たちも歴代の王たちも、ユダの町々でそうしてきたのだ。〔その頃は、〕我々は食物に満ち足り、豊かで、災いを見ることはなかった。ところが、天の女王に香をたくのをやめ、ぶどう酒を注いでささげなくなって以来、我々はすべてのものに欠乏し、剣と飢饉によって滅亡の状態に陥った。（エレ四四17－18）

天の女王への祭儀を止めたというのは、ヨシヤによる宗教改革への言及であろう。他の神々への崇拝を中止してヤハウェのみを礼拝するようにしたら、かえって災いばかりに見舞われ、ついには国まで滅びてしまった、というわけである。

王国、王朝、神殿、約束の地の喪失という絶望的な状況のもとでなおヤハウェのみへの信仰を貫こうとする者は、このような同胞のヤハウェの力に対する懐疑や不信仰に対して論駁し、ヤハウェ信仰の正当性を論証して、この信仰の危機を克服しなければならなかった。そして実際に多くの人々が、ありとあらゆるレトリックを駆使してそのような作業に取り組んだのである。

預言者エゼキエルの民族再生のビジョン

人々の絶望と信仰の危機は、捕囚地バビロンにおいてはより深刻であったにちがいない。何しろそこは「勝利者」たちの本拠地であり、捕囚民は「勝利者」であるバビロニアの神々に取り巻かれて暮らさねばならなかったからである。かつてはヤハウェに選ばれた民であることを誇りにしていたユダの生き残りの人々が、バビロンで深い絶望と屈辱感の中で生きたことは、民族の嘆きの歌として名高い詩編一三七編からも読み取れる。


バビロンの流れのほとりに座り、シオンを思ってわたしたちは泣いた。

竪琴は、ほとりの柳の木々にかけた。

わたしたちを捕囚にした民が、歌を歌えというから、
わたしたちをあざける民が、楽しもうとして、

「歌って聞かせよ、シオンの歌を」と言うから。

どうして歌うことができようか、ヤハウェのための歌を、異教の地で。（詩一三七1-4）

エゼキエルは、前五九七年の第一次捕囚でバビロンに送られた一人で、前歴はエルサレム神殿の祭司であった。彼は捕囚地バビロニアのケバル川（ユーフラテス川から引かれた運河の一つ）のほとりで、ヤハウェがまるで空飛ぶ円盤のような飛行物体に乗って捕囚地に飛来する幻を見る。

わたしが見ていると、北の方から激しい風が大いなる雲を巻き起こし、火を発し、周囲に光を放ちながら吹いてくるではないか。その中、すなわち火の中には、琥珀金のような輝きがあった。……生き物の頭上にある大空の上に、サファイアのように見える王座の形をした

ものがあり、王座のようなものの上には高く人間のように見える姿をしたものがあった。……これがヤハウェの栄光の姿の有様であった。(エゼ一4・26・28)

ヤハウェがバビロニアに飛来するという幻は、いわばヤハウェの遍在性の表現であり、捕囚民がバビロンにあっても決してヤハウェと切り離されてしまっているわけではないということを象徴する。エゼキエルの周囲の捕囚民の多くは絶望し意気消沈するあまり、「我々の骨は枯れた。我々の望みは失せ、我々は滅びる」などと言い合っていた(エゼ三七11)。エゼキエルは、いわば彼らの言葉を逆手に取り、人の目から見れば不可能に思われることを可能にするヤハウェの全能性を示すために、「枯れた骨」の復活再生の壮大なビジョンを語ってみせる。

わたしはヤハウェの霊に連れ出され、ある谷の真ん中に降ろされた。そこは骨でいっぱいであった。ヤハウェはわたしに、その周囲を行き巡らせた。見ると、谷の上には非常に多くの骨があり、また見ると、それらは甚だしく枯れていた。……わたしは命じられたように預言した。私が預言していると、音がした。見よ、カタカタと音を立てて、骨と骨が近づいた。わたしが見ていると、見よ、それらの上に筋と肉が生じ、皮膚がその上を覆った。……彼らは生き返って自分の足で立ち、非常に大きな集団となった。(エゼ三七1-10)

黒人霊歌の「ドライ・ボーンズ」でも有名な場面である。これは、死者の復活を描いた旧約聖書の最古の箇所である。ただ、エゼキエルはここで個々人の死後の復活を信仰箇条として「宣教」しているわけではない。直後に「これらの骨はイスラエルの全家である」（同11節）とあるように、ここではあくまで民族の奇蹟的な再生復興の隠喩が語られていると解釈すべきである。それは要するに、「わたしはお前たちを墓から引き上げ、イスラエルの地へ連れて行く」（同12節）、「わたしはお前たちを自分の土地に住まわせる」（同14節）ということと同義なのである。旧約聖書で、文字通りの意味での死者の復活の希望が語られるのは、より後代（前三―二世紀）の黙示文学的文脈においてである（イザ二六19、ダニ一二2）。

このようにエゼキエルは、絶望の中にある捕囚民を奮起させ、希望を抱かせるために、故郷への帰還の約束を語ったが、エゼキエルによればそれは、必ずしもヤハウェのイスラエルに対する恵みや憐みに基づくのではない。むしろそれは、彼らが捕囚という悲惨な境遇を通じて諸国民の前で汚したヤハウェの「聖なる名」の名誉を回復するためなのである。ここには徹底した神中心主義と、「聖」の概念を中心とした祭司的価値観が現れていると言えよう。そこには、エゼキエルがかつて神殿の祭司であったことが明らかに反映している。

わたしはお前たちのためではなく、お前たちが行った先々で汚したわが聖なる名のために行う。わたしは、お前たちが国々で汚したため、彼らの間で汚されたわが大いなる名を聖なるものとする。わたしが彼らの目の前で、お前たちを通して聖なるものとされるとき、諸国民は、わたしがヤハウェであることを知るようになる、とヤハウェは言われる。わたしはお前たちを国々の間から集め、お前たちの土地に導き入れる。（エゼ三六22－24）

ヤハウェ以外に神が存在するのかどうか、エゼキエルは明言してはいない。しかし、「諸国民は、わたしがヤハウェであることを知るようになる」とは、世界中の異民族がヤハウェの神としての力と聖性を認めるようになるということである。他方でエゼキエルは、五カ所で「彼らはわたしの民となり、わたしは彼らの神となる」という、いわゆる「契約定式」（出六7、レビ二六12等）を用い、ヤハウェとイスラエルの特別な関係の回復を予告している（エゼ一一20、一四11、三六28、三七23・27）。それゆえ、エゼキエルの神観は、世界的な視野の中で見られた、究極的な拝一神教であったと見なせるであろう。

エレミヤ書の申命記主義的編集

エレミヤは王国時代末期にエルサレムで活動した預言者であった（三〇二ページ以下を参照）が、彼の言葉を集めたエレミヤ書の中に、申命記や申命記史書に近い用語で書かれた散文の部分が多くあることは従来から注目されていた（ドゥーム、モーヴィンケル、ルードルフ、ニコルソン、ワインフェルド等）。しかし、エレミヤ書が捕囚時代に申命記主義的編集者による大規模な組織的編集、加筆を受けたことを詳細に論証したのは、ドイツの旧約学者W・ティールの二巻本のエレミヤ書の編集史的研究（一九七三年／一九八一年）であった。この編集者（たち）を、後述する申命記や申命記史書の捕囚期の編集・改訂者（たち）とどの程度同一視できるかについては議論が分かれているが、捕囚時代からその後の時代にかけて、申命記の用語や精神を引き継ぐ人々の手により、モーセ五書や歴史書、預言書（エレミヤ書以外にも特にアモス書とホセア書）、一部の詩編に対して大規模で広範な編集・改訂活動が行われたことは確実である。これらの申命記主義的編集者たちの活動もまた、王国滅亡と捕囚という破局を受け、そこから生じた「信仰の危機」の克服をめざした営為の一つであった。

エゼキエルと同様、エレミヤ書の申命記主義的編集者たちも、捕囚民に希望を与え、ヤハウェへの信仰を保たせるために、故郷への帰還の預言を記した。その際に彼らは、「七十年」という具体的な数字を示している。

バビロンに七十年の時が満ちたなら、わたし〔ヤハウェ〕はあなたたちを顧みる。わたしは恵みの約束を果たし、あなたたちをこの地に連れ戻す。わたしはあなたたちのために立てた計画をよく心に留めている、とヤハウェは言われる。それは平和の計画であって、災いの計画ではない。将来と希望を与えるものである。そのとき、あなたたちがわたしを呼び、来てわたしに祈り求めるならば、わたしは聞く。わたしを尋ね求めるならば見いだし、心を尽くしてわたしを求めるなら、わたしに出会うだろう、とヤハウェは言われる。わたしは捕囚の民を帰らせる。わたしはあなたたちをあらゆる国々の間に、またあらゆる地域に追いやったが、そこから呼び集め、かつてそこから捕囚として追い出した元の場所に連れ戻す、とヤハウェは言われる。

（エレ二九10-14。なお、エレ二五11-12等をも参照）

バビロン捕囚は、前五三九年のペルシア王キュロスによるバビロン征服で終わる（エズ一章、なお三四三-四ページをも参照）。前五九七年の第一次捕囚から数えれば約六〇年弱であり、「七十年」という数字は当たらずといえども遠からず、とも言えるであろう。なお、後のダニエル書の著者たちは自分たちの時代（前二世紀中葉）に引き付けて、これを「七十週年」、すなわち七〇年×七の四九〇年と解し、そこから終末に向けての黙示的シナリオを引き出している（ダニ九2-27）。

エレミヤ書の申命記主義的編集の思想的頂点をなすのは、いわゆる「新しい契約」の預言（エレ三一31-34）である。そこでは申命記主義的な文体で綴られながらも、モーセの時代の契約に固執する従来の申命記主義（申五2-3、王上八9等）そのものが突破されており、旧い契約が揚棄され、「罪の赦し」を実現する「新しい契約」に取って代わられる次第が遠望されている。

見よ、わたしがイスラエルの家、ユダの家と新しい契約を結ぶ日が来る、とヤハウェは言われる。この契約は、かつてわたしが彼らの先祖たちの手を取ってエジプトから導き出したときに結んだものではない。わたしが彼らの主人であったにもかかわらず、彼らはこの契約を破った、とヤハウェは言われる。しかし、来るべき日にわたしがイスラエルと結ぶ契約はこれである、とヤハウェは言われる。すなわち、わたしの律法を彼らの胸のなかに授け、彼らの心にそれを記す。わたしは彼らの神となり、彼らはわたしの民となる。……わたしは彼らの悪を赦し、再び彼らの罪に心を止めることはない。(エレ三一31-34)

神観について見れば、「わたしは彼らの神となり、彼らはわたしの民となる」という「契約定式」が用いられていること(33節)から、エゼキエルの場合とほぼ同じことがいえるであろう。なお、後のキリスト教徒は、エレミヤのこの「新しい契約」の預言がイエス・キリストによって成就されたと解したので(ルカ二二20、ヘブ八7-13、Ⅱコリ三4-11)、イエス・キリストの福音について記された文書を「新約聖書」と呼ぶことになる。

申命記への捕囚期以降の編集

本書第六章で見たように、申命記はすでに前七世紀後半のヨシヤ王の治世以前から「ヤハウェのみ信仰」の復興のためのプログラムとして書き始められており、それがヨシヤの宗教改革においては綱領文書的な役割を果したと考えられる(二五三ページ以下参照)。しかしこの改革事業は、ヨシヤの非業の死で未完に終わった。しかも、それに続く王国滅亡、バビロン捕囚という事態は、ヤハウェの力への信頼を揺るがす信仰の危機をもたらした。申命記運動の継承者たちは、これらの事態を踏まえ、申命記そのものにも増補改訂の手を加え、このような危機的事態に対処しようとしたのである。

彼らが何よりも力を注いだのは、国家滅亡と捕囚という破局が決して自分たちの神ヤハウェの敗北でも、無力さを露呈するものでもなく、逆にヤハウェの歴史における力を示すものであることを証明することであった。このために彼らは、この破局は、イスラエルの民の罪、しかも契約違反に対するヤハウェ自身の罰であると解釈した。その手がかりとなったのは、すでにヨシヤ時代の申命記において、古代オリエントの条約文書の伝統に従い、契約を守った場合の祝福と、逆にそれを破った場合の呪いが記されていたことである（申二八章）。前にも見たように、現在の形の申命記二八章では、祝福の部分（1－14節）と比べて呪いの部分（15－68節）が著しく長く、構成がはなはだ不均衡である。もともとは、祝福と呪いは量的にも内容的にもほぼ対応するものであったと思われる（内容的にほぼ祝福の部分に対応するのは、呪いの冒頭の申命記二八章15－34節の部分である）。「過剰」な呪いの部分には、バビロニア軍の侵略、国家の滅亡と生き残りの人々の強制移住という、現実の歴史的体験を踏まえていると解釈できるものが多い。

ヤハウェは、あなたをあなたの立てた王とともに、あなたも先祖も知らない国に行かせられる。あなたはそこで、木や石で造られた他の神々に仕えるようになる。ヤハウェがあなたを追いやるすべての民の間で、あなたは驚き、物笑いの種、嘲りの的となる。……ヤハウェは地の果てから一つの国民を、その言葉を聞いたこともない国民を、鷲が飛びかかるようにあなたに差し向けられる。……彼らはすべての町であなたを攻め囲み、あなたが全土に築いて頼みにしてきた高くて堅固な城塞をついには崩してしまう。彼らは、あなたの神ヤハウェがあなたに与えられた全土のすべての町を攻め囲む。（申二八36―37・49・52）

したがって、捕囚期の申命記の増補改訂者たちは、王国滅亡と捕囚という自分たち自身が体験した破局的事態に基づき、申命記の呪いの部分を拡張して、バビロニアの侵攻とユダ王国の滅亡を、契約を破ったための呪いの実現として理解できるようにしたのである。

申命記四章

彼らはまた、十戒（申五6―21）や「シェマの祈り」（申六4―5）を含む申命記の本体（申五―二八章）の直前の申命記四章1―40節に、やはり呪いと祝福の形をとったモーセの勧告を置いた。この部分もまた、内容的に王国滅亡と捕囚を現実的なものとして前提にしており、明らかに捕囚時代に付け加えられたものである。形式的に見れば、全体は、次に示すような左右対称的な構造になっている。

（A）1–8節　枠組み。律法遵守の勧告
（B）9–14節　歴史的回顧。十戒の授与
　（C）15–31節　警告と威嚇
　　（a）15–24節　偶像崇拝への警告
　　（b）25–28節　違反への呪い
　　（c）29–31節　立ち帰りへの祝福
（B′）32–39節　歴史的回顧。出エジプト
（A′）40節　枠組み。律法遵守の勧告

すなわち、モーセはまず、ヤハウェの「掟と法」を守り行うように諭し、修辞疑問文を用いてその掟の無比のすばらしさを強調する（1–8節）。その際にヤハウェの神としての無比の卓越性が併せて強調されるが、他の国民の神々の存在自体は必ずしも排除されていないように見える。なお、この段落では語りかけに主として「あなたたち」という二人称複数形が用いられる。

　いつ呼び求めても、近くにおられる我々の神、ヤハウェのような神を持つ大いなる国民がどこにあるだろうか。また、わたしが今日あなたたちに授けるすべての律法のように、正しい掟と法を持つ大いなる国民がどこにいるだろうか。（申四7–8）

次に、ヤハウェが「ホレブ」で「火の中から」語りかけて「十戒」を命じ、それを「二枚の石の板」に書き記したことが回顧される（9－14節）。続いて、ヤハウェが「火の中」から語った際に人々が「何の形も見なかった」ことを根拠に、偶像崇拝の禁止が厳命される（15－24節）。偶像崇拝禁止がことさらに強調されるのは、後に見るように、捕囚先であるバビロンが偶像崇拝の中心地であり、それが捕囚民にとっても少なからぬ誘惑だったからであろう（三五〇ページ以下参照）。さらには、偶像崇拝禁止の命令を破った場合に下される災いが呪いの形で描かれる（25－28節）。申命記二八章の呪いの後半の部分と同様、ここでも明らかに、王国滅亡と捕囚が歴史的な体験として踏まえられている。なお、ここでも冒頭の部分を除き二人称複数形の語りかけがなされている。

もし、あなたが子や孫をもうけ、その土地に慣れて堕落し、さまざまな像を造り、あなたの神、ヤハウェが悪と見なされることを行い、御怒りを招くならば、わたしは今日、あなたたちに対して天と地を呼び出して証言させる。あなたたちは、ヨルダン川を渡って得るその土地から離されて速やかに滅び去り、そこに長く住むことは決してできない。必ず滅ぼされる。ヤハウェはあなたたちを諸国の民の間に散らされ、ヤハウェに追いやられて、国々で生き残る者はわずかにすぎないであろう。あなたたちはそこで、人間の手の業である、見ることも、聞くことも、食べることも、嗅ぐこともできない木や石の神々に仕えるであろう。
（申四25-28。なお、申二九13-27をも参照）

ただし、これに続く段落では、ヤハウェを「尋ね求め」ることと「立ち帰り」が勧告され、そうすれば救いが得られることが示唆される（29-31節）。これはいわば「祝福」に当たる。その際には、根拠としてヤハウェの「憐み深さ」が強調される。したがって、申命記二八章とは異なり、ここでは祝福と呪いは二者択一的な可能性として併置されるのではなく、まず呪い、然る後に祝福という時間的前後関係に置かれていることになる。いわば現実のものとなった呪いの中で、ヤハウェに立ち帰り、その憐み深さにすがることが勧告されているのである。ただし、ここで示される救いの希望は、まだ、ごく一般的で抽象的なものに留まっており、したがって、後に取り上げる「第二イザヤ」などの場合とは異なり、（ペルシア王キュロス二世によるバビロン征服と捕囚からの解放という）具体的な救いの展望が現れる以前の段階のものと考えられる。なお、この段落では、最初の部分を除き、「あなた」という二人称単数形の語りかけがなされており、二人称複数形を用いた先行する部分とは著者が異なることが示唆されている。したがって、申命記四章自体が複合的で多層的な構成物なのである。

しかしあなたたちは、その所からあなたの神、ヤハウェを尋ね求めねばならない。心を尽くし、魂を尽くして求めるなら、あなたは〔彼に〕出会うであろう。これらのすべてのことがあなたに臨む終わりの日、あなたはあなたの神、ヤハウェに立ち帰り、その声に聞き従う。あなたの神、ヤハウェは憐み深い神であり、あなたを見捨てることも滅ぼすことも、あなたの先祖に誓われた契約を忘れられることもないからである。

（申四29―30。なお、申三〇1―10をも参照）

これに続く第四の段落（32―39節）では、そのようなヤハウェの「憐み深さ」の実例として、出エジプトの救いが引き合いに出される。

彼〔＝ヤハウェ〕はあなたたちの先祖を愛されたがゆえに、その後の子孫を選び、大いなる力をもって、あなたをエジプトから導き出された。そして、あなたよりも強大な国々をあなたの前から追い払い、あなたを導いて、今日のように彼らの土地をあなたの嗣業の地としてくださった。（申四37―38）

本書の主題にとってはなはだ興味深いのは、この段落において、このような出エジプトという「救済史」の記述を両側から枠づけるような形で、他の神々の存在を原理的に否定する唯一神観的な断言が置かれていることである。

あなたは、ヤハウェこそ神（冠詞付の「エロヒーム」）であり、彼以外、ほかにはいない（エン・オード）ことを示され、知るに至った。（申四35）

あなたは、今日、上の天においても下の地においてもヤハウェこそ神（冠詞付の「エロヒーム」）であり、ほかにはいない（エン・オード）ことを知り、心に留めなさい（申四39）

これは、旧約聖書を最初から読んできた場合、ヤハウェが唯一の神であり、他の神は存在しないという、狭義において厳密な意味での唯一神観を明言する最初の箇所ということになる。ここでは、イスラエルの従来の拝一神教的な神観が明らかに突破されている。王国滅亡、捕囚、外見上の異教の神々の勝利という未曾有の信仰の危機、神学的破局に直面して、それを乗り越えるために、ついに一つの飛躍、ペッタツォーニのいう「思考の革命」（二七ページ参照）が起こったのかもしれない。しかもこの二カ所では、「知る（ヤーダア）」という動詞が用いられており、この唯一神教的な神観がイスラエルにとっても新しい認識であったことが示唆されている。イスラエルは「今日」以降、ヤハウェが唯一絶対の神であるということの真理を理解し、心に刻むべきなのである。

ただし、ここで問題になるのが、この二カ所における唯一神教的な言明が、はたして周囲の文脈にしっかりと根付いているかどうかということである。第一の段落の最後の部分（7-8節）

における同様、この段落の最初の部分（32－34節）では、一連の修辞疑問文を用いて、イスラエルという民と彼らの神ヤハウェの卓越性と無比性が強調される。

これほど大いなることがかつて起こったであろうか。あるいは、そのようなことを聞いたことがあろうか。火の中から語られる神の声を聞いて、なお生きている、あなたと同じような民があったであろうか。あるいは、あなたたちの神、ヤハウェがあなたの目の前でなさったように、さまざまな試みとしるしと奇跡を行い、戦いと力ある御手と伸ばした御腕と大いなる恐るべき行為をもって、あえて一つの国民を他の国民の中から選び出し、御自身のものとされた神（冠詞なしの「エロヒーム」）があったであろうか。（申四32－34）

ただし、本書一六八－七一ページでも確認したように、卓越性や無比性の強調は、必ずしもその存在の唯一性を意味せず、むしろ比較の対象（厳密には、比較しても比較にならない対象）として他の存在を前提にする。要するに、他の国民の中にイスラエルと「同じような」民がいないのと同様に、（他の神々の中に）ヤハウェと「同じような」、ヤハウェに匹敵する神はいない、ということである。したがって、この文脈自体はなお本質的に拝一神教的な性格のものなのである。

そもそも、出エジプトという救済史への注目自体が、自民族中心主義的な観点を基盤としており、ヤハウェとイスラエルの関係を主題とする拝一神教的性格を持つ（十戒の冒頭の「わたしはヤハウェ、あなたをエジプトの国、奴隷の家から導き出したあなたの神である。あなたには、わたしをおいてほかの神があってはならない」を参照)。

救済史の目標は、「約束の地」であった(38節の「嗣業の地」への言及を参照)。しかし、その「約束の地」の喪失を伴う前五八六年の破局は、いわば救済史を無効化しないまでも、少なくとも相対化してしまった。すなわち、かつてヤハウェはイスラエルを異民族の支配から解放したが、そのイスラエルは今や再び異民族の支配の下にあえいでいる。かつてイスラエルは嗣業の地を与えられたが、今やそれは再び失われてしまっている。このことは、同時代のバビロン捕囚という歴史的現実を背景とすれば、原理的には、バビロニアの神々がヤハウェに優る力を持つのではないかという疑問につながり得たであろう。

ところが、35節と39節の唯一神教的言明は、そのような文脈とは論点と次元を異にする。それらの言明は神の唯一性という、普遍的な論点(「上の天においても下の地においても」)を持ち出すことによって、救済史的・拝一神教的文脈を分断しているのである。この時代における信仰の危機の真の克服には、救済史的・拝一神教的論理よりも強力な論理が必要とされる。それが、神の絶対的な唯一性だったのである。前記の二つの箇所は、ヤハウェの救いの力へのそのようなわずかな疑念をも払拭し封殺するかのように、「ヤハウェこそ神であり、他にはいない」と断言する。ヤハウェのような神はいない、ということではないのだ。ヤハウェ以外に神はない、ということなのだ。このように、この二つの箇所は、ヤハウェの救いの力を論証しようとする救済史的論理を別の観点から二次的に補強・補完している。したがって筆者は、35節と39節の唯一神教的言明は、申命記全体の中でも二次的な、捕囚時代に付け加えられた第四章に対し、さらに後（おそらくは捕囚後のペルシア時代）になってから付加された「三次的」な加筆であると判断する。事実、この二つの節は文法的に孤立しており、これを取り去っても、残されたテキストに文法的な困難は発生しないのである。

申命記全体の中で、この二カ所と同じように神の唯一性に言及するのは、申命記三二章39節のみである。

見よ、わたしこそ、わたしこそそれである。
わたしのほかに神はない（エン・エロヒーム）。
わたしは殺し、また生かす。わたしは傷つけ、また癒す。
わが手を逃れうる者は、一人もいない。（申三二39）

申命記三二章の「モーセの歌」には、よりによって例の、ヤハウェが「神の子ら」のひとりであるとする、奇妙に多神教的な観念の名残を示す伝承が取り入れられていた（本書一二二-四ページ参照）。したがって、同39節の唯一神教的言明も、より古い伝承に対する後代の加筆であると考えられる。これらの「唯一神教的」な加筆は、その散発的な「疎《まば》らさ」に示されるように、組織的ではなく、あくまで個別的なものであり、申命記全体の神学的相貌を根本的に変えるには至っていない。それでは、その個別的な加筆者（たち）は、ヤハウェが唯一絶対の神であるという唯一神教的発想を、そもそもどこで得たのであろうか。この問題は、次章で改めて検討することとする。

申命記史書の捕囚時代の増補改訂

旧約聖書における唯一神観の究極的淵源を考えるのに先立って、申命記主義的思想の捕囚時代の展開に関連して、申命記史書への捕囚時代の改訂について触れておきたい。本書第六章で述べたように、現在あるヨシュア記から列王記まで（ルツ記を除く）の一連の歴史書は、申命記的な精神と用語でまとめられた一続きの歴史書、「申命記史書」を構成し、その最初の形態はヨシヤ王の時代にまとめられ、まさにこの王の宗教改革をクライマックスとし、またそれを補強・正当化するために成立したものと思われる（二九五―七ページ参照）。ところが、そのヨシヤ王が予想もしなかった経緯でエジプト王に殺され、その改革運動も挫折してしまった。それどころか、わずか二〇年ほどのうちにユダ王国そのものが新バビロニア帝国によって滅ぼされ、生き残った多くの者がバビロニアに送られるという事態になった。申命記主義的精神を受け継ぐ者たちにとって、この過酷な現実を神学的に説明することが焦眉の課題になったはずである。

ヨシヤ時代の「第一の申命記史家」たちの仕事を引き継ぐ、捕囚時代のいわゆる「第二の申命記史家」たちは、まず、申命記史書の記述を延長し、ヨシヤ王の死から捕囚時代までの記述（王下二三29―二五30）を増補した。そこでは、ヨシヤの跡を継いだユダ王国最後の王たち（ヨアハズ、ヨヤキム、ヨヤキン、ゼデキヤ）が、いずれも邪悪で不信仰で、時代の流れに翻弄される非力で暗愚な王として描かれている。第二の申命記史家たちは、王国滅亡と捕囚という破局へと繋がる、究極的な原因を突き止めねばならなかった。その際には、バビロニアの神々の勝利とヤハウェの敗北、無力という「誤解」を避けるために、この破局がイスラエルの罪に対するヤハウェ自身の正当な裁きであることを明らかにする必要があった。申命記の捕囚時代の改訂の場合と同様である（三一四―六ページ参照）。申命記本体の捕囚時代の改訂者たちと、捕囚時代に申命記史書を増補改訂した第二の申命記史家たちは、おそらく同一の人々であったか、少なくとも相互に密接に関係があり、広い意味で「申命記派」と呼び得る同じグループに属していたと考えられる。

マナセの罪

第二の申命記史家たちにとって最大の神学的背理は、ヨシヤ王が――道半ばであったとはいえ――模範的な敬虔を示し、地方聖所と異教崇拝という祭儀的害悪を払拭するという大改革を成し遂げたにもかかわらず、なぜこの理想的な王が非業の死を遂げ、そのわずか後にユダ王国が滅亡しなければならなかったのかを、筋道の通った形で説明することであった。それを達成するために彼らが目を着けたのは、もともとの申命記史書でも異教の礼拝を積極的に導入するなどして背教的であったとされていた、ヨシヤの二代前の王マナセの存在であった（二四八ページ参照）。第二の申命記史家たちは、このマナセを、王国滅亡と捕囚という破局の全責任を負わせる「スケープゴート」に仕立てることにした。そこで彼らは、マナセの治世についての記述（王下二一2－9・16）に手を加えて、この王の不信仰と邪悪さをこのうえなく誇張したうえで、次のような「預言」を書き加えたのである。

> ユダの王マナセはこれらの忌むべきことを行い、……その偶像によってユダにまで罪を犯させた。それゆえ、イスラエルの神、ヤハウェはこう言われる。「見よ、わたしはエルサレムとユダに災いをもたらす。……鉢をぬぐい、それをぬぐって伏せるように、わたしはエルサレムをぬぐい去る。わたしはわが嗣業の残りの者を見捨て、敵の手に渡す。彼らはその敵のすべての餌食となり、略奪の的となる。彼らは先祖がエジプトを出た日から今日に至るまで私の意に背くことを行い、わたしを怒らせてきたからである。」（王下二一11－15）

それ故、ユダ王国滅亡は実はすでにヨシヤ以前から既定の事実になっていたことになる。第二の申命記史家たちはさらに、ヨシヤの死の記述の直前で、「彼のように全くモーセの律法に従って、心を尽くし、魂を尽くし、力を尽くしてヤハウェに立ち帰った王は、彼の前にはなかった。彼の後にも、彼のような王が立つことはなかった」（王下二三25）というヨシヤに対する絶賛に続いて、次のような説明を加えている。

しかし、マナセの引き起こしたすべての憤りのために、ヤハウェはユダに向かって燃え上がった激しい怒りの炎を収めようとはなさらなかった。ヤハウェは言われた。「わたしはイスラエルを退けたようにユダをもわたしの前から退け、わたしが選んだこの都エルサレムも、わたしが名を置くと言った神殿もわたしは忌み嫌う。」（王下二三26―27）

それ故、ヨシヤの敬虔と善行をもってしても、マナセの不信仰と悪行を帳消しにすることはできなかった、ということになる。ここでは、前五八六年のエルサレムとその神殿の破壊が明らかに前提にされている。また、ネブカドネツァルによるエルサレム侵攻を描く際にも、第二の申命記史家たちは、次のような解説を加えている。

ユダが御前から退けられることは、まさにヤハウェのご命令によるが、それはマナセの罪のため、彼の行ったすべてのことのためであり、またマナセが罪のない者の血を流し、エルサレムを罪のない者の血で満たしたためである。ヤハウェはそれを赦そうとはされなかった。（王下二四3―4）

それゆえ、第二の申命記史家たちによれば、破局はすべてマナセの罪のためなのである。それでは、破局の原因がなぜよりによってマナセであり、例えばヨシヤの死後の王たちではないのであろうか。

第二の申命記史家たちの応報神学から見れば、王国滅亡の原因となる罪は、ヨシヤの全功績を水泡に帰させるほど悪質で甚大なものでなければならない。ヨシヤの跡を継いだユダ王国の最後の四人の王たちは、いずれもヤハウェ系の名前を持っており、宗教的にそれほど悪質な行為をしたようには見えない。しかも、彼らはいずれも「小物」であり、在位期間も比較的短い。何よりまず、ヨシヤの敬虔と改革を無効にしてしまうほどの巨悪を描くということには、ある種の歴史の捏造や歪曲、少なくとも大幅な誇張が含まれるはずである。最後の四人の王たちは、いずれも直近二〇年間ほどの人物であり、これらの王たちの治世の歴史的実情はまだ同時代人の記憶によく残っていたはずで、あまり極端な「潤色」はしにくかったのではなかろうか。

これに対してマナセはほぼ一〇〇年前の過去の人物であり、その治世の出来事を直接記憶している人物はもはやいなかったはずである。しかも彼は、五五年間（王下二一1）という、ダビデ王朝全体でも最長不倒の治世を享受した「大物」であった。そこで、マナセに白羽の矢が立てられたというわけであろう。本人にとっては、はなはだ迷惑な話である。

破局の原因

先に見たように、前五八六年には土地、国家とダビデ王朝、神殿が一挙に失われたが、それらはヤハウェがイスラエルに「とこしえに」与えたものであり、あるいはその存続を保証したものと信じられていた（三〇四ページ以下を参照）。それゆえ、それらがことごとく失われたことは、ヤハウェが自分の約束を守り通すことができなかったことの証左と解釈される可能性があった。そこで第二の申命記史家たちは、それらの「救済財」の存続には律法遵守とヤハウェへの絶対的服従という厳しい「条件」が付されていることを強調し、それらの喪失は犯された罪と不服従に対するヤハウェの罰であり、その責任はもっぱらイスラエルの側にあることを示すことにした。

　まず、土地についてであるが、カナンの地をイスラエルに得させた英雄は、言うまでもなくヨシュアである。そこで第二の申命記史家たちは、ヨシュア記の最後でヨシュア自身に遺言的な演説を行わせ、不服従による土地の喪失について警告させる。ここでは、モーセの遺言という申命記の設定が明らかに応用されている。

> わたしは今、この世のすべての者がたどるべき道を行こうとしている。あなたたちは心を尽くし、魂を尽くしてわきまえ知らねばならない。あなたたちの神、ヤハウェがあなたたちに約束されたすべての良いことは、何一つたがうことはなかった。……もし、あなたたちの

神、ヤハウェが命じられた契約を破り、他の神々に従い、仕え、これにひれ伏すなら、ヤハウェの怒りが燃え上がり、あなたたちは与えられた良い土地から、速やかに滅び去る。（ヨシュ二三14－16）

もちろん、これは設定上は、そのようなことが起こらないようにという、将来に向けて発せられた「警告」である。しかし、文体から見て明らかなように、これを書いたのは申命記史家たち自身であり、これはすでに起こった事態を後から説明しようとした、いわゆる「事後預言」に他ならない。第二の申命記史家たちによれば、土地の喪失の真の原因は、イスラエルの民の契約違反にあるわけである。

王国の存続についても、全く同じことが言える。王制の導入に関わった立役者は、預言者サムエルである（サム上八－一一章）。最初の王サウルが即位した際に、第二の申命記史家たちは、そのサムエル自身に遺言的な演説を行わせ、王国の滅亡という可能性を民に突き付けさせる。

今、見よ、あなたたちが求め、選んだ王がここにいる。ヤハウェはあなたたちに王をお与えになる。だから、あなたたちはヤハウェを畏れ、御声に聞き従い、御命令に背かず、あなたたちもあなたたちの上に君臨する王も、あなたたちの神、ヤハウェに従うならそれでよい。……ヤハウェを畏れ、心を尽くし、まことをもって彼に仕えなさい。彼がいかに偉大なことをあなたたちに示されたかを悟りなさい。もし、あなたたちが悪を重ねるなら、あなたたちもあなたたちの王も滅ぼし去られる。（サム上一二13－14・24－25）

サウルは北のベニヤミン部族出身の王であり、その王国は基本的に後のイスラエル北王国に引き継がれた。それがやがてアッシリアに滅ぼされたのは、その王と民が「悪を重ね」たからなのである。しかし、ダビデ王朝については、ヤハウェがダビデに対し、「とこしえ」の存続を約束したはずではないか（サム下七16、詩八九4－5）。それなのに、前五八六年、最後のダビデ王朝の王が、目をえぐられ、青銅の足かせをはめられたみじめな姿で捕囚民の先頭に引いて行かれ（王下二五7）、ダビデ王朝が断絶したというのはどういうことなのであろうか。第二の申命記史家たちによれば、ダビデ王朝の存続にも、実は重要な条件が付けられていた。彼らはそのヤハウェの約束を受けたはずのダビデ自身に、死の床で、後継者となるソロモンに次のように「遺言」させる。

あなたの神、ヤハウェの務めを守ってその道を歩み、モーセの律法に記されているとおり、ヤハウェの掟と戒めと法と定めを守れ。そうすれば、あなたは何を行っても、どこに向かっても、良い成果を上げることができる。またヤハウェは、わたしについて告げてくださったこと、「もし、あなたの子孫が自分の歩む道に留意し、まことをもって、心を尽くし、魂を尽くしてわたしの道を歩むなら、イスラエルの王座につく者が断たれることはない」という約束を守ってくださるであろう。（王上二3−4。なお、王上八25、九4−5をも参照）

ここでも、「もし〜なら」という条件が付されている。逆に言えばこれは、もし、ダビデの子孫が「心を尽くし、魂を尽くして」ヤハウェの道を歩むことを怠るなら、「イスラエルの王座につく者が断たれる」ということである。そして、そのことが前五八六年に起こってしまった、ということなのである。

エルサレム神殿はどうであろうか、それは「神の家」であり、神の現臨と加護の目に見える象徴であった。少なくとも預言者エレミヤの時代の人々にとって、神殿の存在は、神がエルサレムを無条件に救ってくれる保証のようなものであった（エレ七4・8−10参照）。エルサレム神殿を建設したのはソロモン王であった（王上六−八章）。第二の申命記史家たちは、そのソロモンが完成した神殿をヤハウェに奉献した直後に、ヤハウェが直接、ソロモンにこう警告したとする。

もし、あなたたちとその子孫がわたしに背を向けて離れ去り、わたしが授けた戒めと掟を守らず、他の神々のもとに行って仕え、それにひれ伏すなら、わたしは与えた土地からイスラエルを断ち、わたしの名のために聖別した神殿もわたしの前から捨て去る。こうしてイスラエルは諸国民の中で物笑いと嘲りの的になる。（王上九6−7）

それゆえ、神殿の破壊もまた、イスラエルの背教を罰そうとするヤハウェの意志による。このように、第二の申命記史家たちは、土地、王国、ダビデ王朝、神殿といった、ヤハウェの「救済財」と信じられたものすべての喪失を、一つひとつ「罪と罰」の図式で論理的に説明し、意味づけていく。何ともすさまじい「自虐史観」にも見えるが、ここで第二の申命記史家たちが行っている作業は、社会学者マックス・ウェーバーの言う「苦難の神義論」に他ならない。すなわち、人が大きな苦難に見舞われた場合、それが不条理であればあるほど、受け止めたり耐え忍ぶことが困難になる。しかし、その苦難の理由や意味が何とか納得でき、「腑に落ちる」ような場合には、それを耐え忍んだり克服することがより容易になるのである。それは同時に、破局と苦難の責任をすべてイスラエルの側に帰すことにより、ヤハウェを免罪しようとする弁神論でもある。その究極の目的は、言うまでもなく、前五八六年の破局をヤハウェの敗北や無力さを示すものと見る「誤解」を打ち砕き、ヤハウェのみへの信仰を保たせること、すなわち信仰の危機の克服である。

立ち帰りと未来への希望

それでは、土地も国も王朝も神殿も失った捕囚の地で、イスラエルはいったいどのようにすればよいのであろうか。これについても第二の申命記史家たちは、彼らの歴史記述を通じて明瞭な示唆を与えている。

ソロモンがエルサレム神殿を完成し、それをヤハウェに奉献する際に、彼は長大な祈りをささげたとされる（王上八23-53）。その最初の部分（王上八12-13）には古い伝承が取り入れられているように見えるが、それ以外の祈りの大部分は、明らかに王国滅亡や捕囚を前提にしており、捕囚時代の第二の申命記史家たちの手によるものである。その中でソロモンは「将来起こるかもしれない」イスラエルの罪と罰に備えて、ヤハウェに執り成しの祈りをささげる。しかし、そこでは捕囚の生々しい現実が前提にされており、捕囚時代の申命記史家たちがソロモンの口を借りて語っていることは明白である。

もし、彼らが罪を犯し、――罪を犯さない者は一人もいません――あなたが怒って彼らを敵の手に渡し、遠くあるいは近くの敵地に捕虜として引いて行かれたときに、彼らが捕虜になっている地で自らを省み、その囚われの地であなたに立ち返って憐みを乞い、「わたしたちは罪を犯しました。不正を行い、悪に染まりました」と言い、捕虜にされている地で心を尽くし、魂を尽くしてあなたに立ち帰り、あなたが先祖にお与えになった地、あなたがお選びになった都、御名のためにわたしが立てた神殿に向かって祈るなら、あなたはお住まいである天にいましてその祈りと願いに耳を傾け、裁きを行ってください。あなたの民があなたに犯した罪、あなたに対する罪のすべてを赦し、彼らを捕えた者たちの前で、彼らに憐みを

施し、その人々が彼らを憐れむようにしてください。(王上八46―50)

すなわち、第二の申命記史家たちは、絶望しヤハウェへの不信の念をつのらせる捕囚民に対し、いたずらにヤハウェの力への懐疑を抱くことなく、ヤハウェのみへの信仰を維持し、自らを省み、罪を懺悔し、「心を尽くし、魂を尽くして」ヤハウェに「立ち帰り」、あくまでこの神に救いを求めるべきだ、と勧告しているのである。

申命記史書における唯一神教的言及

王国滅亡と捕囚の原因が、しばしばイスラエルがヤハウェ以外の「他の神々に仕え、ひれ伏した」ことに帰されることに示されているように、この捕囚時代の改訂段階においても、申命記史書の神観は基本的に拝一神教的なものであったと考えられる。これに対し、申命記史書のいくつかの箇所に散発的に、それを超えた、他の神々の存在自体を否定する唯一神教的な観念が見られることも事実である。

まず、預言者サムエルの母となるハンナの祈りの冒頭。

ヤハウェのように、聖なる方はいません。あなたのほかには、いないのです。
われらの神のような岩はないのです。(サム上二2)

次に、ダビデがヤハウェに祈る場面から、二カ所。

主なるヤハウェよ、まことにあなたは大いなる方、あなたに比べられるものはなく、あなた以外に神（エロヒーム）があるとは耳にしたこともありません。（サム下七22）

ヤハウェのほかに誰が神（エル）であろうか。
われらの神（エロヒーム）のほかに誰が岩であろうか。（サム下二二32＝詩一八32）

さらに、ソロモンによる神殿奉献の後の民への祝福の中の一句。

こうして、地上のすべての民が、ヤハウェこそ神（冠詞付の「エロヒーム」）であって、ほかにはいない（エン・オード）ことを知るに至るように（王上八60）

次に、シリアの将軍ナアマンが、預言者エリシャに穢れた皮膚病を癒された直後の場面。

ご覧ください。イスラエルのほか、この世界のどこにも神（エロヒーム）はおられないことがわかりました。（王下五15）

最後は、エルサレムでアッシリアの大軍に取り巻かれたヒゼキヤ王がヤハウェに祈る言葉の中の二カ所。

ケルビムの上に座しておられるイスラエルの神、ヤハウェよ。あなただけが地上のすべての王国にとって神（冠詞付の「エロヒーム」）であり、あなたこそが天と地をお造りになった方です。（王下一九15）

わたしたちの神、ヤハウェよ。どうか今わたしたちを彼の手から救い、地上のすべての王国が、あなたヤハウェだけが神（エロヒーム）であることを知るに至らせてください。（王下一九19）

これらの少数の箇所については、申命記本体中の唯一神的言説（申四35・39、三二39）についてと同じことが言える（三二三-五ページ参照）。すなわち、それらはいずれも捕囚時代以降の付加と思われる部分に含まれ、大文脈から比較的容易に取り外すことができる。また、それらは組織的な「編集」ではなく、個別的な「加筆」であり、その「疎らさ」から見て、申命記史書全体の性格を神観の上で大きく変える影響力を持っていないのである。

第八章

「第二イザヤ」と唯一神観の誕生

「第二イザヤ」の発見

旧約聖書において、ヤハウェのみを唯一の神とし、他の神々の存在を原理的に否定する唯一神教的神観が最も集中的に見られるのは、イザヤ書四三―四六章である（イザ四三10―12、四四6―8、四五5―7・14・18・21―22、四六9）。

本書第五章で見たように、「イザヤ」は前八世紀後半にエルサレムで活動した預言者であり、このことはイザヤの預言との関わりで、ユダ王アハズやヒゼキヤ、アッシリア王ティグラト・ピレセル三世やセンナケリブといった前八世紀後半の人物たちが登場することからも明白である（一三二ページ参照）。ところが、イザヤ書四〇章以降では明らかにユダ王国の滅亡とバビロン捕囚が歴史的に前提とされており、同四四―四五章には何と、ペルシア王キュロス（二世、英語では「サイラス」、在位五五九―五三〇年）が名指しで言及される（イザ四四28、四五1）。キュロスは、預言者イザヤの活動期よりも一五〇年から二〇〇年も後の人物である。前七世紀の半ば以降、現在のイランに当たるペルシアはメディア王国の支配下にあったが、前五五〇年頃にアケメネス家のキュロスはメディア王アステュアゲスを破り独立を達成、さらに前五四六年には小アジアで栄えていたリュディア王国を征服して新バビロニアを包囲、前五三九年にはついにバビロンを無血征服した。

イザヤの預言にキュロスへの言及があることについては、ユダヤ教でもキリスト教でも長い間、イザヤは「預言者」なのだから遠い未来のことを予知できて当然、と見られていた（アメリカなどの超保守的なキリスト教の教派では、現在でもなお断固としてそのように信じている人々が少なくない）。しかし、一九世紀のヨーロッパで旧約聖書の歴史的・批判的研究が盛んになると、そんなことは言っていられなくなる。ドイツの旧約学者ドゥームは一八九二年に出版した『イザヤ書注解』で、イザヤ書四〇―五五章が、前八世紀のイザヤとはまったく別人の捕囚時代末期の匿名の預言者の言葉を集めた、独立したまとまりをなすことを論証し、それ以来この預言者（およびイザヤ書の該当部分）は「第二イザヤ」と呼ばれるようになった（第五六―六六章はさらに後代のペルシア時代のさまざまな預言を集めたもので、「第三イザヤ」と呼ばれる）。

旧約聖書の福音書記者

第二イザヤの預言は、ヘンデルの『メサイア』の最初の独唱の歌詞としても有名な、「慰めよ、わたしの民を慰めよと、あなたたちの神は言われる」（イザ四〇1）という慰めの言葉で始まる。そこではバビロン捕囚の状況が前提とされているが、いまやその終わりと解放の時が迫ったことが告知されるのである。捕囚がイスラエルの民の罪の結果であることは、第二イザヤも認める（イザ四二24―25参照）。しかし、もはや捕囚民は十分すぎるほどの償いを果たし、刑期の満了が近づいた、というのである。

エルサレムの心に語りかけ、彼女に呼びかけよ。
苦役の時は今や満ち、彼女の咎は償われた、と。
罪のすべてに倍する報いを、ヤハウェの手から受けた、と。（イザ四〇2）

イスラエルの罪と罰を執拗に問題にした捕囚前の預言者たちとは異なり、第二イザヤは一貫してイスラエルの解放と救いが迫ったことを告知する。第二イザヤがしばしば「旧約聖書の福音書記者」と呼ばれる所以である。

第二イザヤは、バビロン捕囚からの解放を、第一の出エジプトを凌駕する「第二の出エジプト」として描き出す。次の箇所では、明らかに出エジプトに際しての海の奇跡の場面が踏まえられている。

ヤハウェはこう言われる。海の中に道を通し、恐るべき水の中に通路を開かれた方、
戦車や馬、強大な軍勢を共に引き出し、彼らを倒して再び立つことを赦さず、
灯心のように消え去らせた方が。
「初めからのことを思い出すな。昔のことを思いめぐらすな。
見よ、新しいことをわたしは行う。今やそれは芽生えている。
あなたたちはそれを悟らないのか」、と。（イザ四三16－19）

海を、大いなる淵の水を干上がらせ、深い海の底に道を開いて、
贖われた人々を通らせたのは、あなたではなかったか。
ヤハウェに贖われた人々は帰って来て、
喜びの歌を歌いながらシオンに入る。（イザ五一10－11）

救いの道具としてのペルシア王キュロス

第二イザヤは、具体的には、周囲の国々を連戦連勝の勢いで征服し、今やオリエント最強の帝国であった新バビロニアに迫っているペルシア王キュロスが、やがてバビロニアを滅ぼし、捕囚民の解放者としての役割を果たすと考えていた。おそらくは捕囚民の中にいた知識人である第二イザヤには、当時の国際情勢がよく見えていたらしい。

〔ヤハウェは〕キュロスに向かって、
「わたしの牧者、わたしの望みを成就させる者」と言う。
エルサレムには、「再建される」と言い、
神殿には「基が築かれる」と言う。（イザ四四28）

実際にキュロスは、バビロン征服後、勅令を発して捕囚民を解放し、エルサレム神殿の再建を命じることになる（エズ一2-3）。したがって、この点では第二イザヤの預言は的中したわけである。破竹の勢いで進撃するキュロスの背後に、第二イザヤは、イスラエルを救済しようとする神ヤハウェの意図を見る。もちろん、異国人で異教徒であるキュロス自身は、そんな真実にまったく気づいていない。しかし、第二イザヤから見れば、それ以外ではありえないのである。

ヤハウェの油注がれた者（メシア〔！〕）、キュロスについて、
ヤハウェはこう言われる。「わたしは彼の手を固く取り、
国々を彼に従わせ、王たちの武装を解かせる。扉は彼の前に開かれ、
どの城門も閉ざされることはない。……わたしの僕ヤコブのために、
わたしの選んだイスラエルのために、わたしはあなたの名を呼び、
称号を与えたが、あなたは知らなかった。（イザ四五1・4）

ただし、このような第二イザヤの同時代の歴史の解釈は、後に見るように、一般の捕囚民にとってさえ、にわかには信じ難いものであった。

唯一神観の確立とその背景

ホセアやイザヤやエレミヤの見方によれば、ヤハウェはアッシリアやバビロニアをイスラエルを罰する道具として用いたが、第二イザヤによれば今やヤハウェは、まったく逆に、ペルシア王キュロスをイスラエルの解放と救済のための道具として用いようとしているのである。そのように第二イザヤが解釈する理由が、とりわけ重要である。それは、ヤハウェこそ唯一の神であり、世界に（「日の昇るところから日の沈むところまで」）、否、宇宙に、他の神は一切存在しないからだ、というのである。

わたしはヤハウェ、ほかにはいない（エン・オード）。
わたしをおいて神はない（エン・エロヒーム）。
わたしはあなたに力を与えたが、あなたは知らなかった。
日の昇るところから日の沈むところまで、人々は知るようになる。
わたしのほかは、むなしいもの（エフェス）だ、と。
わたしはヤハウェ、ほかにはいない（エン・オード）。
光を造り、闇を創造し、平和をもたらし、災いを創造する者。
わたしはヤハウェ、これらすべてを行う者。（イザ四五5―7）

ここでは、前八世紀の預言者たちの世界を支配する普遍的な神の観念がさらに発展され、しかもそれが神の唯一性と結び付けられている。すなわち、世界にヤハウェという唯一の神しか存在しないのであれば、アッシリアであれ、バビロニアであれ、ペルシアであれ、世界の中で生起することはすべて、幸いも災いも、この唯一の神の意志に基づくものでしかあり得ないことになる。かつてイスラエルの罪に対するヤハウェの裁きが国家の滅亡、捕囚という災いの形で実現したように、今やヤハウェの救いが、キュロスを通じた大いなる幸いとして実現しようとしている、というのである。ここに、旧約聖書における唯一神教的な神観の確立が確認できる。従来の拝一神教的な神観と比べれば、それはまさに一つの飛躍であり突破であり、「革命」であった。

何がこのような「突破」を可能にし、あるいは必然化させたのであろうか。それはやはり、捕囚という状況とそれがもたらした信仰の危機と関連すると思われる。すでに五〇年近くの捕囚生活が経過し、「ヤコブの家」、すなわち「イスラエルの家の残りの者」（イザ四六3）たちは絶望と疲弊の中にあり、信仰をすら失いかけていた。

ヤコブよ、なぜ言うのか。イスラエルよ、なぜ断言するのか。
「わたしの道はヤハウェには隠されている」、と。
「わたしの裁きはわが神に忘れられた」、と。（イザ四〇28）

シオンは言う。「ヤハウェはわたしを見捨てられた。
　わたしの主はわたしを忘れられた」、と。（イザ四九14）

このような同胞たちの深い絶望と悲観に反論し、希望を抱かせるために、第二イザヤは大いに奮闘しなければならなかった。

あなたは知らないのか。聞いたことがないのか。
ヤハウェは永遠の神、地の果てに及ぶすべてのものの造り主。
倦むことなく、疲れることなく、その英知は極めがたい。疲れた者に力を与え、
勢いを失っている者に大きな力を与えられる。（イザ四〇28－29）
女が自分の乳飲み子を忘れるだろうか。
母親が自分の産んだ子を憐れまないだろうか。
たとえ、女たちが忘れようとも、
わたしがあなたを忘れることは決してない。（イザ四九15）

　第二イザヤは救いの到来を確信し、キュロスの台頭にその実現の兆候を見たが、彼の宣教は、捕囚民の間にたいした反響を引き起こさなかったらしい。それは、捕囚民の多くにとってあまり

にも突飛で信じ難いことに見えたのである。第二イザヤは、救いを信じない民についてヤハウェに嘆かせる。

何故、わたしが来ても、だれもいないのか。呼んでも答えないのか。
わたしの手は短すぎて贖うことができず、
わたしには救い出す力がないというのか（イザ五〇2）

捕囚民の間には、実際にそのような絶望とヤハウェの力への不信が広まっていたのであろう。救いの福音を説く第二イザヤは、明らかに捕囚民の中で孤立していた。そこで、彼は救いを信じようとしない同胞を「盲人」、「聾者」と罵倒する（意図的に差別語、不快語が用いられているため、新共同訳は遠回しに訳すが、やや隔靴掻痒である）。

「聾者たちよ、聞け。盲人たちよ、よく見よ。
わたしの僕ほどの盲人があろうか、わたしが送る使者ほどの聾者があろうか。
わたしが信任を与えた者ほどの盲人があろうか。
ヤハウェの僕ほどの盲人があろうか。
多くのことが目に映っても何も見えず、

耳が開いているのに、何も聞こえない。」（イザ四二18―20。なお、同7・16節をも参照）

「引き出せ、目があっても見えぬ民を、耳があっても聞こえない民を。……
わたしの証人はあなたたち。わたしが選んだわたしの僕だ、とヤハウェは言われる。
あなたたちはわたしを知り、信じ、わたしこそ「彼」だと理解するであろう。
わたしの前に神（エル）は造られず、わたしの後にも存在しない。
わたしこそ、わたしこそヤハウェである。わたしのほかに救う者はない。
わたしはあらかじめ告げ、そして救いを与え、知らせた。
あなたたちのもとに、ほかにはいない（エン・ザール）ことを。
あなたたちはわたしの証人である、とヤハウェは言われる。
わたしが神（エル）である。」（イザ四三8―12）

ここでもまた、人々が容易に信じようとはしないヤハウェの救いが、神の唯一性によって根拠づけられている。それゆえ、第二イザヤにおいては、神の唯一性は独立した信仰箇条として語られるのではなく、ヤハウェによる救いと不可分に結び付いている。このことを、スイスの旧約学者ヴィルトベルガーは、第二イザヤにおいては、「一神教は救済論的（ゾテリオローギッシュ）、司牧的（ゼールゾルゲリッシュ）な関心に従属している」と言い表している。「司牧的」とは要するに「魂の配慮」ということであり、具体的には、神の救いに対する信仰へと人々を導く、ということである。

偶像崇拝批判

第二イザヤで目立つのは、偶像崇拝に対する厳しく執拗な批判である（イザ四〇19-20、四一6-7・21-29、四二17、四四9-20、四五16・20-22、四六1-9、四八3-5）。バビロニアの都バビロンは「神の門」（バーブ・イリ）を意味し、市内の至るところに神々の神殿や祭壇を擁する宗教都市でもあった。ネブカドネツァルの時代のバビロン市内には、主神マルドゥクの神殿が五五、さまざまな「大神」のための神殿が五三、「小神」のための神殿が三〇〇、女神イシュタルのための祭壇が一八〇あったという。祭礼の折には、マルドゥク神殿からイシュタル門を通って新年祭神殿まで延びる行列道路で、神々の像を押し立てた華やかな行進が行われた。バビロンは、偶像の都でもあったのである。

第二イザヤの偶像崇拝批判の多さと激しさは、それだけバビロンでの偶像崇拝の誘惑が大きかったことを反映する。何と言ってもそれらは、ヤハウェを屈服させた、「勝利者」である神々だったのである。

第二イザヤは、偶像が職人たちによって造られる次第を詳細に描写し、それが物体に過ぎず、決して「神」ではないことを冷笑的なまでに強調する。

鉄工は金槌と炭火を使って仕事をする。槌で叩いて形を造り、
強い腕を振るって働くが、飢えれば力も減り、水を飲まなければ疲れる。
木工は寸法を測り、石筆で図を描き、のみで削り、コンパスで図を描き、
人の形に似せ、人間の美しさに似せて作り、神殿に置く。……
木は薪になるもの。人はその一部をとって体を温め、
一部を燃やしてパンを焼き、その木で神を造ってそれにひれ伏し、
木像に仕立ててそれを拝むのか。（イザ四四10–11。四〇19–20をも参照）

特に注目に値するのは、第二イザヤには、バビロン人たちが行う偶像崇拝への批判ではなく、明らかに捕囚民の中にも偶像崇拝が浸透してきていることを危惧し、これを批判する言葉が見られることである。次の箇所で、「お前たち」と二人称複数形で呼びかけられている存在は、バビロン人ではあり得ない。それは明らかに捕囚民自身である。彼らは、バビロンの偶像職人を雇って偶像を造ってもらい、それを礼拝しようとしているのである。それだけに、第二イザヤの危機意識は大きかったはずである。

お前たちはわたしを誰に似せ、誰に等しくしようとしているのか。
誰にわたしをなぞらえ、似せようというのか。

袋の金を注ぎ出し、銀を秤で量る者は、鋳物師を雇って、
神を造らせ、これにひれ伏して拝む。
彼らはそれを肩に担ぎ、背負って行き、据え付ければそれは立つが、
そこから動くことはできない。それに助けを求めて叫んでも答えず、
悩みから救ってはくれない。（イザ四六5‐7。なお、四〇18‐21、四八5をも参照）

この批判に続いて、偶像の「非神性」と鮮烈に対比させる形で、真の神の唯一性が強調される。

背く者よ、反省せよ。思い起こし、力を出せ。思い起こせ、初めからのことを。
わたしは神（エル）、ほかにはいない（エン・オード）。
〔わたしは〕神（エロヒーム）。わたしのようなものは存在しない（エフェス）。
わたしは初めから既に、先のことを告げ、
まだ成らないことを、既に昔から約束しておいた。
わたしの計画は必ず成り、わたしは望むことをすべて実行する。
わたしは東から猛禽〔＝キュロス〕を呼び出し、
遠い国からわたしの計画に従う者を呼ぶ。わたしは語ったことを必ず実現させ、
形づくったことを必ず完成させる。（イザ四六8‐11）

これとは逆に、やはり神の唯一性を強調する次に掲げる四四章6-8節は、長大な偶像批判（イザ四四9-20）の直前に置かれている。

イスラエルの王であるヤハウェ、
その贖い手である万軍のヤハウェは、こう言われる。
「わたしは初めであり、わたしは終わりである。
わたしをおいて神はない（エン・エロヒーム）。
だれか、わたしに並ぶ者がいるなら声をあげ、発言し、わたしと競ってみよ。
わたしがとこしえの民としるしを定めた日から、
来たるべきことに至るまでを告げてみよ。
恐れるな、おびえるな。すでにわたしはあなたに聞かせ、
告げてきたではないか。あなたたちはわたしの証人ではないか。
わたしのほかに神（エロアハ）があろうか。岩はない。
わたしは知らない。」、と。（イザ四四6-8）

これらの箇所においても、ヤハウェの神としての唯一性は、やはり単独の独立した信仰箇条と

して述べられているのではなく、人の手で造られた偶像の「非神性」を論証するために引き合いに出されているのである（イザ四五20-22をも参照）。

パラダイムの転換

以上のように、第二イザヤは、捕囚という状況の中で、絶望疲弊し、ヤハウェへの信仰を失いかけ、バビロンの偶像崇拝の誘惑にさらされている同胞に対して、ヤハウェのみが救う力を持ち、信頼に値する神であることを論証し、説得しなければならなかった。しかも、彼らはその救いのメッセージを容易には信じようとしなかった。バビロニア人と彼らの神々が圧倒的に勝ち誇っているように見える状況下で、従来のように、もっぱらイスラエルの神ヤハウェの「卓越性」や「無比性」を力説したところで、所詮は「ゴマメの歯ぎしり」、「引かれ者の小唄」以上には聞こえなかったであろう。

このようなジレンマの中で、第二イザヤはいわば「ゴルディオンの結び目」を一刀両断にする新しい考え方を打ち出したのである。すなわち、どの神がより卓越しているか、無比であるかが問題なのではない。そもそも、ヤハウェ以外に神は存在しない、というのである。これは、おそらく明確な形ではそれまで誰も考えたことのない、考え方の枠組み（パラダイム）そのものの転換であった。ここに、思想上、神観上のある種の突破、革命があることは明白である。それは、進化論的に言えば、観念上のある種の「突然変異」である。ここで重要なのは、第一章でも見たように、「変異」が「進化」に通じるのは、その変異が困難な状況を克服して個体と種を生き延びさせる環境適応力を持つ場合だということである。第二イザヤの唯一神観は、まさに捕囚における信仰の深刻な危機を克服させる、「環境適応力」のあるものであったと言えよう。

ただし、第二イザヤの唯一神観は、神の存在についての形而上学的思弁によって演繹された論理的必然性であるというよりは、むしろ捕囚という事態の中で、起死回生をもたらす「ひらめき」のような形で語られた、説得のためのある種のレトリックであった。この点で、イスラエルにおける唯一神観の成立について論じたアメリカの旧約学者マーク・S・スミスの、「捕囚の脅威という未曾有の状況の中で、唯一神観は、宗教の新しい段階というよりも、レトリックの新しい段階をなしているのである」という言葉には同意できよう。

神の普遍性

ただし、第二イザヤにおいては、ヤハウェの神としての唯一性が確信されたことにより、萌芽的にではあるが、新しい信仰の可能性も開けた。すなわち、イスラエルだけでなく、異邦人もこの唯一の神に帰依することによって救いにあずかる、という可能性である。ここで旧約聖書の信仰には、拝一神教的な民族宗教の枠を超えて、普遍的な世界宗教へと発展する可能性が開けたのである。

「ヤハウェはこう言われる。エジプトの産物、クシュの商品、
背の高いセバ人が、あなたのもとに送り込まれ、あなたのものになる。
彼らは鎖につながれて送り込まれ、あなたに従う。
彼らはあなたにひれ伏し、あなたに願って言う。
「神（エル）は確かにあなたのうちにいます。ほかにはいない（エン・オード）。
神々（エロヒーム）は空しい（エフェス）。」」（イザ四五14）

わたしをおいて神（エロヒーム）は他にはいない（エン・オード）。
正しい神（エル）、救いをもたらす者は、わたし以外にない。
地の果ての人々よ、わたしを仰いで、救いを得よ。
わたしは神（エル）、ほかにはいない（エン・オード）。（イザ四五21－22）

このような普遍的な救済観は、あくまで民族主義的・拝一神教的運動であった申命記や申命記史書の思想潮流ではおよそあり得ないものである。このような普遍的な神観、普遍的な救済観は、第二イザヤよりも後の匿名の預言者たちによりさらに発展させられることになる（イザ二1－4＝ミカ四1－3、イザ一九18－25、五六1－8等参照）。

一点突破か同時多発的現象か

第二イザヤの唯一神観が前代未聞の「革命的」なものであったとすれば、申命記（申四35・39、三二39）や申命記史書（サム上二2、サム下七22、二二32、王上八60、王下五15、一九15・19）、さらには詩編のいくつかの箇所（詩一八32、八六10、九六5等）に散見される唯一神教的神観をどう理解すべきであろうか。すでに見たように、少なくとも申命記と申命記史書の場合、それらの箇所は後代に加筆された可能性が高い（三二三－五、三三六－八ページ参照）。しかし、では加筆者は、どこからそのような唯一神観を得たのであろうか。捕囚時代の同じような困難な状況が、相互に無関係に、同時多発的に同じような神観の「革命」や「突破」を生んだ、という可能性ももちろん排除できない。

しかしながら、ほとんど定型句的に用いられる「わたしのほかに神はない（エン・エロヒーム）」や「ほかにはいない（エン・オード）」などの特徴的な用語法から見て、やはり第二イザヤからの影響ということが考えられてよいと思われる。その場合には、第二イザヤによる「一点突破」が、申命記や申命記史書への加筆者、詩編の作者や編集者にも波及していったということになろう。同じことは、「唯物論的」観点からの偶像否定論（エレ一〇3－16、詩一一五4－8、一三五15－18）にも言えるであろう。もちろん、このような解釈に対しては、それは個人的な「天才」を理想化して称揚するロマンチシズムの残滓だ、という批判が浴びせられるかもしれないが。

第二イザヤとアクエンアテン

いささか唐突ではあるが、ここで、第一章で紹介したアクエンアテンの一神教的「宗教革命」を今一度想起しておきたい。もちろん、アクエンアテンは捕囚時代末期の第二イザヤよりも八〇〇年近く前の人物であり、両者の間に直接的にはもとより間接的にも影響関係があったとは考えられない。しかしながら、それでもなお、この二つの神観の「革命」の間には、一定の共通性ないし類似性が認められるように思われる。

第一章でも見たように、アクエンアテンもまた、「他の神々」の圧迫と脅威（具体的にはアメン神官団の政治的干渉）に直面していた。そのような厳しい政治的窮地の中で、王に権力を集中させ中央集権体制を再確立すべく、起死回生のための乾坤一擲の大事業として行われたのが、他の神々の存在を原理的に否定し、アテン神のみに崇拝を集中させる、ドラスチックな一神教改革だったのである。もちろん、第二イザヤにはそのような政治的意図はなかった。アクエンアテンが直面していたのが、誰が絶対的な権力を握るのかという、政治的な権力闘争の問題であったのに対し、第二イザヤとその同胞たる捕囚民が直面していたのは、どの神が信じるに値し、救う能力があるのかという、純粋に宗教的・信仰的な問題であった。アクエンアテンが王の政治権力と軍事力でその宗教政策を強権的に推し進めていったのに対し（この点ではむしろヨシヤ王がアクエンアテンと比較できよう）、第二イザヤがなし得たことは、弁論を通じた説得だけであった。しかし、いずれの場合においても、極めて現実的・具体的な難局の中で、従来の伝統的な神観がある意味で限界に直面したとき、状況を打開し困難を克服する手段として、一種の宗教的な「天才」と呼び得る人物によって案出された新しい思想が、唯一の神の存在と、他の一切の神の存在の否定であったという点で、この二つの「唯一神教的」な運動の間に一定のアナロジーを見ることも不可能ではないであろう。

ただし、アクエンアテンの「唯一神教」が、このややエキセントリックな王の二〇年に満たない治世が終った後にはもはや存続せず、次代のトゥト・アンク・アモンの治世には直ちにアメン崇拝を中心とする多神教が復活し再繁栄したのに対し、第二イザヤの打ち立てたヤハウェ唯一神教は、その後もイスラエル、ユダヤの信仰に受け継がれ、旧約聖書全体の神観を規定することになっただけでなく、そこから生まれた三つの宗教、ユダヤ教、キリスト教、イスラム教の神観に根本的な影響を与え、本書の「はじめに」で述べたように、現在では世界人口の半分以上の信仰を規定するに至ったのである。

この相違には、二つの唯一神観の間の性格と質の差異も関わっているにちがいない。また、アクエンアテンの一神教改革があくまで王個人の唐突な「思いつき」の域を出ず、一般民衆の心に根付かなかったのに対し、イスラエルの場合には、本書でこれまで見てきたように、おそらくは王国時代以前からヤハウェへの排他的な崇拝の伝統がすでに形成されており、それが後に特にエリヤのような人物や申命記運動を通じて強く自覚化されるようになったこと、他方でホセアやイザヤ、エレミヤのような捕囚前の文書預言者の示した、世界を動かす神としての世界神の観念が、バビロン捕囚というある種の極限的状況の中で第二イザヤが天才的なひらめきを通じて提示した普遍的な唯一神観の幅広い受容と浸透、発展のためのよい土壌をあらかじめ準備したことも忘れてはならないであろう。

おわりに

一連の「革命」による唯一神教の成立

本書では、旧約聖書における一神崇拝の発展について、ほぼイスラエルとユダの歴史をたどりながら跡付けてきた。これを全体として振り返ってみると、古代イスラエルにおける拝一神教の成立から唯一神教の確立へという経過は、その歴史を通じて一連の信仰上ないし思想上のさまざまな「革命」が繰り返され、積み重なる形で実現した、と見ることができるように思われる。これを法則的な「進化」と呼ぶのは必ずしも適切ではないが、生物の進化も、一度だけの突然変異で起こるのではなく、それ自体としてはほとんど気付かれないほどの小さな変異が無数に蓄積されて進むのであるという。キリンの首は、ある時突然、長くなるわけではないのである。

イスラエルとユダの場合、それらはいずれも困難な状況を克服し、逆境を突破して、共同体、国家、民族の存続を可能ならしめるような、思想と信仰の「革命」であった。前一三〇〇年頃以前には、そもそもイスラエルという民族も存在していなければ、ヤハウェという神も知られてはいなかった。しかし、遅くとも前一二〇〇年の少し前までには、パレスチナに「イスラエル」と呼ばれる部族連合的な共同体が成立していた（メルエンプタハ碑文）。多様で複雑な起源を持つこの共同体は、やがて共通の先祖に遡る系図、共通の歴史伝承、同じ神の共有等を通じて一つの民族としての性格を強めていく。

「イスラエル」という名称から見て、この集団は、最初は「エル」という神を共通の神として結束していたらしい。このエル崇拝が、すでに排他的な一神崇拝の性格を持っていたかどうかは分からない。このエルが、やがて外部から（出エジプト伝承の担い手である集団によって？）もたらされたヤハウェという強力な戦いの神と同一視された。この段階で、ヤハウェ崇拝には排他的な性格が強まったと考えられる。この経過の中で、単に従来の神との同一視が行われるだけでなく、従来の神（々）の自覚的放棄が決断されるという事態もあったらしい。この時代は、エジプトの支配権のパレスチナからの後退とその結果としてのカナン都市国家同士の抗争激化、ペリシテ人を含む「海の民」の侵入などに起因する政治的・社会的な大変動、混乱の時期であった。そのような不安定で困難な状況の中で、共同体全体がヤハウェのみを排他的に崇拝することは、イスラエルという民族のアイデンティティを創出・維持・強化するために「環境適合的」な作用を持ったと思われる。それは、危機的な状況を克服し、共同体が存続するための知恵でもあった。これが、いわば「第一の革命」である。

ただし、初期イスラエルの一神崇拝は、他の民族の神々の存在は否定せず、ただ「イスラエルの神」はヤハウェのみだという、民族神的拝一神教であった。それはイスラエルの民族神、国家神はヤハウェのみであるというものであり、地域や家族の生活のレベルでは、ヤハウェ信仰以前の宗教的慣習が色濃く残されていた。

サムエル記の記述にもかかわらず、イスラエルにおける王国成立の歴史的過程はよく分からない。イスラエルとユダが、列王記に描かれるように統一王国から二つに分裂したのか、それとも別々に成立したのかについても、現在の状況では確言できない。しかし、王たちを含む人名の検討などから、そのどちらの国においてもヤハウェが唯一無二の国家神、王朝神であったことは確かである。このうち、特にユダ王国においては、ヤハウェとダビデ王朝の結び付きが極めて緊密であった。

前九世紀から前八世紀にかけて、北王国イスラエルではフェニキアとの同盟を通じてバアル崇拝が蔓延し、南王国ユダではアッシリアの国家祭儀の導入に触発されて宗教混淆的傾向が強まった。このような信仰の危機ともいえる状況下で、従来のヤハウェ専一信仰を守るために戦ったのが、エリヤやエリシャなどの預言者たちであった。特に、前八世紀の文書預言者たちは、イスラエル、ユダとヤハウェの間の民族宗教的な絆を一旦断ち切り、従来の民族主義的拝一神教の枠を超えて、異邦人勢力を用いてイスラエル、ユダを罰する世界神としてのヤハウェの観念を生み出した。いわばこれが、「第二の革命」であった。前七二二年のイスラエル北王国の滅亡は、そのようなヤハウェの裁きの実現と解釈された。

前七世紀後半になると、申命記運動の担い手とヨシヤ王は、地方聖所の廃止と祭儀集中、異教的要素の粛清という国家的、政治的手段を通じて、ヤハウェのみの排他的崇拝を復興し、強化しようとした。これにより、地域のレベルでの非ヤハウェ信仰的要素も排除されることになった。また、この運動を通じて、ヤハウェとの契約の観念、申命記法、十戒、「シェマの祈り」などが確立した。これを「第三の革命」と見ることができる。ただし、この段階でも、神観はあくまで拝一神教的なものであった。

ヨシヤ王や申命記運動の奮闘にもかかわらず、この信仰「革命」はヨシヤの非業の死によって頓挫し、その後ユダ王国は滅亡し、生き残りの人々の多くがバビロン捕囚となる。この前六世紀の破局的事態は、捕囚民に未曾有の信仰の危機と動揺をもたらした。それはバビロンの神々の勝利として、またヤハウェの敗北や無力さの露呈と解釈されるおそれがあった。しかし、申命記運動の継承者たちや捕囚時代の預言者たちは、あるいはこの破局をイスラエルの罪の結果として意味づけ、あるいは不可能を可能にするヤハウェの全能を描くことで、この信仰の危機を克服しようと努めた。ここに「第四の革命」がある。

このような国家の滅亡と捕囚という極限的な状況の中で生じた一連の「第四の革命」に続いて、それとは質的に異なる、ある意味で人類宗教史上最大の思想的・信仰的革命が起こった。それが、ヤハウェ以外の神の存在を原理的に否定する、第二イザヤによる唯一神観の宣言である。ヤハウェ以外に神は一切存在しない。これが、いわば「第五の革命」である。そこには、神というものについて考える枠組み（パラダイム）の転換があり、「逆転の発想」がある。重要なことは、それが国も王も土地も神殿も失い、絶望の淵に追い込まれた捕囚民の間から、無力な民に力を与え、絶望を希望に変える起死回生的、一発逆転的な究極の論理として語り出されたということである。アクエンアテンの場合とは異なり、それは独裁的な支配と権力を補完し維持するための論理ではなかった。それは、最も非力な集団が絶望的な状況を克服し、生存と信仰を維持するための「生き残り」のための論理であった。

唯一神教は不寛容で攻撃的か?――イスラエルの場合

本書の「はじめに」で、一神教は不寛容で攻撃的かどうか、という問題を提起した(一七―八ページ参照)。これまでの考察に基づき言えることは、少なくともイスラエルの場合、唯一神観の歴史的起源に関してみれば、それは攻撃性とも暴力性とも無縁のものだった、ということである。もともとイスラエルもユダも、古代オリエント世界の辺境に存した弱小国家に過ぎず、権力や覇権とはほとんど縁がなかった。その小さな国家が滅び、新バビロニア帝国の圧倒的な支配のもとで「ヤハウェの民」が最も非力で悲惨な境涯にあった時に、彼らの中から唯一神観は生まれた。ここに、旧約聖書の唯一神観の逆説性がある。たしかに第二イザヤはヤハウェ以外の神々の存在を否定したが、それは自分たちの信念と宗教的価値観を他の人々に押し付けるためではなく、むしろ絶望の支配する逆境に抗して自分たちの信仰と共同体を守るためであった。それは、弱い者が生き延びるための知恵であった。

その後のユダヤ教

第二イザヤの唯一神思想は、「ゴルディオンの結び目」を断ち切るような行為であったが、同時に「コロンブスの卵」でもあった。すなわち、この時代以降の旧約聖書文書のほとんどでは、第二イザヤの説いたような意味での神の唯一性が当然で自明なこととされている。「モーセ五書」中の祭司文書においても、「第三イザヤ」（イザヤ書五六―六六章）、「ハガイ書」、「ゼカリヤ書」、「マラキ書」といった後期預言書においても、「歴代誌（上下）」や「エズラ記」、「ネヘミヤ記」などの後期の歴史書においても、「箴言」、「コヘレトの言葉」、「ヨブ記」という知恵文学においてもこのことは同様である。

ただし、注目に値するのは、それら後期の文書では、第二イザヤや申命記四章に見られるような仕方で、神の唯一性が自覚的に主題化され強調されることはほとんどないということである（せいぜい、ゼカ一四9、マラ二10を参照）。むしろ、周辺（ペルシア、ヘレニズム、さらにはことによるとエジプト）の異文化からの新たな影響もあるのだろうが、この時代以降になると、ヤハウェと並ぶさまざまな霊的存在について、よりとらわれのない仕方で頻繁に語られるようになる。例えば神に挑戦する存在、少なくとも神の意志とは異なる意向を持つ超自然的存在としての「サタン」（本来はヘブライ語で「敵対者」という意味の普通名詞）が登場し（ヨブ一―二章、代上二一1、ゼカ三1―2）、知恵が「万物に先立って造られた」神の初子として擬人化され（箴八22―31）、「ガブリエル」（ダニ八16、九21）、「ミカエル」（ダニ一〇13・21）といった固有名詞を持つ「（大）天使」や、さらには「天の雲」に乗って到来する「人の子のような者」（ダニ七13）が重要な役割を果たすようになる。この傾向は、旧約聖書に取り入れられなかったユダヤ教の黙示文学や、二〇世紀中葉に発見された「死海文書」（クムラン文書）ではよりいっそう顕著になる。こうして見ると、自分たちの神の唯一性を意図的に強調した第二イザヤや、それと類似した唯一神観を示す捕囚期以降の少数の箇所は、旧約聖書の中でも孤高を保っているように見える。

エルサレム神殿がローマ軍によって破壊された後七〇年以降のラビたちのユダヤ教においても、神の唯一性は厳格に保持された。中世のユダヤ教神学者モーゼス・マイモニデス（一一三五－一二〇四）は、「ユダヤ教の信仰の十三原則」を定めたことで有名であるが、そこでも「万物が創造主に造られたこと」に次ぐ第二の原則として、「創造主の唯一性」が挙げられている。しかしながら、同じ中世のスペインやドイツで発展したユダヤ教神秘主義のカバラでは、神の属性として、①「王冠（ケテル）」、②「知恵（ホクマー）」、③「理性（ビーナー）」、④「慈愛（ヘセド）」、⑤「正義（ディン）」、⑥「美（ティフェレット）」、⑦「不滅（ネツアフ）」、⑧「威光（ホード）」、⑨「基底（イェソード）」、⑩「王国（マルクート）」の一〇の「スフィロート」（「数」の意）が区別され、それらの相互関係から、さまざまな神学的命題が説明された。ここには、唯一の神の中に多様な側面を見ようとする視点が示されている。

初期キリスト教

キリスト教は、ユダヤ教から唯一神の観念を受け継いだ（マコ一二29-32、ヨハ一七3、一コリ八4-6等参照）。キリスト教が単なるユダヤ教の一分派の地位を脱し、独立した世界宗教として発展するようになったのは、キリストの救いはユダヤ人だけのものではなく、全人類のためのものでもあると確信して、異邦人宣教に邁進した宣教者たちの努力の所産であった。その代表格であるパウロは、異邦人の救いの根拠を神の唯一性に見ている。

「〔人が義とされるのは〕どんな法則によるのか。行いの法則によってか。そうではない。信仰の法則によってです。なぜなら、わたしたちは、人が義とされるのは律法の行いによるのではなく、信仰によると考えるからです。それとも、神はユダヤ人だけの神でしょうか。異邦人の神でもないのですか。そうです、異邦人の神でもあります。実に、神は唯一だからです。この神は、割礼のある者〔＝ユダヤ人〕を信仰によって義とし、割礼のない者〔＝異邦人〕をも信仰によって義としてくださるのです。」（ロマ三27-30）

ただし、キリスト教にとっての固有の問題は、イエス・キリストが「神の子」（マコ一1）と見なされただけでなく、しだいに「神に等しい者」と見なされるようになったことにある。パウロは、おそらくは彼以前にすでに確立していたキリスト教の信条に基づき、次のように書く。

キリストは、神の身分でありながら、神と等しい者であることに固執しようとは思わず、かえって自分を無にして、僕の身分になり、人間と同じ者になられました。（フィリ二6-7）

逆に言えば、「人間と同じ者になる」以前のキリスト（これを神学的には「先在のキリスト」という）は、「神と等しい者」だったということになる。同様のことを、福音書記者ヨハネは、先在のキリストについて、ギリシア哲学のストア派などで宇宙を統べる根本原理を意味した「ロゴス」の語を援用して、次のように語る。

初めにロゴス〔わが国では伝統的に、「言」と訳される〕があった。ロゴスは神と共にあった。ロゴスは神であった。……ロゴスは肉（サルクス）となって、わたしたちの間に宿られた。わたしたちはその栄光を見た。それは父の独り子としての栄光であって、恵みと真理に満ちていた。（ヨハ一1・14）

そこで、キリスト教にとって、キリストの神性を容認しながら、いかにして神の唯一性を維持するかが神学的課題となった。グノーシス派やマルキオン派などの、結果的に「異端」と見なされることになる初期の教派は、キリストの肉体を伴う人間としての実在を否定し、地上におけるキリストの姿は仮象にすぎないとする「仮現論」を説いて、この問題を回避しようとした。

本格的な神学論争が始まったのは、ローマのコンスタンティヌス帝によるキリスト教公認（三一三年）以降、公的な宣教活動が活発になった後である。アレクサンドリアの神学者アリウスは、神とキリストを区別して、「子」なるキリストはあらゆる被造物の中で最も「父」なる神に近いが、あくまで被造物である「子」は創造者である「父」と完全には同一ではないと唱えた。いわばキリストと神の同一性を否定することにより、二神論を避けようとしたのである。これに対し、同じアレクサンドリアのアタナシウスは、「父」と「子」の「同一本質（ホモウシオス）」性を唱えて反論し、神とキリストの本質的な同一性を主張した。こちらは、「本質」という抽象概念に逃げることで、二神論を回避しようとしたのである。この論争が、当時のキリスト教会全体に広がり、教会分裂の危機に陥ったので、内戦で分裂しかけたローマ帝国の再統合にキリスト教を利用しようとしていたコンスタンティヌス帝は、三二五年にニカイア公会議を招集し、この問題の決着を求めた。ちなみにコンスタンティヌスは、この段階ではまだキリスト教徒ではなかった。公会議では、アタナシウスの立場が「正統」と認められ、アリウス派は異端として排斥された。

これで一件落着と思われたが、四世紀後半には新たな神学論争が起こった。今度は、聖書にしばしば言及される「聖霊」（マタ一18、二八19、使二4等参照）という存在と神との関係をめぐるものであった。このため三八一年にコンスタンティノープル公会議が招集され、神と聖霊を異なるものと見たマケドニウス派が異端とされ、聖霊の神性が認められた。こうして、「父」と「子」と「聖霊」の三つを、唯一の神の三つの異なるあり方とする「三位一体論」の基礎が据えられた。この三者を、神学用語としては「位格（ペルソナ）」と言う。この三位一体の教理は、その後アウグスチヌスなどの神学者たちよって理論化・体系化されていく。

もちろん、三位一体論を形式論理で整合的に説明することは不可能である。それはあくまで、一神教という枠内は保持しながらキリストと聖霊の神性を容認しようとする「信仰の論理」であると言えよう。なお、キリスト教内部でも、ユニテリアンや「エホバの証人」など、三位一体の教理を認めない教派や集団が存在する。

イスラム教

七世紀には、アラビアでムハンマドによりイスラム教が起こる。これがユダヤ教、キリスト教の強い影響を受けたものであったことは、本書の「はじめに」で述べた通りである。イスラム教は、ユダヤ教の神とキリスト教の神が、彼らの信じる唯一神アッラーと同一であることを認めるが、他方でユダヤ教徒が自分たちだけを神の選民と見る点を批判し、救いの普遍性を強調する。キリスト教に対しては、何よりもまず、イエスを「神の子」と見なしたり、神格化することを批判する。イスラム教徒は、それを神の唯一性を損なうことと見る。イスラム教徒にとって、アッラーは「唯一者」であり、「生まず、生まれず、一人として並ぶ者はない」（コーラン一一二-1-

4）のであるから、「神の子」などというものはあり得ない（コーラン四171）。イエス（イーサー）は、ムハンマド同様、あくまで人間であって、神（アッラー）が遣わした預言者の一人に過ぎないのである（コーラン三59、五46・75、五九27、六一6等参照）。

「神は、すなわちマリヤの子メシヤである」、などという者どもはすでに背信者である。しかも、メシヤは言っているではないか、「イスラエルの子らよ、私の主にしてお前たちの主なる神を崇めよ」。神に他のものを併置する者には、神は楽園にはいるのを禁じたもう。その住むところは業火である。（コーラン五72）

コーランの次の箇所では、キリスト教の三位一体論が批判されているらしい。

メシヤこと、マリヤの子イエスはただの神の使徒であり、マリヤに授けたもうた神のみことばであり、神より出た霊である。それゆえ、神とその使徒たちを信ぜよ。決して三者などと言ってはならない。やめよ、それはおまえたちのためにもっともよいことである。神は唯一なる神。神を讃えよ。（コーラン四171）

「まことに神は三者のうちのお一人」などと言う人々はすでに背信者である。唯一なる神のほかにいかなる神もない。（コーラン五73）

ただし、コーランはこの「三者」のことを、どうも神とイエス・キリストとマリヤのことと誤解しているようである。

また、神がこう言いたもうたときのこと、「マリヤの子イエスよ、おまえは人々に、「神のほかに、私と私の母を神とせよ」と言ったのか」。イエスは答えて、「あなたに栄光あれ。言うべきでないことを、どうしてわたしが言えるでしょう。」」（コーラン五１１６）

したがって、イスラム教をキリスト教に対する純然たる唯一神教への回帰現象として見ることも可能である。ただし、そのイスラム教ではアッラーには「慈悲あまねき者（アル・ラフマーン）」や「慈悲深き者（アル・ラヒーム）」など、九九の「美称（アスマー・フスナー）」があるとされ、それらは神のさまざまに異なる側面を表すものとして論じられる。そこでは唯一なる神が複数の観点からとらえられている。これは、前述のユダヤ教のカバラにおける一〇のスフィロート論を想起させる。

また、イスラムの信仰箇条の一つ「六信」によれば、六つの信仰対象（イーマーン）の一つは「天使たち（マーライカ）」であり、これは神と人間の間を媒介する中間的存在とされる。また、霊的存在である「ジン」の存在も熱心に信じられている。さらに、シーア派（イランの一二イマーム派）では歴代の「イマーム」（教主）が全知全能の存在としてほとんど神格化され、最後の第一二代イマームは現在、神のもとに「大幽隠（ガイバ）」の状態にあり、終末時に救世主（マフディー）として再臨すると信じられている。まさにイスラム版メシア思想ないし弥勒菩薩信仰である。また、イスラム神秘主義であるスーフィーでは、教団（ターリカ）のカリスマ的な創設者の霊廟が民間信仰の対象となり、現世利益的な功徳を求めた巡礼地となっていることも多い。スーフィーだけではない。テヘラン近郊では、イラン・イスラム革命（一九七九年）を起こしたホメイニ師の霊廟が築かれ、早くも多くの「参拝者」が訪れているという。宗教現象学的に見れば、どこまで唯一神教的原則が貫かれているかが問題になろう。

カトリックとプロテスタント

カトリックでは、天使の存在が認められるほか、聖母マリアの崇敬がさかんである。カトリック信徒は、もちろん罪の赦しと永遠の命を求めて神とキリストに祈るが、身近で慈愛に満ち、神とキリストに執り成しをしてくれる存在として、マリアに祈ることを好む（例えば「アヴェ・マリア」の祈り）。フランスのルルドのように、聖母の「出現」に由来する聖地も多い。また、医者の聖ルカ、銀行家の聖マタイ、商人の聖フランシスコ、大工の聖ヨセフ、学生の聖トマス＝アクィナス、子供たちの聖ニクラウス（サンタ・クロース）、恋人たちの聖バレンタインなど、職業や立場にちなむ守護聖人（パトロン・セインツ）がたくさんいて、現世利益的な願望をかなえてくれると信じられている。もちろん、建て前から言えばこれらはあくまで聖「母」や諸聖「人」であって、「神」ではない。しかし、現象的・機能的に見れば、人々はこれらの存在に祈り、「功徳」を期待する。そして、宗教史的に見ると、カトリックの聖母や諸聖人の崇敬は、キリスト教以前の地中海地方やヨーロッパにおける多神教の女神崇拝や機能神、職能神崇拝の伝統を引き継ぎ、その代替物の役割を果たしていると見られるのである。これでは、名目上の一神教、実質的な多神教と言われてもしかたがない。

これを批判し、一神教的な「原点」に回帰しようとしたのが、一六世紀以降の宗教改革とその結果として生じたプロテスタント諸派である。プロテスタントでは、聖母崇敬や聖人崇敬を否定し、（英国教会系の聖公会を除き）カトリック的な意味での聖職者の位階や教会の超自然的権威も認めない。天使の存在と役割も強調しない。また、偶像崇拝禁止に厳格なので、聖画や聖像も用いない。したがって、宗教現象として見れば、プロテスタントはユダヤ教やイスラム教のあり方に近い。ただし、ほとんどのプロテスタント教派が、三位一体論を正統教義として認めており、保守的な教派ではカトリックなどよりもその神学的擁護に熱心である。

こうして見ると、いわゆる一神教の宗教の中でも、信仰対象に一元性を求める傾向と多元性を求める傾向がせめぎ合っており、その間で揺れていることが分かる。それは、人間の普遍的な宗教的欲求のなかに、相互に矛盾する異なる傾向が併存するからであろう。ほぼ同じことは、多神教の中に時折見られる一神教的な傾向ないし現象についても言えるであろう。この意味で、本書

第一章で引用した鎌田繁氏の文章（三四ページ参照）にあるように、「一神教」と「多神教」という概念は、「理念型としてのみ有意味である」と言わねばならないかもしれない。

あとがき

旧約聖書における一神教思想の問題は、常々、旧約研究者としての筆者の学問的関心の中心の一つであったが、これについて自分の考えをまとめるきっかけとなったのは、二〇〇五年、公共哲学京都フォーラム主催の一神教をめぐる研究会に発題者の一人として招かれたことである。これは、三日間にわたって京都のホテルで「缶詰め」になって行われた、まことに充実した研究会で、筆者にとっても忘れ難い学問的体験であった。研究会では、筆者以外に、八木誠一（宗教哲学）、宮本久雄（哲学）、大貫隆（新約学）、加藤信朗（教父哲学）、鶴岡賀雄（宗教学）、黒住真（日本思想史）、池内恵（イスラーム学）、菊池達也（イスラーム学／シーア派研究）の各氏がそれぞれの専門の観点から発題され、さまざまの分野の多数の研究者の方々が討論に参加された。この時の発題と討論の内容は、論文集の形で、大貫隆／金泰昌／黒住真／宮本久雄編『一神教とは何か――公共哲学からの問い』（二〇〇六年、東京大学出版会）として出版されている。

筑摩書房第二編集室の石島裕之氏は、この野心的ではあるが地味で晦渋とも言える論文集に目を留められ、これまでわが国の出版界ではあまり扱われたことのないテーマだというので、「旧約聖書はいかなる意味で〈一神教的〉であったのか」と題された筆者の発題の部分を一般読者むけに書き直して、筑摩選書の一冊として出版するようにお勧めくださった。名誉なことなので、喜んで御厚意に甘えることにした。同書のうち、筆者の担当分は四五頁ほどの論文であったが、一般読者向けということで、宗教研究におけるこれまでの一神教をめぐる議論の概要が分るように、最初に研究史的な概説を付け、旧約聖書の内容に必ずしも通じていない方でも理解しやすいように、聖書の引用をできるだけ増やした（聖書の引用の仕方については、八―九ページの「凡例（聖書等の引用について）」を参照）。また、「はじめに」でも触れたように、旧約聖書学やイスラエル史研究では、二〇世紀末から二一世紀初頭にかけて、学界の研究動向が著しく変化したので、できるだけ最近の議論をも紹介するように努めた。

筑摩書房からのご依頼を受けたのは、論文集が刊行されてからそれほど時を経ない時期であったと記憶している。この間、勤務する大学で管理的な仕事を命じられていて学問以外の義務に追われたのと、他の著作や翻訳、企画中のシリーズ物の監修の仕事に時間を取られ、なかなか本書のためのまとまった時間がとれず、五年以上の時が経過してしまったが、辛抱強く待ち、督促し、叱咤激励し、このような形で本書を世に問うことを可能にしてくださった石島氏に心から感謝したい。

また、本書が旧約聖書とその研究、あるいは一神教と多神教などの宗教一般の問題についての読者諸氏の関心と理解を深める一助になればと願っている。

二〇一三年五月　札幌にて

山我哲雄

山我哲雄 やまが・てつお

一九五一年、東京生まれ。早稲田大学、同大学院文学研究科で宗教学を学ぶ。北星学園大学名誉教授。専攻は宗教学、旧約聖書学、古代イスラエル史学。いわゆる岩波版『旧約聖書』（翻訳委員会訳）では「出エジプト記」（共訳）、「レビ記」、「民数記」を担当。主な著作に『聖書時代史 旧約篇』（岩波現代文庫）、『海の奇蹟 モーセ五書論集』（聖公会出版）、『雑学3分間ビジュアル図解シリーズ 聖書』（PHP研究所）、『これだけは知っておきたい キリスト教』（洋泉社）等。共編著に『旧約新約 聖書大事典』（教文館）、『古代オリエント事典』（岩波書店）等。訳書にM・ノート『旧約聖書の歴史文学 伝承史的研究』（日本基督教団出版局）、O・ケール『旧約聖書の象徴世界 古代オリエントの美術と「詩編」』（教文館）等。現在は「列王記注解」を執筆中。

筑摩選書 0071

一神教《いっしんきょう》の起《き》源《げん》 旧約聖書《きゅうやくせいしょ》の「神《かみ》」はどこから来《き》たのか

二〇一三年八月一五日 初版第一刷発行
二〇二三年五月二五日 初版第三刷発行

著者 山我《やまが》哲雄《てつお》

発行者 喜入冬子

発行所 株式会社筑摩書房
東京都台東区蔵前二-五-三 郵便番号 一一一-八七五五
電話番号 〇三-五六八七-二六〇一（代表）

装幀者 神田昇和

印刷 製本 中央精版印刷株式会社

ISBN978-4-480-01581-5 C0316

筑摩選書
0023
天皇陵古墳への招待
森浩一
いまだ発掘が許されない天皇陵古墳。本書では、天皇陵古墳をめぐる考古学の歩みを振り返りつつ、古墳の地理的位置・形状、文献資料を駆使し総合的に考察する。

筑摩選書
0027
「窓」の思想史
日本とヨーロッパの建築表象論
浜本隆志
建築物に欠かせない「窓」。それはまた、歴史・文化的にきわめて興味深い表象でもある。そこに込められた意味を日本とヨーロッパの比較から探るひとつの思想史。

筑摩選書
0028
日米「核密約」の全貌
太田昌克
日米核密約……。長らくその真相は闇に包まれてきた。それはなぜ、いかにして取り結ばれたのか。日米双方の関係者百人以上に取材し、その全貌を明らかにする。

筑摩選書
0029
農村青年社事件
昭和アナキストの見た幻
保阪正康
不況にあえぐ昭和12年、突如全国で撒かれた号外新聞。そこには暴動・テロなどの見出しがあった。昭和最大規模のアナキスト弾圧事件の真相と人々の素顔に迫る。

筑摩選書
0030
公共哲学からの応答
3・11の衝撃の後で
山脇直司
3・11の出来事は、善き公正な社会を追求する公共哲学という学問にも様々な問いを突きつけることとなった。その問題群に応えながら、今後の議論への途を開く。

筑摩選書
0033
グローバル化と中小企業
中沢孝夫
企業の海外進出は本当に国内産業を空洞化させるのか。圧倒的な開発力と技術力を携え東アジア諸国へ進出した中小企業から、グローバル化の実態と要件を検証する。

筑摩選書 0038

救いとは何か

森岡正博
山折哲雄

この時代の生と死について、救いについて、人間の幸福について、信仰をもつ宗教学者と、宗教をもたない哲学者が鋭く言葉を交わした、比類なき思考の記録。

筑摩選書 0040

100のモノが語る世界の歴史1
文明の誕生

N・マクレガー
東郷えりか 訳

大英博物館が所蔵する古今東西の名品を精選。遺されたモノに刻まれた人類の記憶を読み解き、今日までの文明の歩みを辿る。新たな世界史へ挑む壮大なプロジェクト。

筑摩選書 0041

100のモノが語る世界の歴史2
帝国の興亡

N・マクレガー
東郷えりか 訳

紀元前後、人類は帝国の時代を迎える。多くの文明が姿を消し、遺された物だけが声なき者らの声を伝える——。大英博物館とBBCによる世界史プロジェクト第2巻。

筑摩選書 0042

100のモノが語る世界の歴史3
近代への道

N・マクレガー
東郷えりか 訳

すべての大陸が出会い、発展と数々の悲劇の末にわれわれ人類がたどりついた「近代」とは何だったのか——。大英博物館とBBCによる世界史プロジェクト完結篇。

筑摩選書 0043

悪の哲学
中国哲学の想像力

中島隆博

孔子や孟子、荘子など中国の思想家たちは「悪」について、どのように考えてきたのか。現代にも通じるこの問題と格闘した先人の思考を、斬新な視座から読み解く。

筑摩選書 0044

さまよえる自己
ポストモダンの精神病理

内海健

「自己」が最も輝いていた近代が終焉した今、時代を映す精神の病態とはなにか。臨床を起点に心や意識の起源に遡り、主体を喪失した現代の病理性を解明する。

筑摩選書 0050

敗戦と戦後のあいだで
遅れて帰りし者たち

五十嵐惠邦

戦争体験をかかえて戦後を生きるとはどういうことか。五味川純平、石原吉郎、横井庄一、小野田寛郎、中村輝夫……。彼らの足跡から戦後日本社会の条件を考察する。

筑摩選書 0052

ノーベル経済学賞の40年（上）
20世紀経済思想史入門

T・カリアー
小坂恵理 訳

ミクロにマクロ、ゲーム理論に行動経済学。多彩な受賞者の業績と人柄から、今日のわれわれが直面している問題が見えてくる。経済思想を一望できる格好の入門書。

筑摩選書 0053

ノーベル経済学賞の40年（下）
20世紀経済思想史入門

T・カリアー
小坂恵理 訳

経済学は科学か。彼らは何を発見し、社会にどんな功績を果たしたのか。経済学賞の歴史をたどり、経済学と人類の未来を考える。経済の本質をつかむための必読書。

筑摩選書 0054

世界正義論

井上達夫

超大国による「正義」の濫用、世界的な規模で広がりゆく貧富の格差……。こうした中にあって「グローバルな正義」の可能性を原理的に追究する政治哲学の書。

筑摩選書 0055

「加藤周一」という生き方

鷲巣力

鋭い美意識と明晰さを備えた加藤さんは、自らの仕事と人生をどのように措定していったのだろうか。没後に遺された資料も用いて、その「詩と真実」を浮き彫りにする。

筑摩選書 0059

放射能問題に立ち向かう哲学

一ノ瀬正樹

放射能問題は人間本性を照らし出す。本書では、理性を脅かし信念対立に陥りがちな問題を哲学的思考法で問い詰め、混沌とした事態を収拾するための糸口を模索する。

筑摩選書 0060

近代という教養

文学が背負った課題

石原千秋

日本の文学にとって近代とは何だったのか？　文学が背負わされた重い課題を捉えなおし、現在にも生きる「教養」の源泉を、時代との格闘の跡にたどる。

筑摩選書 0062

中国の強国構想

日清戦争後から現代まで

劉傑

日清戦争の敗北とともに湧き起こった中国の強国化への意志。鍵となる考え方を読み解きながら、その国家構想の変遷を追い、中国問題の根底にある論理をあぶり出す。

筑摩選書 0065

プライドの社会学

自己をデザインする夢

奥井智之

我々が抱く「プライド」とは、すぐれて社会的な事象なのではないか。「理想の自己」をデザインするとは何を意味するのか。10の主題を通して迫る。

筑摩選書 0068

「魂」の思想史

近代の異端者とともに

酒井健

合理主義や功利主義に彩られた近代。時代の趨勢に反し、魂の声に魅き込まれた人々がいる。彼らの思索の跡は我々に何を語るのか。生の息吹に溢れる異色の思想史。

筑摩選書 0069

数学の想像力

正しさの深層に何があるのか

加藤文元

緻密で美しい論理を求めた哲学者、数学者たちは、真理の深淵を覗き見てしまった。彼らを戦慄させた正しさのパラドクスとは。数学の人間らしさとその可能性に迫る。

筑摩選書 0070

社会心理学講義

〈閉ざされた社会〉と〈開かれた社会〉

小坂井敏晶

社会心理学とはどのような学問なのか。本書では、社会を支える「同一性と変化」の原理を軸にこの学の発想と意義を伝える。人間理解への示唆に満ちた渾身の講義。